História do
Estado de Direito

Coleção Direito e Cultura

Prof. Dr. Arno Dal Ri Jr. (UFSC)

Prof. Dr. Carlos Eduardo de Abreu Boucault (UNESP)

Prof. Dr. Daury Cesar Fabriz (UFES)

Prof. Dr. Joaquim Carlos Salgado (UFMG)

Prof. Dr. José Luiz Borges Horta (UFMG), Coordenador da Coleção

Profa. Dra. Mariá Brochado (UFMG)

Prof. Dr. Nuno M. M. dos Santos Coelho (USP)

Prof. Dr. Ricardo Marcelo Fonseca (UFPR)

História do
Estado de Direito

José Luiz Borges Horta

alameda

Copyright © 2011 José Luiz Borges Horta

Publishers: Joana Monteleone/ Haroldo Ceravolo Sereza/ Roberto Cosso
Edição: Joana Monteleone
Editor assistente: Vitor Rodrigo Donofrio Arruda
Revisão: Flávia Yacubian
Projeto gráfico e diagramação: Marília Reis
Capa: Eliezer Abrantes Rodrigues
Imagem da capa: *Spleen et Ideal*. Óleo sobre tela. Carlos Schwabe, 1907

CIP-BRASIL. CATALOGAÇÃO-NA-FONTE
SINDICATO NACIONAL DOS EDITORES DE LIVROS, RJ

H811h
Horta, José Luiz Borges
HISTÓRIA DO ESTADO DE DIREITO
José Luiz Borges Horta.
São Paulo: Alameda, 2011.
278p.: (Direito e Cultura)

Inclui bibliografia
ISBN 978-85-7939-059-3

1. Estado de direito - Brasil. 2. Direito - Brasil - História. I. Título. II. Série.
10-4522.   CDU: 342.1

021500

ALAMEDA CASA EDITORIAL
Rua Conselheiro Ramalho, 694, Bela Vista
CEP 01325-000 São Paulo SP
Tel. (11) 3012-2400
www.alamedaeditorial.com.br

Para Lili,
que gostaria de ser
abelha para produzir mel,
e adoça nossa vida
com carinho e ternura infinitos.

Para meu pai,
pelas canções de ninar.

Para minha mãe,
pelos inspirados adágios.

Qualquer sociedade em que
não esteja assegurada a garantia dos direitos,
nem estabelecida a separação dos poderes,
não tem Constituição.
[*Declaração dos Direitos do Homem e do Cidadão*,
1789, art. 16]

Es ist der Gang Gottes in der Welt, daß der Staat ist.
G.W.F. HEGEL
[O Estado é o caminhar de Deus no Mundo;
Filosofia do Direito, adendo ao § 258]

Na experiência jurídica não se verificam,
por via de regra, rupturas inexoráveis.
MIGUEL REALE
[*Nova Fase do Direito Moderno*, p. 109]

A doutrina do Estado de Direito é
provavelmente o patrimônio mais relevante que,
hoje, nos inícios do terceiro milênio,
a tradição política europeia deixa
em legado à cultura política mundial.
DANILO ZOLO
[*O Estado de Direito*, p. 51]

Sumário

Prefácio 13
[Prof. Dr. Antônio Carlos Wolkmer, da Universidade Federal de Santa Catarina]

Palavras iniciais 17

I. A História e o Estado 19

1. O pêndulo da História do Estado 21
História do Direito. Filosofia do Direito e História do Estado. O apolíneo (liberdade) e o dionisíaco (poder) na história do Estado. A roda da fortuna. O Estado e a liberdade como destinos do homem (Hegel)

2. Do Estado ideal ao Estado histórico: essência e existência do Estado.......... 25
Noção de Estado. Estado ideal. Estado real. O Estado como ideia manifesta na História

3. O Estado de Direito, do *logos* ao *topos* 29
Estado Moderno. A soberania como elemento formal do Estado. Positividade e estatalidade do Direito. Personalidade jurídica do Estado. Elemento material do Estado. Origem da expressão "Estado de Direito". Objeto da investigação: o Estado de Direito. Legitimidade formal: democracia. Legitimidade material: consagração aos direitos fundamentais. Constitucionalismo. Gênese histórica dos direitos fundamentais. Gerações de direitos fundamentais. Núcleo indivisível de direitos fundamentais. Estado de Direito: limites à utilização do termo. Estado de Direito e direitos fundamentais

4. Itinerário do texto 45

A história e os paradigmas do Estado de Direito: liberal, social, democrático. História e Filosofia, do Direito e do Estado. Dialética e tridimensionalidade. A norma como reação do valor aos fatos. Linha narrativa: fundamentos sociológicos, fundamentos axiológicos, estrutura jurídica. Direções metodológicas do texto

II – O Estado Liberal 53

5. Fundamentos sociológicos 55

Estados Nacionais. As Revoluções Burguesas: Revolução Americana, Revolução Inglesa, Revolução Francesa. O modelo liberal-burguês e a era do vapor

6. Fundamentos axiológicos 63

Renascimento. Do jusnaturalismo ao jusracionalismo. Contratualismo. Hobbes. Locke. Rousseau. Kant. Liberalismo: liberdade como autolimitação e liberdade como autonomia. Liberalismo, democracia e racionalidade

7. Estrutura jurídica 87

Direito e racionalidade. Direito Moderno, primeira fase. Soberania nacional. Constitucionalização e codificação. O Code Napoleon e a Escola da Exegese. A Escola Histórica e o retorno ao romanismo. A Jurisprudência dos Conceitos.. O Positivismo Analítico. O século do positivismo

7.1 O Constitucionalismo clássico 97

O constitucionalismo. Constitucionalismo clássico: temário. Direito Constitucional do Poder e Direito Constitucional da Liberdade. Limitação do poder: federalismo, separação de poderes

7.2 A primeira geração de direitos fundamentais 103

Direitos do Homem e do Cidadão: o indivíduo e o Estado. Direitos de Liberdade. Liberdades civis, direitos individuais. Liberdades políticas, direitos políticos. Direitos de primeira geração: esboço de classificação. Direitos do cidadão nacional. Historicidade dos direitos fundamentais: concepção generacional e evolução dos direitos

8. A era da formalização 111

Liberdade e formalização como oposição ao arbítrio. O primado da lei. O Estado Abstrato

III – O Estado Social 113
Fundamentos sociológicos 115

A falência do modelo liberal-racionalista. O progresso da indústria e a extratificação social. A era da eletricidade. O movimento socialista. A doutrina social da Igreja. A

Primeira Grande Guerra. A Revolução Russa. O advento de Weimar. Intervencionismo Estatal. Keynes. A crise de 1929. Roosevelt e o New Deal. Democracia de Partidos

10. Fundamentos axiológicos 127

Igualdade contemporânea e o valor trabalho (Hegel). Igualdade material. Socialismo, Marxismo, Social Democracia. Democracia formal e democracia substantiva: discursos ditatoriais. O ecletismo do Estado Providência

11. Estrutura jurídica 137

O Estado Intervencionista. Direito Moderno, segunda fase. Soberania estatal. Hipertrofia do executivo. Surgimento do Direito do Trabalho. A teoria do ordenamento jurídico. A Jurisprudência dos Interesses. Antiformalismos

11. 1 O Constitucionalismo social 143

A Constituição de Weimar. Constituição material. A polêmica Kelsen-Schmitt.Teoria sociológica da Constituição. Teoria normativa da Constituição. Heller e a síntese da Teoria da Constituição. Constituição Social e Constituição Econômica

11.2 A segunda geração de direitos fundamentais 157

O bem-estar e a intervenção do Estado: os direitos de segunda geração. Os Direitos Sociais como direitos de credito. Direitos da Igualdade. Direitos Sociais, Culturais, Econômicos: diferentes enumerações. O socialismo e a exacerbação dos direitos sociais. Integração das gerações de direitos

12. A era da materialização 165

A dignidade humana e a materialização dos direitos: o Estado prestacionista

IV – O Estado Democrático 167

13. Fundamentos sociológicos 169

A escalada bélica e a guerra fria: impactos culturais e econômicos. O ocaso do socialismo e o triunfo do mercado e da burocracia financeira. O novo imperialismo e a descrença na soberania dos Estados: a globalização. O ataque ao Estado, aos custos públicos e ao serviço público, às estatais e à presença do Estado na Economia. Privatização, Reforma do Estado. Teoria e prática da esfera pública não estatal. Subsidiariedade. O discurso habermasiano. Energia atômica, eletrônica, cibernética: a era da informática. Exame de caso: o Brasil de Bresser Pereira. Heteronomia das universidades, publicização da educação e da saúde. Contornos ideológicos das crise governamental brasileira. O ataque ao Direito: pluralismo e flexibilização. O Estado poiético e a burotecnocracia: os golpes de Estado institucionais. A cultura e a reação à globalização

14. Fundamentos axiológicos 193

A ONU e a Declaração Universal dos Direitos do Homem: a Fraternidade. Solidariedade. Universalização da cidadania: o Estado universalista de Direito. Dignidade humana e respeito ao ambiente. O ecologismo. Diferença e desigualitarização. Realização plena da pessoa humana. O antigo conceito socialista de Estado democrático de Direito (Elías Díaz). Neosocialismo, neoliberalismo e flexibilização ideológica. Participativismo

15. Estrutura jurídica 205

A imprecisa terceira fase do Direito Moderno. A falsa noção de soberania difusa. Jurisprudência dos Valores, Jurisprudência dos Princípios, Jurisprudência dos Problemas. O pós-positivismo e o Estado principialista. Axiologia Jurídica, Tridimensionalidade, Culturalismo. Novidades na Teoria do Direito, na Hermenêutica Jurídica, no Direito Internacional

15.1 O constitucionalismo democrático 217

Efeitos acadêmicos da desestatização. O internacionalismo. Constitucionalismo e jusfilosofia. A primazia hermenêutica dos princípios constitucionais. Novas perspectivas do constitucionalismo, no marco do Estado de Direito

15.2 A terceira geração de direitos fundamentais 221

A redescoberta da pessoa. A universalização dos direitos da humanidade. A terceira geração de direitos fundamentais: o advento dos direitos difusos. A utopia humanista e universalista da fraternidade. Concepção generacional e indivisibilidade de direitos. Especificação e complexificação dos direitos: o processo histórico em marcha. Falsidade da noção de quarta e quinta gerações de direitos. A caminho da universalização de direitos como perspectiva futura

16. A era da plenificação 235

A crise do Estado e a sua superação: fraternidade, direitos de fraternidade e Estado democrático de Direito. A plenitude dos ideais e da pessoa humana

v – O Estado e a História 237

17. Do Estado histórico ao Estado ideal 239

O padrão jusfilosófico de análise do Estado de Direito (síntese das conclusões do texto). Estado de Direito e Estado democrático: a caminho da liberdade. Universalidade e ocidentalidade dos direitos fundamentais: origens remotas, gerações e desafios

Referências Bibliográficas 251

PREFÁCIO

MEMBRO DA *ESCOLA JUSFILÓSOFICA MINEIRA*, José Luiz Borges Horta congrega a tradição do debate jurídico-político e a vocação da leitura ética-filosófica. Defensor do Estado enquanto ambiente, por excelência, de realização da liberdade e crítico irredutível do discurso neoliberal, o Professor Horta é promotor irrefreável do debate crítico sobre os significados e o papel do Estado. Entusiasta de uma abordagem culturalista e civilizacional dos fenômenos jurídico e político, ele rompe de certa maneira com uma perspectiva formalista, ocupada em descrever institutos, e promove uma releitura histórica à luz dos valores e das circunstâncias culturais que deram ensejo aos seus desenvolvimentos.

Professor dos cursos de Direito e de Ciência do Estado da Universidade Federal de Minas Gerais, José Luiz Borges Horta conta com uma sólida experiência docente e desponta no cenário jurídico mineiro como importante liderança intelectual. Integrante da linha de pesquisa *Direito, Razão e História* do Programa de Pós-graduação em Direito da UFMG, ele divide-se entre a direção dos *Seminários Hegelianos,* ao lado do Professor Joaquim Carlos Salgado, e o ministério das disciplinas *Filosofia do Estado* e *História do Direito*, além de congregar um crescente grupo de pesquisas, dedicado à investigação dos mais diversos temas: da tradição ética grega e cristã à história do direito romano, do idealismo alemão ao Estado contemporâneo, da tradição jusfilosófica mineira ao diálogo entre civilizações, entre muitos outros.

Provocador inveterado do debate intelectual, o Professor Horta tem estimulado, de forma inovadora, uma pesquisa jurídica que rompe radicalmente com o exame ensimesmado dos institutos e categorias jurídicas e se alimenta profundamente dos saberes da Filosofia, da História, da Política e da Antropologia, a fim de repensar o Direito à luz da tradição cultural que o engendra, a qual não é cindível em campos distintos do saber, mas que, em verdade, precisa de cada um deles para ser pensada em sua totalidade. Desse modo, abre espaço para uma ampla gama de pesquisas que procura situar o jurídico diante do religioso, do ético, do político e do pensamento filosófico.

A tudo isso, alia-se um forte caráter de engajamento político e acadêmico, que se revela desde cedo em sua longa experiência junto ao movimento estudantil, e uma aguda preocupação com a produção de conhecimento jurídico de vanguarda que não se descuide da tradição.

Profundo conhecedor da tradição política brasileira e debatedor constante do cenário político nacional, o Professor Horta foi responsável pela reinauguração da conceituada *Revista Brasileira de Estudos Políticos*, criada na década de cinquenta pelo Professor Orlando de Carvalho e na qual publicaram renomados nomes nacionais e internacionais.

Atualmente, dirige o projeto de pesquisa *Direito, Cultura e Civilizações*, inaugurando no cenário nacional uma pesquisa que procura discutir o novo panorama mundial de embate de civilizações e o contexto cultural de desenvolvimento do Direito ocidental face às experiências éticas de outros povos.

Esta *História do Estado de Direito*, que vem finalmente a público, é fruto de intensas pesquisas com as quais o autor obteve, no ano de 2002, seu grau de doutor junto ao Programa de Pós-Graduação em Direito da UFMG. Profundamente revisada e atualizada, ela é apresentada a estudantes e professores como um suporte fundamental para o estudo do Estado moderno e dos Direitos fundamentais.

Trata-se de um inédito panorama que apresenta os três momentos de formação do Estado moderno através do movimento pendular que se alterna entre as forças antagônicas da liberdade e do poder. Mais do que uma simples descrição histórica dos eventos e dos institutos jurídicos, o que se faz é uma história do conceito e dos significados do Estado, considerando o plano das ideias e dos valores que o forjou, mas sem perder de vista as conjunturas sociais e culturais que o produziram.

Em cada momento do Estado de Direito – Estado Liberal, Estado Social e Estado Democrático – conjugam-se os seus respectivos fundamentos sociológicos e axiológicos com a estrutura jurídica que deles resulta. Com isso, o Professor Horta oferece-nos um extenso repertório de fatos e conceitos que nos explicam o desenvolvimento do Estado contemporâneo. Trata-se de uma história da formação do conceito do Estado, que considera o embate e a contradição de ideias e valores no seio do processo histórico da vida política e jurídica que o engendra. Conforme propõe o autor, trata-se de examinar a estrutura jurídica de cada momento do Estado de Direito enquanto resposta dos valores afirmados em face dos fatos históricos.

Nesse sentido, José Luiz Borges Horta, em sua *História do Estado de Direito*, nos apresenta um rico panorama delineado não só a partir de circunstâncias históricas, mas do contexto espiritual, situando cada momento do Estado moderno no plano axiológico geral do seu alvorecer e, ainda, no seu plano jurídico particular. Em cada um dos momentos do Estado de Direito, após o exame dos fatos e dos valores, passa-se a uma análise exaustiva das principais correntes jurídicas, do movimento constitucionalista e das gerações de direitos fundamentais.

Trata-se, pois, de uma obra de grande utilidade para estudantes e pesquisadores, que passam a dispor de um excelente guia para melhor compreender o Estado de Direito e os Direitos fundamentais em seu desenvolver histórico.

Prof. Dr. Antonio Carlos Wolkmer
Professor Titular da Faculdade de Direito
da Universidade Federal de Santa Catarina

Palavras iniciais

A título de prólogo, registro meus mais sinceros agradecimentos àqueles que contribuíram diretamente para a construção deste trabalho, originalmente defendido (em 2002) como Tese do Doutorado em Filosofia do Direito junto à Faculdade de Direito da Universidade Federal de Minas Gerais, mas enriquecido, nos anos que se seguiram, pelo debate frutuoso que o magistério e a Academia nos permitem.

Este texto deve ser considerado como um tributo à liderança intelectual de Joaquim Carlos Salgado, que orientou a tese original e inspira, preenchendo de sentido ético, a Escola Jusfilosófica mineira.

Naquela ocasião, sem a presença criativa e luminosa de Marcelo Maciel Ramos e Saulo de Oliveira Pinto Coelho, então acadêmicos, depois doutorandos sob nossa orientação, não teria sido possível conceber e produzir a tese afinal defendida. Aos dois, minha terna e infinita homenagem de gratidão.

Concorreram para a elaboração da tese original, de múltiplas formas e entre tantos, Elza Maria Miranda Afonso, Antônio Álvares da Silva, Marlene Franklin Alves (Univale), Roberto Luiz Silva (Escola Superior de Advocacia), Renato Amaral Braga da Rocha (Ministério da Educação), Mariá A. Brochado Ferreira, Daniela Muradas Reis, Gionete Evangelista da Conceição, Maria Elisa Americano do Sul Barcellos, José Leonardo Aguiar, Lázaro Henrique Romio, Ricardo Machado Rocha e Odyr Barreira Neto, além dos meus pais, Walkyrio Horta (*in memoriam*) e Divina Apparecida Marques Borges, de Alice Ferreira Pio e da sempre presente Maria Marques (*in memoriam*), doce avó que me trouxe o exemplo de amor e o legado da devoção a São Judas Tadeu.

A reconstrução do texto, para sua publicação, deve-se a uma confluência de fatores e pensadores, amigos e interlocutores.

Nelson Nogueira Saldanha, gigante da Universidade Federal de Pernambuco, e os mineiros Pedro Paulo Christóvam dos Santos, decano do Curso de Direito da Universidade Federal de Ouro Preto, Arthur J. Almeida Diniz e Aloizio Gonzaga de Andrade Araújo examinaram o trabalho, em pertinentes arguições em muitas formas presentes na versão enfim publicada.

Maria Helena Damasceno e Silva Megale tantas portas me abriu na UFMG que tive o auxílio da Pró-Reitoria de Pesquisa — em seu Programa de Auxílio à Pesquisa dos Recém-Doutores, que propiciou infraestrutura ao nosso Gabinete de Pesquisa — e da Pró-Reitoria de Graduação — em seu Programa de Bolsas de Graduação.

A Fundação de Amparo à Pesquisa do Estado de Minas Gerais (FAPEMIG) agregou às nossas atividades um importante *grant*, na via do Programa Pesquisador Mineiro. A FAPEMIG, o Conselho Nacional de Desenvolvimento Científico e Tecnológico (CNPq) e a Fundação Professor Valle Ferreira têm me permitido agregar à equipe de pesquisa grandes colaboradores, com suas bolsas de iniciação científica.

De modo especial, agradeço a Bruno Nogueira de Carvalho e a Hermano Martins Domingues, primeiros colaboradores a se engajarem na dura tarefa de rever o texto, e a Gabriel Lago de Souza Barroso, que tanto me ajuda e ilumina. Esse texto é revisto e publicado, antes de mais nada, para que meus orientandos e colaboradores possam nele encontrar abrigo: para Marcelo, Saulo, Bruno, Hermano, Gabriel, mas também para Karine Salgado, Ílder Miranda-Costa, Morton Luiz Faria de Medeiros, Paulo Roberto Cardoso, Felipe Magalhães Bambirra, Daniel Cabaleiro Saldanha, José de Magalhães Campos Ambrósio e João Paulo Medeiros Araújo.

Se o trabalho vem a lume, anos depois de defendido, deve-se à sensibilidade da casa editorial que o acolhe e a um último mas não menos importante fator: a presença balsâmica, radiante e inspiradora de Emanuel Figueiredo.

Meu carinhoso beijo a todos; espero que possam se orgulhar do texto, ao menos parte do quanto me orgulho de poder contar com vocês.

Belo Horizonte, verão de 2009
José Luiz Borges Horta

CAPITULO I
A História e o Estado

FORTUNA IMPERATRIX MUNDI
O Fortuna,
velut luna
statu variabilis,
semper crescis
aut decrescis

["FORTUNA, IMPERATRIZ DO MUNDO
Ó Fortuna,
és como a Lua
mutável,
sempre aumentais
e diminuis"]

[*Carmina burana*]

1. O PÊNDULO DA HISTÓRIA DO ESTADO

PENSAMOS NA HISTÓRIA DO DIREITO não como a estéril e cansativa descrição do advento e do desenvolvimento de institutos jurídicos, de resto temário vasto e frutuoso que abre os apetites dos publicistas, privatistas e processualistas (ou seja, dos cientistas do Direito), mas como a *compreensão* — a um tempo construtora e a outro reconstrutora — *do universo cultural de que emerge a ordenação jurídica* da vida humana.[1]

É, portanto, o *locus* privilegiado da reflexão totalizante, sintética, a englobar toda a plêiade de elementos (fáticos e normativos, de modo mais imediato, mas sobretudo, com olhos mais penetrantes, axiológicos) na evidente contradição do plano da cultura.

Ora, se é pleno de conflitos o orbe cultural, então a História do Direito é muito mais uma Filosofia que uma ciência, na medida em que cuida essencialmente dos antagonismos axiológicos e dos conflitos ideológicos (de justificação, dirão os autointitulados pós-modernos) que, em nossa seara, informam e traduzem a complexa face do jurídico.

A História do Direito é, assim, síntese, e não análise; antropológica, não sociológica; filosófica, não científica; política, não técnica; axiológica, não epistemológica.

---

1 Tragamos conosco a preciosa lição de RICARDO MARCELO FONSECA: "Essa qualidade histórica do fenômeno jurídico, que a liga de modo direto com os valores da sociedade e com as raízes históricas que nela pulsam, é que possibilitam tematizar uma cultura jurídica, essencialmente histórica e correlacionada às vicissitudes do tempo e do lugar onde ela se manifesta". FONSECA, Ricardo Marcelo. Os juristas e a cultura jurídica brasileira na segunda metade do século XIX. *Quaderni Fiorentini per la storia del pensiero giuridico moderno*, Milão, Giuffrè, n. 35, 2006, p. 343. O autor integra, ao lado de jushistoriadores de projeção internacional, a seção *Hacia un marco metodológico-conceptual de la cultura jurídica* da instigante coletânea NARVÁEZ H., José Ramón, RABASA GAMBOA, Emilio (coord.). *Problemas actuales de la Historia del Derecho en México*. México: Editorial Porrúa / Tecnológico de Monterrey, 2007, p. 1-124.

Por isso, a História do Direito é, senão fundamentalmente, uma História do Estado, tomado este como a realidade cultural da qual aquele emerge.

Propomos uma História do Direito e do Estado construída com fortes cores filosóficas. É assim que a História do Direito pode deixar o campo meramente instrumental e atingir o plano central — o coração, diríamos — de uma *Filosofia do Direito e do Estado*.

Nietzsche, com genial inspiração, chamou a atenção do Ocidente para a existência de duas vertentes da alma humana, que pretendeu representar nas figuras mitológicas dos deuses Apolo e Dionísio:[2] "Apolo representa o lado luminoso da existência, o impulso para gerar as formas puras, a majestade dos traços, a precisão das linhas e limites, a nobreza das figuras. Ele é o deus do *princípio da individuação*, da sobriedade, da temperança, da justa medida, o deus do sonho das belas visões. Dionísio, por sua vez, simboliza o fundo tenebroso e informe, a desmedida, a destruição de toda figura determinada e a transgressão de todos os limites, o êxtase da embriaguez."[3]

"Um assegura ponderação e domínio de si; o outro envolve pelo excesso e vertigem";[4] pensamos no espírito dionisíaco como força viva, e no espírito apolíneo como razão, medida, ordem, equilíbrio. O poder é de Dionísio; a liberdade, de Apolo: "A história do pensamento ocidental é um embate entre a liberdade e o poder."[5]

Identificamos na história ocidental uma tensão permanente entre a matéria em dionisíaca ebulição e a forma apolineamente forjada. O mundo grego, assim, legou-nos o olhar sobre o poder, a pólis, a democracia; já Roma, com o poderoso racionalismo estoico (apolíneo), descobre a pessoa e o direito. O medievo, alienação do Espírito, é todo ele dionisíaco, soturno, imerso em trevas das quais emerge o poder absoluto da Igreja, e a seguir o absolutismo do Estado Moderno. O Estado liberal de Direito é a reação do apolíneo, com a formalização das liberdades e o cerceamento do poder; o Estado social é o retorno dionisíaco, e por vezes barrocamente contraditório, do poder, ora mais, ora menos embriagado de si.

---

2 NIETZSCHE, Friedrich Wilhelm. O nascimento da tragédia do espírito da música. *In: Obras incompletas.* Trad. Rubens Rodrigues Torres Filho. 4. ed. v. 1. São Paulo: Nova Cultural, 1987. (Os pensadores).

3 GIACOIA JÚNIOR, Oswaldo. *Nietzsche.* São Paulo: Publifolha, 2000, p. 34.

4 MARTON, Scarlet. Por uma filosofia dionisíaca. *Kriterion*, Belo Horizonte, Universidade Federal de Minas Gerais, n. 89, jul. 1994, p. 10.

5 SALGADO, Joaquim Carlos. O Estado Ético e o Estado Poietico. *Revista do Tribunal de Contas do Estado de Minas Gerais*, Belo Horizonte, v. 27, n. 2, abr./jun. 1998, p. 9.

Para onde oscilará o pêndulo da história? Será o Estado democrático de Direito a síntese, já em Nietzsche ansiada, das forças e desejos que movem o homem e seu mundo?

Como nos *Carmina Burana*, que Carl Orff musicou em 1937 a partir de textos poéticos anônimos do século XIII redigidos em "latim, antigo alemão e antigo francês",[6] a fortuna nos espreita, a todo tempo. Surge majestosa ao abrir da cantata, mas retorna, ao final. É a irresistível força do destino, representada na mística da *Roda da Fortuna*, em permanente movimento, elevando uns, submergindo outros.

E é o destino que nos permite viver no Estado, que, para Hegel, é "a razão na terra",[7] "e só nele o homem é livre":[8] "O Estado não é feito, ele vem a ser e, longe de resultar da decisão de vontades individuais conscientes, é em seu devir que estas podem desenvolver-se".[9] É assim que, na perspectiva hegeliana, "fora do Estado, o homem estará fora da sua essência",[10] já que "o Estado é a realização da liberdade concreta. Fora dele é o mundo selvagem".[11]

Vivemos o renascer da barbárie, muitas vezes perpetrada com a força do próprio Estado, mas sem dúvida imperante na fragilidade do Estado de Direito, que urge evitar. Não há nenhum modo de triunfar sobre o caos, senão a conjugação de esforços na construção do Estado da plenitude humana: "Hegel espera agora do movimento da história a realização do desejo humano de liberdade".[12]

Cabe-nos escolher se pretendemos ser os arautos do apocalipse humano na fragmentação total da sociedade, ou os evangelistas do futuro libertário, igualitário e fraterno dos ideais de sempre: "Seremos uma república de cidadãos quando formos uma nação de profetas".[13]

---

6 PAHLEN, Kurt. A Ópera. Trad. Aldo della Nina. São Paulo: Boa Leitura, [s.d.], p. 396. *V.* tb. DELLA CORTE, A., PANNAIN, G. *Historia de la Música.* T. III. 2. ed. Barcelona: Labor, 1965, p. 1747.

7 HYPPOLITE, Jean. *Introdução à Filosofia da História de Hegel.* Trad. José Marcos Lima. Rio de Janeiro, Lisboa: Elfos, Edições 70, 1995, p. 95.

8 HYPPOLITE, *Introdução ..., cit.* p. 107.

9 BOURGEOIS, Bernard. *O pensamento político de Hegel.* Trad. Paulo Neves da Silva. São Leopoldo: Unisinos, 2000, p. 93.

10 SALGADO, Joaquim Carlos. *A Ideia de Justiça em Hegel.* São Paulo: Loyola, 1996, p. 402.

11 SALGADO, *A Ideia de Justiça em Hegel, cit.,* p. 412.

12 BOURGEOIS, *O pensamento ..., cit.,* p. 67.

13 UNGER, Roberto Mangabeira. *A Alternativa Transformadora* – Como democratizar o Brasil. Rio de Janeiro: Guanabara Koogan, 1990, p. 399.

José Luiz Borges Horta

A leitura histórica que apresentamos a seguir é contemporânea de si mesma. O autor é participante de um mundo em marcha, e portanto não possui qualquer distanciamento científico do objeto analisado; ao contrário, se escreve uma *História do Estado de Direito* (não "a", mas "uma"), é por pretender somar-se ao esforço dos intelectuais hodiernos para compreender o mundo e, em o compreendendo, concorrer para sua suprassunção no futuro (também ele) em construção, e superar a falsa dicotomia proposta em Marx e Engels na *11ª Tese* sobre Feuerbach ("xi – Os filósofos se limitaram a *interpretar* o mundo de diferentes maneiras; o que importa é *transformá-lo*"[14]). Só é possível transformar o mundo trazendo-o ao plano da compreensão, e a compreensão, como a Hermenêutica Filosófica[15] nos ensina, não se faz apartada do universo simbólico do autor.

Segue-se, portanto, nossa profissão de fé no Estado, manifestado na mais elevada obra ocidental: o Estado de Direito.[16]

---

14 MARX, Karl, ENGELS, Friedrich. *A Ideologia Alemã* – Feuerbach. Trad. José Carlos Bruni, Marco Aurélio Nogueira. 2. ed. São Paulo: Livraria Editora Ciências Humanas, 1979, p. 14.

15 Para uma iniciação à hermenêutica filosófica e à sua riqueza, v. GRONDIN, Jean. *Introdução à Hermenêutica Filosófica*. Trad. Benno Dischinger. São Leopoldo: EdUnisinos, 1999.

16 Se é verdade que Hegel pretendeu compôr, em seu sistema filosófico, tanto os eflúvios do racionalismo iluminista quanto os do romantismo alemão, o presente texto pertence a uma via (ou a um tempo) de reflexão talvez ainda muito afetado pelo legado iluminista. Para o texto e para o autor, ao menos ao tempo da redação original do trabalho, a tarefa revolucionária ainda estava por consolidar-se, no sentido mesmo das reflexões de GROSSI, Paolo. *Mitologias jurídicas da modernidade*. Trad. Arno Dal Ri Júnior. 2. ed. Florianópolis: Boiteux, 2007.

2. Do Estado ideal ao Estado histórico: essência e existência do Estado

PENSAR O ESTADO COMO OBJETO de conhecimento implica aceitar por tema central o problema de sua conceituação;[1] como todo conceito em matéria filosófica, o Estado pode ser tomado em duas grandes dimensões:[2] a ideal, ou puramente conceitual, e a empírica, ou real.

A partir de Platão, com a pertinente construção do *mundo das ideias*, toma corpo a meta grega de buscar na natureza as respostas para as grandes aporias da humanidade. Enganam-se, contudo, os que presumem que o mundo das ideias, tal como concebido originariamente, integra o plano do Espírito. O mundo das ideias platônico é natural, como o fora o *logos* de Heráclito, apreensível pela razão, e as ideias ali presentes permanecem universalmente, no espaço e no tempo.

---

1 Lourival Vilanova realça a importância epistemológica do conceito de Estado; *cf.* VILANOVA, Lourival. *O problema do objeto da Teoria Geral do Estado*. Recife: Faculdade de Direito da Universidade do Recife [Universidade Federal de Pernambuco], 1953, p. 61. (Tese, Cátedra de Teoria Geral do Estado).

2 Danilo Marcondes, comentando o célebre afresco de RAFAEL SANZIO, *A Escola de Atenas*, anota a recorrente divisão da Filosofia Ocidental entre legatários de PLATÃO e de ARISTÓTELES: "o afresco [pintado em 1510 no Vaticano para o papa Julio II] reúne os mais importantes filósofos gregos da Antiguidade, tendo ao centro as figuras de Platão, que aponta para o alto e segura o texto do Timeu, e de Aristóteles que aponta para o chão e tem em suas mãos a Ética. Os filósofos e sábios se dividem em dois grupos que representam, por um lado, a tendência à abstração e à espiritualidade, Pitágoras e Parmênides, p. ex. próximos a Platão, e da estátua de Apolo; e por outro lado, os que representam o interesse pelas coisas práticas e pela ciência natural, p. ex. Euclides e Cláudio Ptolomeu, próximos a Aristóteles". [*Cf.* MARCONDES, Danilo. *Iniciação à História da Filosofia* dos pré-socráticos a Wittgenstein. Rio de Janeiro: Zahar, 1997, p. 144]. De fato, talvez somente apareçam como pensadores de síntese os idealistas alemães, como se verá, inclusive, neste capítulo.

Igualmente naturalística é a perspectiva de Aristóteles, que, porém, em leitura empirista, somente aceitará o dado a ser conhecido se identificado no plano da realidade: a existência do objeto é condição para sua inteligibilidade. Com Aristóteles e seus legatários, a investigação da realidade contrapõe-se, vigorosamente, à metafísica idealística, socrático-platônica.

Entre uma e outra vertente, paira o estudioso: Que Estado pode interessar ao teórico? Qual é o objeto de uma Filosofia do Estado? Ao falarmos em Estado, que afinal deve ser tratado como central: a ideia de Estado ou o Estado concreto?

Como tantos, Dalmo Dallari, aceitando a existência do Estado como uma constante no curso do tempo, fala em "formas fundamentais que o estado tem adotado através dos séculos":[3] Estado antigo, Estado grego, Estado romano, Estado medieval etc.

Aloizio Andrade, em contrapartida, questiona a afirmativa de que "o direito e o estado são consequentemente objetos culturais desde sempre existentes na vida social",[4] e afirma, com Manuel Garcia Pelayo e Carl Schmitt, que o Estado é um conceito histórico, que surge com a ideia e a prática da soberania, a partir do século XVI.[5]

Antônio Carlos Wolkmer, em perspectiva claramente inspirada em Herman Heller[6] mas marcada pelas categorias marxianas, ao rejeitar a universalidade da Teoria do Estado, parece causticamente afastar a universalidade da própria ideia de Estado, ao afirmar que "concepções reducionistas [...] induzem à crença de uma teoria geral e universal do Estado ao longo dos tempos [...] Ora, o Estado, enquanto fenômeno histórico de dominação, apresenta originalidade, desenvolvimento e características próprias para cada momento histórico e para cada modo de produção".[7]

---

3 DALLARI, Dalmo de Abreu. *Elementos de Teoria Geral do Estado*. 17. ed. São Paulo: Saraiva, 1993, p. 51 *et seq.*

4 ANDRADE ARAÚJO, Aloizio Gonzaga de. *O Direito e o Estado como estruturas e sistemas*: um contributo à Teoria Geral do Direito e do Estado. Belo Horizonte: Movimento Editorial da Faculdade de Direito da UFMG, 2005, p. 21.

5 ANDRADE ARAÚJO, *O Direito...*, cit., p. 34. *Cf.* tb. QUINTÃO SOARES, Mário Lúcio. *Teoria do Estado*: o substrato clássico e os novos paradigmas como pré-compreensão para o Direito Constitucional. Belo Horizonte: Del Rey, 2001, p. 120.

6 Segundo o grande constitucionalista alemão, não se poderia falar numa Teoria *geral* do Estado, universal e atemporal, mas sim numa Teoria do Estado específica para a vida estatal que se nos rodeia. *Cf.* HELLER, Hermann. *Teoría del Estado*. Edição e prólogo de Gerhart Niemeyer. Trad. Luis Tobío. México: Fondo de Cultura Económica, 1992, p. 19.

7 WOLKMER, Antônio Carlos. *Elementos para uma crítica do Estado*. Porto Alegre: Fabris, 1990, p. 21.

João Maurício Adeodato, por sua vez, critica a "pretensão de estender a todos os Estados o modelo jurídico de *Estado Moderno* eurocentrado".[8]

Assistem, portanto, sólidos argumentos a ambas as correntes, aqui brevemente exemplificados; no entanto, tomar qualquer uma delas importa em abandonar o exame do Estado em sua totalidade. Cumpre descobrir alternativas para compreender o Estado abstrato, fruto do pensar, e o Estado concreto, decorrência da vida.

Assim, Hegel reconhece uma tensão entre o Estado ideal e os estados reais,[9] introduzindo, conforme acentua Jean Hyppolite,[10] conceitos-chave na tentativa de compreensão da oposição entre *natureza* e *positividade* e, bem assim, entre *Razão* e *História*. No sistema hegeliano, aparece a nítida oposição, que urge ultrapassar, entre o natural, apreensível pela racionalidade, e o construído no plano real (o posto ou positivo, apresentado ao exame empírico). Esse contraste, *e.g.* na análise das teses contratualistas, leva Hegel a contundentes críticas ao jusnaturalismo abstrato[11] e a seus fautores. Afirma Hyppolite: "Em resumo, o Estado opõe-se à natureza. Ora, é precisamente esta oposição que Hegel pretende transcender".[12]

É preciosa, nesse sentido, a lição de Joaquim Carlos Salgado: "O Estado não é, portanto, nem a realidade empírica, situado no mundo da contingência histórica, nem o Estado ideal [...] existente tão-só na mente subjetiva como projeção ideal no futuro".[13]

Em Hegel, o Estado é ideia, mas ideia manifesta na História. O tema central da filosofia hegeliana é a História,[14] tomada como espaço privilegiado de manifestação do Espírito, do Absoluto.

Lembra Hyppolite que, "em qualquer Estado real, há já a ideia do Estado",[15] de vez que "a ideia do Estado [...] permanece imanente a todas as realizações históricas".[16]

---

8 ADEODATO, João Maurício. *Filosofia do Direito*; uma crítica à verdade na ética e na ciência, através de um exame da ontologia de Nicolai Hartmann. São Paulo: Saraiva, 1996, p. 8.

9 BOURGEOIS, *O pensamento...*, *cit.*, p. 90.

10 HYPPOLITE, *Introdução...*, *cit*, p. 35 *et. seq.*

11 HYPPOLITE, *Introdução ...*, *cit*, p. 57 *et. seq.*; SALGADO, *A Ideia de Justiça em Hegel.*, *cit.*, p. 342 *et. seq.*

12 HYPPOLITE, *Introdução ...*, *cit*, p. 67.

13 SALGADO, *A Ideia de Justiça em Hegel*, *cit.*, p. 405.

14 Para uma percepção do papel da história no pensamento hegeliano, uma boa indicação talvez seja recorrer à fonte: HEGEL, G. W. F. *Filosofia da História*. 2 ed. Brasília: EdUnB, 1999.

15 HYPPOLITE, *Introdução ...*, *cit.* p. 77.

16 HYPPOLITE, *Introdução ...*, *cit.* p. 79.

28| José Luiz Borges Horta

Na História, o Estado pode manifestar-se, não somente como uma consequência de fatores antropológicos, como talvez quisessem Lawrence Krader[17] e Carlos Campos,[18] mas como — e eis o ponto — o *destino*[19] da humanidade: "O Estado é o fim último do indivíduo e o indivíduo fim último do Estado".[20]

A ideia é essência manifestada na História. O evolver histórico permite, assim, a concretização da essência da essência: manifestar-se. Aliás, já que o Estado se impõe como destino humano e elemento basilar do mundo cultural, podemos afirmar, com Salgado: "A história é [...] a história do Espírito, vale dizer, a história é a história do Estado".[21]

Assim, as ideias de direito e de Estado existem desde sempre; manifestam-se, nos termos possíveis, desde a Antiguidade. Podemos então aceitar que, desde que o homem abandona o nomadismo e pretende fixar-se em um território, ali estabelecendo uma comunidade e um modo de produção que possibilite atender às suas necessidades,[22] ele espontaneamente caminha para obter um mínimo de estabilidade. É, talvez, o Estado em germinação, que no mundo grego atinge a bela totalidade registrada por Hegel[23] e no evolver do Ocidente a permanente promessa do Estado Moderno.

Interessa-nos, enfim, perquirir o Estado histórico, fruto da conjunção de elementos abstratos e concretos, soma do ideal de Estado e de sua realidade histórica, decorrente dos imperativos racionais, mas presente no devir dos povos.

---

17 KRADER, Lawrence. *A formação do Estado*. Trad. Regina Lúcia M. Morel. Rio de Janeiro: Zahar, 1970.

18 CAMPOS, Carlos Álvares da Silva. *Sociologia e Filosofia do Direito*. 3. ed. Belo Horizonte: Del Rey, 1995, p. 113-121.

19 Cf. HYPPOLITE, *Introdução ...*, *cit.* p. 43; e BOURGEOIS, *O pensamento ...*, *cit.* p. 23.

20 SALGADO, *A Ideia de Justiça em Hegel*, *cit.*, p. 421.

21 SALGADO, *A Ideia de Justiça em Hegel*, *cit.*, p. 396.

22 MIRACY GUSTIN diligentemente estuda a temática das necessidades humanas em tese de doutoramento, tradicionalmente consideradas sob quatro aspectos: sobrevivência, integração societária, identidade pessoal, maximização de competências [*cf.* GUSTIN, Miracy Barbosa de Sousa. *Das necessidades humanas aos direitos*; ensaio de Sociologia e Filosofia do Direito. Belo Horizonte: Del Rey, 1999, p. 23-4]. A autora afirma, no entanto, a *autonomia* como necessidade básica e universal [GUSTIN, *Das necessidades...*, *cit.* p. 30 *et seq.*]

23 Cf. HYPPOLITE, *Introdução ...*, *cit.* p. 78; e BOURGEOIS, *O pensamento ...*, *cit.* p. 41.

3. O Estado de Direito, do *logos* ao *topos*

Se podemos aceitar a presença do Estado antes da Modernidade, é imperativo, no entanto, frisar que, dentre as diversas manifestações verificadas no curso dos milênios, aquela que mais se aproxima (ou mais pode se aproximar) da ideia de Estado, é sem dúvida o chamado Estado Moderno, cuja força é reconhecida universalmente.

A mais que abalizada voz de Cabral de Moncada conceitua: "Aquilo a que hoje, desde Machiavel, chamamos Estado, 'lo stato', o *Estado moderno* nacional e soberano — é preciso notar — não é senão uma dessas formas ou figuras da vida política. Sabe-se como esse Estado foi sendo forjado, pouco a pouco, na Europa ocidental, a partir de fins da Idade Média, e sobretudo como se robusteceu para cá do Renascimento. [...] o Estado moderno [...] é apenas um grau mais adiantado numa escala de formas políticas".[1]

José Pedro Galvão de Sousa, *e.g.*, aceita falar em estado antigo e em estado moderno, mas questiona a identificação de estado medieval: "Entre o Estado centralizador, que fora o Império de Roma, e os estados nacionais modernos, nascidos sob o signo do poder absoluto e da centralização, a sociedade política medieval oferece um exemplo ímpar de sociedade descentralizada diante da qual não teria sentido uma teoria do Estado, no sentido comumente dado a esta expressão".[2]

---

1 MONCADA, L. Cabral de. Do conceito e essência do político. *Revista Brasileira de Estudos Políticos*, Belo Horizonte, UFMG, n. 30, jan. 1971, p. 8-9.

2 SOUSA, José Pedro Galvão de. *O totalitarismo nas origens da moderna Teoria do Estado*: um estudo sobre o *Defensor Pacis* de Marsílio de Pádua. São Paulo: Saraiva, 1972, p. 26.

30| José Luiz Borges Horta

As raízes do Estado Moderno, segundo sua perspectiva, estendem-se até a Idade Média, com Marsílio de Pádua e sua invocação à paz: "A preocupação de Marsílio [...] era o restabelecimento da segurança interna nas cidades italianas, e de suas liberdades, numa vida tranquila que permitisse aos seus habitantes dedicarem-se despreocupadamente aos afazeres de cada dia. E isso só seria possível mediante a ação enérgica de uma autoridade ordenadora e pacificadora, removidos os obstáculos à 'paz'".[3]

Podemos, de fato, identificar em tal apelo à ordem o ponto inicial de uma interessante via de pensamento que, passando por Maquiavel, Bodin e Hobbes, acaba por consolidar uma nova ordem política.[4]

Desde o nascedouro, o Estado Moderno é identificado mediante um elemento *formal* que se apresenta essencial à sua identificação: a soberania.[5] Leciona Nelson Saldanha: "O Estado moderno, como se sabe, havia nascido em termos absolutistas: a superação das antinomias feudais se deu com a concentração do poder e com o robustecimento das dinastias".[6]

A soberania traduz-se na propriedade central do Estado, desde a Modernidade; a partir de então, somente as comunidades políticas cujas ordens normativas não devam

---

3 Sousa, *O totalitarismo...*, *cit.*, p. 150.

4 Sousa, *O totalitarismo...*, *cit.*, p. 83.

5 F. A. Freiherr von der Heydte aponta como primeiros estados do Ocidente a Inglaterra de Henrique II Plantageneta (1154-89), a França de São Luís IX (1226-1270), a Sicília de Frederico II Hohenstafen (1212-1250) e a Castela de Fernando, o Santo (1217-1252) e seu sucessor, Afonso, o Sábio (1252-1258) [*Die Geburtsstunde des souveränen Staates*, p. 54-5, *apud* Sousa, *O totalitarismo...*, *cit.*, p. 61], estados nacionais integrantes de um padrão que então emergia na Europa e inspiraria o Estado moderno [Strayer, J.R. *The medieval origins of the modern State*, p. 12, *apud* Sousa, *loc. cit.*]. Galvão de Sousa acrescenta, com toda razão, a primogênita Portugal de Afonso I (1128-1185). Como percebemos desde a reflexão de Manuel Garcia-Pelayo [Garcia-Pelayo, Manuel. *Frederico II de Suábia e o Nascimento do Estado Moderno*. Trad. Amilcar de Castro. Belo Horizonte: Revista Brasileira de Estudos Políticos, 1961], é comum na doutrina o elogio à Sicília de Frederico II de Suábia como o grande marco do aparecimento do estado moderno; Burckhardt considera Frederico II "o primeiro homem moderno que subiu a um trono" [Burckhardt, J. *Die Kultur der Renaissance in Italien*, p. 13, *apud* Sousa, *O totalitarismo...*, *cit.*, p. 64]. Poderíamos discutir a existência de algo como uma soberania rudimentar, presente em qualquer comunidade. Reale, no entanto, adverte com firmeza contra o "erro muito comum de pensar que *soberania* seja o *poder mais alto existente por natural necessidade em toda e qualquer convivência humana* [...] O aforismo '*ubi societas, ibi supremitas*' é apenas o dado inicial do problema técnico da soberania" [Reale, Miguel. *Teoria do Direito e do Estado*. 5. ed. São Paulo: Saraiva, 2000, p. 132].

6 Saldanha, Nelson. *O Estado moderno e o constitucionalismo*. São Paulo: Buchatsky, 1976, p. 63.

HISTÓRIA DO ESTADO DE DIREITO |31

validade a nenhuma ordem superior serão reconhecidas como estados. Na formulação clássica — relativizada pelos teóricos que a seguiram — de Jean Bodin, "a soberania é o poder absoluto e perpétuo de uma república".[7]

O ponto central da soberania parece ser a temática da construção da ordem normativa a que devem respeito o povo (soberania no plano interno) e os demais povos (soberania no plano internacional). Paulo Bonavides[8] inspira-nos um jogo de preposições: soberania *do* Estado frente aos iguais,[9] exercida *no* Estado sob as demais ordens sociais. (E Reale caracteriza a soberania como "síntese de independência e de supremacia".[10])

Tal vontade suprema e soberana — *suprema potestas* — deflui, segundo Bonavides, do papel privilegiado do Estado como "ordenamento político monopolizador da coação incondicionada".[11] Em *Direito e Coerção*,[12] Edgar da Matta-Machado exaustivamente analisa a conexão do Direito com o Estado titular do monopólio da coerção, com o fito de, como bom tomista, afastar do Direito tanto a coercitividade quanto a estatalidade; não afasta do Estado, no entanto, a força que caracteriza sua presença histórica.

A partir de Joaquim Carlos Salgado,[13] podemos afirmar que poder é o atributo pelo qual uma vontade condiciona outras vontades; isso se dá mediante consentimento, através da coerção legitimada pela ordem jurídica ou por meio de violência coativa (ilegal). Assim, o Estado é o seu poder; sem essa característica — essa coercitividade que transfere ao seu

---

7 BODIN, Jean. *Los seis libros de la República*. Trad. Pedro Brava Gala. 2. ed. Madrid: Tecnos, 1992, p. 47.

8 BONAVIDES, Paulo. *Ciência Política*. 10. ed. São Paulo: Malheiros, 2001, p. 126.

9 Lembra MIGUEL REALE a célebre formulação de RUY BARBOSA, em Haia, estabelecendo o princípio da *"igualdade* dos Estados soberanos". [REALE, *Teoria do Direito...*, *cit.*, p. 195].

10 REALE, *Teoria do Direito...*, *cit.*, p. 202.

11 BONAVIDES, *Ciência Política*, *cit.*, p. 123.

12 Trata-se de tese de Cátedra, excepcionalmente bem construída, em que MATTA-MACHADO propõe não somente uma *Filosofia da Coerção* como uma *Sociologia da Coerção*, tomada — a coerção — como um elemento acidental do Direito. A versão original é de 1956: MATTA-MACHADO, Edgar de Godói da. *Direito e Coerção*. Belo Horizonte: ed. A, 1956. [É com base em Matta-Machado que afastamos a indevida sinonímia entre *coerção* e *coação*; *cf.* MATTA-MACHADO, *Direito e Coerção*, *cit.*, p. 11 *et seq.*]. À mesma corrente de não coercivistas de fundo jusnaturalístico associa-se Arnaldo Vasconcelos, para quem a coercitividade é apenas uma *pseudocaracterística* da norma jurídica: VASCONCELOS, Arnaldo. *Teoria Geral do Direito*. V 1: Teoria da Norma Jurídica. 3. ed. São Paulo: Malheiros, 1993, p. 141-3.

13 Salgado toma o "poder, não como impulso, mas como vontade determinante, dirigida racionalmente, e [...] esse poder se garante pela força (para determinar a vontade do outro com sua aceitação)". SALGADO, O Estado Ético e o Estado Poiético, *op. cit.*, p. 38.

José Luiz Borges Horta

ordenamento jurídico — definitivamente não podemos falar em Estado. Leciona Gerson Boson, comentando Jellinek: "O Estado é, pois, assim, a associação maior de finalidades constantes, a organização mais perfeita e inteligível, já que dentro de si mesma encerra todas as demais associações e constitui a unidade social mais forte e necessária".[14]

A questão da formulação da positividade jurídica já surge em Bodin, como sublinha Miguel Reale: "No amanhecer do Estado Moderno, esse espírito penetrante que foi Jean Bodin tocou em um elemento capital do problema jurídico do Estado quando escreveu que a marca diferenciadora da soberania nos é dada pelo *poder de legislar*".[15]

A "necessidade de vincular Estado e Direito em forma essencial", de que nos fala Portillo y Pacheco,[16] é marca característica de significativa parcela de doutrinadores que, desde Bodin, secularizaram o Direito, acabando por submeter sua validade[17] não a dados metafísicos, mas à força simbólica do Estado.

Em outras palavras, afirma Miguel Reale: "A soberania não é senão o poder que tem o Estado de decidir em última instância sobre a positividade do Direito, declarando e atualizando o seu direito objetivo".[18] E, mais adiante: "Todas as definições de soberania, dadas pelos que aceitam a tese do Direito resultante do Estado, podem ser, em última análise, reduzidas a esta: *soberania é o poder originário e exclusivo de produzir Direito Positivo*".[19]

O Estado, tomado como "soberania organizada",[20] emerge fulgurante na Modernidade, afirmando sua personalidade: "O Estado surge quando um povo, alcançando

---

14 BOSON, Gerson de Britto Mello. *Filosofia do Direito*: interpretação antropológica. 2. ed. Belo Horizonte: Del Rey, 1996, p.228-9.

15 REALE, *Teoria do Direito...*, cit., p. 204-5.

16 PORTILLO Y PACHECO, José Lopes. *Gênesis y teoria general del estado moderno*. México: Porrúa, 1949, p. 658.

17 O inspirado trabalho de Alexandre Travessoni Gomes — *O fundamento de validade do Direito* — é dividido em três partes: validade material (até Kant), validade transcendental (KANT) e validade formal (cujo extremo é, evidentemente, Kelsen). V. TRAVESSONI-GOMES, Alexandre. *O fundamento de validade do Direito* – Kant e Kelsen. Belo Horizonte: Mandamentos, 2000.

18 REALE, *Teoria do Direito...*, cit., p. 204. Em outra passagem, menos preocupado com os aspectos jurídicos da questão, mas sem deles descurar, assim o autor refere-se à soberania em dimensão política: "Soberania é o poder que tem uma Nação de organizar-se livremente e de fazer valer dentro de seu território a universalidade de suas decisões para a realização do bem comum" [*Ibid.*, p. 140].

19 REALE, *Teoria do Direito...*, cit., p. 247.

20 SAMPAIO DÓRIA, A. *Problemas de direito público*, São Paulo, 1919, p. 127, *apud* Reale, *Teoria do Direito...*, cit., p. 163.

certo grau de evolução ou certo estádio de integração social, se declara livre, *afirma perante os outros povos a sua personalidade, e se provê de meios capazes de traduzir essa afirmação no domínio concreto dos fatos*".[21]

A questão da personalidade jurídica do Estado, tema tradicional das ciências jurídicas desde Laband e Jellinek,[22] aceita até mesmo por jusnaturalistas do porte de Jacques Maritain e Matta-Machado,[23] pode ser antevista na formulação originária de Maquiavel, como parece atestar Galvão de Souza: "A palavra 'Estado', designando a sociedade política, cunhara-a Maquiavel, que se servia de igual vocábulo já conhecido dos romanos, como expressão da condição jurídica da pessoa".[24]

Harold Laski, em ensaio dedicado à relação estatalidade-religiosidade, vale-se de dados objetivos: "A realidade da personalidade do Estado é uma força a que não podemos resistir".[25]

Por sua vez, Reale sintetiza: "O Estado Moderno é [...] essencialmente [...] soberano, como pessoa jurídica por excelência".[26]

Apenas a perspectiva da soberania, no entanto, parece pouco para compreender a totalidade ética que constitui o Estado: é preciso preencher de conteúdo o poder do Estado. Chegamos, então, aos elementos materiais do Estado — e com eles ao verdadeiro objeto de nossos estudos: o Estado de Direito, cuja finalidade ética reside e deve residir na promoção dos direitos fundamentais.

É no mínimo controversa a origem da expressão *Estado de Direito*.[27] Manoel Gonçalves Ferreira Filho acompanha Friedrich von Hayeck: "A expressão Estado de Direito é posterior à sua esquematização. É devida a Welcker, aparecendo pela primei-

---

21 REALE, *Teoria do Direito...*, *cit.*, p. 145.

22 *Cf.* DALLARI, *Elementos...*, *cit.*, p. 103-7.

23 MATTA-MACHADO, Edgar de Godói da. *Elementos de Teoria Geral do Direito*; introdução ao Direito. 3. ed. Belo Horizonte: UFMG, 1986, p. 315-24.

24 SOUSA, *O totalitarismo...*, *cit.*, p. 21.

25 LASKI, Harold J. *El problema de la Soberanía*. Trad. Armando Bazán. Buenos Aires: Siglo Veinte, [s.d.], p. 13.

26 REALE, *Teoria do Direito...*, *cit.*, p. 202.

27 Não obstante, como registra ANTONIO ENRIQUE PEREZ LUÑO, exista "um amplo acordo entre aqueles que têm abordado o estudo do Estado de Direito em sua dimensão histórica em marcar a origem moderna dessa ideia na filosofia política de Immanuel Kant"; *cf.* PEREZ LUÑO, Antonio Enrique. *Derechos Humanos, Estado de Derecho y Constitución*. 5. ed. Madrid: Tecnos, 1995, p. 214.

34| José Luiz Borges Horta

ra vez em 1813".[28] Em passagem mais detalhada, registra: "A locução *Estado de Direito* foi cunhada na Alemanha: é o *Rechtstaat*. Aparece num livro de Welcker, publicado em 1813, no qual se distinguem três tipos de governo: despotismo, teocracia e *Rechtstaat*. Igualmente foi na Alemanha que se desenvolveu, no plano filosófico e teórico, a doutrina do Estado de Direito. Nas pegadas de Kant, Von Mohl e mais tarde Stahl lhe deram a feição definitiva".[29]

O erudito Nelson Saldanha, no entanto, associa-se a Arturo Sampay (e Pablo Lucas Verdú[30]): "Ao que consta, a expressão *Rechtstaat* (Estado de Direito) surgiu com R. Von Mohl, que em 1832 publicou o volume inicial de sua obra *Die Polizeiwissenschaft den Grundsaetzen des Rechtstaates* (A ciência política baseada no Estado de Direito)".[31]

Não obstante, é corrente nos círculos hegelianos, de Jean Hyppolite[32] a Paulo Meneses,[33] a tradução da expressão *Rechtszustand*, utilizada por Hegel na *Fenomenologia do Espírito*,[34] de 1807, como Estado de Direito. É interessante anotar o parentesco etimológico entre *staat* e *zustand*, palavras alemãs de raízes greco-latinas, onde aparece a partícula *st*, cuja carga semântica traduz exata e precisamente a ideia de estabilidade.[35] Ora, descobrimos em Michelangelo Bovero que Hegel utiliza a expressão *Rechtzustand* em oposição a *Naturzustand*, nelas representando o estado civil contraposto ao estado natural, a situação jurídica, decorrente do ingresso na vida civil, apartada da situação natural de luta pelo reconhecimento.[36]

---

28 FERREIRA FILHO, Manoel Gonçalves. *Direitos Humanos Fundamentais*. 3. ed. São Paulo: Saraiva, 1999, p. 2.

29 FERREIRA FILHO, Manoel Gonçalves. *Estado de Direito e Constituição*. 2. ed. São Paulo: Saraiva, 1999, p. 5. Em sentido semelhante, *v*. PEREZ LUÑO, *Derechos Humanos...*, *cit.*, p. 219.

30 VERDÚ, Pablo Lucas. *La lucha por el Estado de Derecho*. Bolonia: Real Colegio de España, 1975, p. 21.

31 SALDANHA, *O Estado moderno...*, *cit.*, p. 40. No mesmo sentido, *v*. PORTILLO Y PACHECO, José Lopes. *Gênesis y teoria general del estado moderno*. México: Porrúa, 1949, p. 655.

32 HEGEL, G.W.F. *La phénoménologie de l'esprit*. Tome II. Trad. Jean Hyppolite. Paris: Éditions Montaigne, 1941, p. 44 (Hyppolite vale-se do termo *État du droit*).

33 HEGEL, G.W.F. *Fenomenologia do Espírito*. Parte II. Trad. Paulo Meneses. 2. ed. Petrópolis: Vozes, 1993, p. 31.

34 HEGEL, G.W.F. *Phänomenologie dês Geistes*. 2. ed. Frankfurt: Ullstein, 1973, p. 270.

35 Presente, *e.g.*, nas palavras Estado, instituição, constituição, estoico *etc.*

36 BOBBIO, Norberto, BOVERO, Michelangelo. *Sociedade e Estado na Filosofia Política Moderna*. Trad. Carlos Nelson Coutinho. 4. ed. São Paulo: Brasiliense, 1994, p. 118-20.

Tratar-se-ia, assim, de estado jurídico, de situação de juridicidade; de certa forma, o Estado de Direito pode ser considerado construção etimológica de Hegel, carregando em si o legado do filósofo: finalidade ética e destino histórico.

Conforme anota Salgado,[37] em Hegel o Estado de Direito (e bem assim o Espírito) vive três grandes momentos históricos. Aparece no mundo ético greco-romano (*Espírito imediato*), em que se tornam unas a vida privada e a vida pública, o interesse individual e o interesse da *pólis*, o cidadão e o Estado; caminha para a Idade Média (o *Espírito estranho a si mesmo*), em que o Espírito se aliena do Homem, uma vez que o poder é transferido a outro (Deus), o que acaba estimulando a construção, em Maquiavel, de um *Estado técnico*, em antítese com o antigo *Estado Ético Imediato;*[38] e, finalmente, a partir da Revolução Francesa emerge o *Espírito certo de si mesmo*[39] — o *Estado Ético Mediato,*[40] ou Estado de Direito propriamente dito, tomado não mais como momento abstrato, mas como efetiva encarnação do Espírito, e com pretensões de universalidade,[41] momento em que o Espírito é consciente de si: o homem pós-revolucionário sabe de seu poder, agora recuperado, e se reconhece como livre.

É esse terceiro grande momento na história do Estado — e do Espírito — que nos interessa investigar, no presente trabalho. A partir das revoluções burguesas (na Inglaterra, em 1688, nos Estados Unidos, em 1776, e sobretudo na França, em 1789), o Ocidente passa por transformações profundas: "O mundo tomou, então, consciência de que uma democracia seria viável a partir do homem comum, em que as nobrezas, reinados e classes dirigentes passariam a conviver com uma burguesia poderosa e enriquecida".[42]

Para Salgado, "o que caracteriza o Estado de Direito a partir da Revolução Francesa é a legitimidade",[43] aqui comparecendo menos como um dado empírico e mais como um gesto de respeito ao povo e à nação. Será legítimo o Estado que se estruture democraticamente, e ilegítimas serão as teocracias e autocracias a ele precedentes. A legitimação pretendida

---

37 SALGADO, Joaquim Carlos. O Aparecimento do Estado na "Fenomenologia do Espírito" de Hegel. *Revista da Faculdade de Direito*, Belo Horizonte, Universidade Federal de Minas Gerais, a. 24, n. 17, out. 1976, p. 184 *et seq.*

38 SALGADO, O Estado Ético..., *op. cit.*, p. 49.

39 SALGADO, O Aparecimento..., *op. cit.*, p. 185. *Cf.* HEGEL, *Fenomenologia do Espírito, cit.*, p. 100 *et seq.*

40 SALGADO, O Estado Ético..., *op. cit.*, p. 50.

41 SALGADO, O Aparecimento..., *op. cit.*, p. 191.

42 MARTINS, Ives Gandra da Silva. *O Estado de Direito e o Direito do Estado*. São Paulo: Bushatsky, 1977, p. 37.

43 SALGADO, O Estado Ético..., *op. cit.*, p. 51.

36| José Luiz Borges Horta

por Salgado ocorre em dois planos, a saber o plano técnico — legitimação pela origem no consentimento — e o plano ético — legitimação pela finalidade: os *Direitos Fundamentais*.[44] (Salgado conceberá o *Estado democrático de Direito* como a adequada síntese do elemento formal e técnico, a democracia, com o elemento material, a consagração de direitos.)

Ora, se o Estado origina-se, como pretenderam os contratualistas desde Platão — para quem "os reis e os povos [...] juraram-se reciprocamente"[45] —, de um consenso social, é preciso que ele signifique um progresso ético para a sociedade. Isso somente se dá quando o Estado assume verdadeiramente sua mais alta teleologia: eis o Estado de Direito pós-revolucionário, cuja "finalidade [...] volta a ser [como no período clássico] ética: a declaração e realização dos direitos fundamentais".[46]

O Estado de Direito é, assim, a forma política que confere aos direitos fundamentais primazia axiológica: não há norma jurídica mais importante que aquelas que, ao consagrarem direitos, tornam-se nucleares a todo o ordenamento jurídico. Anota Salgado: "Estado de Direito não é apenas o que garante a aplicação do direito privado, como no Estado romano, mas o que declara os direitos dos indivíduos e estabelece a forma do exercício do poder pelo povo".[47]

Veja-se que o Estado de Direito não somente estabelece um fim ético, como constrói um método para atingi-lo. O Direito, bem como toda a técnica jurídica, constitui o caminho mais adequado para a consecução do ideal ético consubstanciado no Estado de Direito. Em Kant, pensador síntese de sua gênese, o comprometimento metodológico do Estado com o Direito é evidente: "Um Estado (*civitas*) é a união de um conjunto de homens debaixo de leis jurídicas".[48]

A compreensão da "proteção do direito como finalidade suprema do Estado", de uma "teleologia jurídica do Estado",[49] marca a Era das Revoluções, como bem registra Manoel Gonçalves Ferreira Filho: "Assim, a primeira meta que visaram, na reformulação institu-

---

44 Salgado, Joaquim Carlos. *Instituições de Direito Público*. Belo Horizonte: Tribunal de Contas do Estado de Minas Gerais, 2000. (Disciplina ministrada em curso de especialização).

45 Platão, *As leis*, 684a, *apud* Bobbio, Bovero, *Sociedade e Estado...*, *cit.*, p. 62.

46 Salgado, O Estado Ético..., *op. cit.*, p. 51 [Grifos nossos].

47 Salgado, O Estado Ético..., *op. cit.*, p. 51.

48 Kant, Immanuel. *La Metafísica de las Costumbres*. Trad. Adela Cortina Orts y Jesús Conill Sancho. 2. ed. Madrid: Tecnos, 1994, p. 142.

49 Bonavides, Paulo. *Teoria do Estado*. 3. ed. São Paulo: Malheiros, 1995, p. 43-4.

cional realizada depois da vitória das respectivas revoluções, foi estabelecer um 'governo de leis e não de homens', como está na Constituição de Massachusetts (art. 30)".[50]

Emerge, assim, toda uma nova perspectiva de vida política, fundada, por um lado, em elementos materiais de grande nobreza — os direitos fundamentais —, e por outro, em sofisticadas técnicas de estruturação e controle do poder — o *constitucionalismo*.

Nelson Saldanha, em interessante estudo, estabelece a íntima conexão entre o Estado de Direito e o constitucionalismo que, a um tempo, o interpreta, e a outro, critica: "Uma vez que se considere o pensamento constitucional propriamente dito como um fenômeno do Ocidente contemporâneo, torna-se evidente sua interligação com o movimento chamado 'constitucionalismo' [...] [que] corresponde historicamente ao que se chama 'Estado de Direito' [...], embora [...] as duas expressões não sejam sinônimas: o constitucionalismo aparece mais como um movimento, um processo, uma tendência a um tempo doutrinária e institucional; o Estado-de-Direito, mais como um tipo, um modelo, uma estrutura a que o Estado moderno chegou".[51]

Sobre o forte nexo entre Estado e Direito, mediatizado sobretudo pela Constituição,[52] registra o jusfilósofo pernambucano: "Temos então o *Estado-de-Direito* como aquele em que o limite e o fundamento da ação estatal se encontram na ordem jurídica e essencialmente na base desta, a constituição".[53]

Tal Estado, produto de uma era de imensas aspirações, acabou por tornar-se o mais significativo padrão de organização social já registrado na história humana: "Historicamente — e em consonância mesmo, talvez, com seu timbre racionalista-leigo-burguês — a noção de Estado-de-Direito assumiu pretensão *universal*".[54]

---

50 Ferreira Filho, *Direitos Humanos ...*, *cit.*, p. 1.

51 Saldanha, *O Estado Moderno...*, *cit.*, p. 39-40.

52 Com erudição, Nelson Saldanha anota: "Aristóteles teria considerado a constituição como a 'alma do Estado'. É que a *politeia* (traduzível por constituição no sentido amplo desta palavra) estaria correspondendo à 'forma' da *polis*, e forma, na linguagem posterior da escolástica, significou entre outras coisas a alma, na metafísica medieval". Saldanha, *O Estado Moderno...*, *cit.*, p. 16. A propósito, Fábio Konder Comparato registra que "a *politeia*, na concepção grega, [...] exprimia [...] a estrutura social, sendo portanto, como disse Isócrates, 'a alma da cidade' [*Aeropagítica*, 14]". Comparato, Fábio Konder. *A afirmação histórica dos direitos humanos.* São Paulo: Saraiva, 1999, p. 95.

53 Saldanha, *O Estado Moderno...*, *cit.*, p. 44.

54 Saldanha, *O Estado Moderno...*, *cit.*, p. 45.

38| José Luiz Borges Horta

O denso magistério de Joaquim Carlos Salgado traduz a complexidade da estrutura e dos fundamentos do Estado de Direito, desafio às gerações que se sucedem no mister de preenchê-lo de sentido e dotá-lo de expedientes: "O Estado de Direito é, assim, o que se funda na legitimidade do poder, ou seja, que se justifica pela sua origem, segundo o *princípio ontológico* da origem do poder na vontade do povo, portanto na soberania; pelo exercício, segundo os *princípios lógicos* de ordenação formal do direito, na forma de uma estrutura de legalidade coerente para o exercício do poder do Estado [...]; e pela finalidade ética do poder, por ser essa finalidade a efetivação jurídica da liberdade, através da declaração, garantia e realização dos direitos fundamentais, segundo os *princípios axiológicos* que apontam e ordenam valores que dão conteúdo fundante a essa declaração".[55]

Em verdade, a questão do reconhecimento de direitos fundamentais já afligia os antigos, ao se perguntarem, desde pré-socráticos e sofistas, acerca da natureza, do homem, da natureza do homem e, como salienta Salgado, da igualdade essencial entre todos os homens — conceito pitagórico.[56]

Fábio Konder Comparato desenvolve reflexão significativa acerca do nascedouro dos direitos fundamentais: "O curso inteiro da História poderia ser dividido em duas etapas, em função de determinada época, entre os séculos VIII e II a.C., a qual formaria, por assim dizer, o eixo histórico da humanidade. Daí sua [de Karl Jaspers] designação, para essa época, de período axial (*Achsenzeit*). No centro do período axial, entre 600 e 480 a.C., coexistiram, sem se comunicarem entre si, cinco dos maiores doutrinadores de todos os tempos: Zaratustra na Pérsia, Buda na Índia, Confúcio na China, Pitágoras na Grécia e o Dêutero-Isaías em Israel. Todos eles, cada um a seu modo, foram autores de visões do mundo, a partir das quais estabeleceu-se a grande linha divisória histórica: as explicações mitológicas são abandonadas [...] No século V a.C., tanto na Ásia quanto na Grécia (o 'século de Péricles'), nasce a filosofia, substituindo-se, pela primeira vez na História, o saber mitológico da tradição pelo saber lógico da razão. [...] É a partir do período axial que o ser humano passa a ser considerado, pela primeira vez na História, em sua igualdade essencial [...] Lançavam-se, assim, os fundamentos intelectuais para a compreensão da pessoa humana e para a afirmação da existência de direitos universais, porque a ela inerentes".[57]

---

55 Salgado, O Estado Ético..., *op. cit.*, p. 53.

56 Salgado, Joaquim Carlos. *A Ideia de Justiça em Kant*: seu fundamento na liberdade e na igualdade. 2. ed. Belo Horizonte: UFMG, 1995, p. 46.

57 Comparato, *A Afirmação...*, *cit.*, p. 8-11.

HISTÓRIA DO ESTADO DE DIREITO |39

A partir de José Luiz Quadros de Magalhães,[58] podemos apontar três grandes momentos na, digamos, pré-história dos direitos fundamentais: a) o mundo grego, com a busca da relação entre direitos e a natureza; b) o mundo romano-cristão, conectando direitos e Deus e construindo o conceito cristão de pessoa, tão enfatizado por Matta-Machado[59] — e para Comparato é a "igualdade essencial da pessoa [cristã] que forma o núcleo do conceito universal de direitos humanos"[60] —, um mundo marcado por divergências profundas e heróis como um Antônio de Montesinos, um Bartolomeu de Las Casas, um Francisco de Vitória, cujo combativo humanitarismo os faria defensores, já em pleno século XVI, da "insólita" tese de que os índios também possuem alma;[61] c) o mundo da Razão, que nesta fundamenta o Direito e que acaba por produzir a teoria dos direitos fundamentais como a conhecemos.

---

58 MAGALHÃES, José Luiz Quadros de. *Direitos humanos na ordem jurídica interna*. Belo Horizonte: Interlivros, 1992, p. 25 *et seq.*

59 O memorável trabalho de Edgar da Matta-Machado, com o qual tornou-se livre-docente, na década de 1950, intitula-se *Contribuição ao Personalismo Jurídico*, e trata o conceito de pessoa humana como central à construção do Direito [*Cf.* MATTA-MACHADO, Edgar de Godói da. *Contribuição ao personalismo jurídico*. Belo Horizonte: Del Rey, 2000]. Em linha semelhante, ALOIZIO ANDRADE situa a criação do Direito enquanto tal no mundo romano em função exatamente da noção de pessoa moral como fundamento do poder político [*Cf.* ANDRADE ARAÚJO, *O Direito e o Estado...*, *cit.*, p. 407 *et seq.*]. Elza Maria Miranda Afonso nos ensina: "A concepção de pessoa, que se desenvolveu com o cristianismo e que constitui o núcleo das doutrinas humanistas que floresceram sob a denominação 'Personalismo', precede, de muitos séculos, à formulação dos direitos do homem [...] Foi, entretanto, depois da Segunda Guerra Mundial, que o termo *personalismo* passou a designar uma corrente de pensamento de caráter ético-político, que se opõe ao individualismo e ao coletivismo, na sua concepção de pessoa" [AFONSO, Elza Maria Miranda. Prefácio. *In*: MATTA-MACHADO, *Contribuição...*, *cit.*, p. 14-5]. Em trabalho recente, também Arnaldo Afonso Barbosa prioriza a pessoa em suas investigações: BARBOSA, Arnaldo Afonso. *A Pessoa em Direito*: uma abordagem crítico-construtiva referenciada no evolucionismo de Pierre Teilhard de Chardin. Belo Horizonte: Movimento Editorial da Faculdade de Direito da UFMG, 2006.

60 COMPARATO, *A Afirmação...*, *cit.*, p. 19.

61 Há recente publicação para introduzir o leitor nos horrores perpetrados *in nomini patri* contra os nativos da América, e na forte oposição que em especial os espanhóis encontraram em parte dos idealistas cristãos: Las Casas, Bartolomé de. *O Paraíso Destruído*: a sangrenta história da conquista da América espanhola. Trad. Heraldo Barbuy. Porto Alegre: L&PM, 2001. Sobre a sangrenta colonização da América, *v.* o interessante capítulo A expansão europeia ultramarina: o fim da unidade medieval, em DINIZ, Arthur José Almeida. *Novos Paradigmas em Direito Internacional Público*. Porto Alegre: Fabris, 1995, p. 99 *et seq.* V., ainda, o interessante ensaio WOLKMER, Antônio Carlos. Humanismo e cultura jurídica latino-americana. *In*: WOLKMER, Antônio Carlos (org.). *Humanismo e Cultura Jurídica no Brasil*. Florianópolis: Fondazione Cassamarca, Fundação Boiteux, 2003, p. 19-39.

As ciências jurídicas, entretanto e apesar do extremo relevo da matéria, ainda não foram capazes de estabelecer conceitos e categorias precisos para os Direitos Fundamentais, conforme anota José Afonso da Silva: "A ampliação e transformação dos direitos fundamentais do homem no evolver histórico dificulta definir-lhes um conceito sintético e preciso. Aumenta essa dificuldade a circunstância de se empregarem várias expressões para designá-los, tais como: *direitos naturais, direitos humanos, direitos do homem, direitos individuais, direitos públicos subjetivos, liberdades fundamentais, liberdades públicas* e *direitos fundamentais do homem*".[62]

Igual comentário tece o renomado mineiro no tocante ao ainda mais complexo tema da classificação dos Direitos Fundamentais: "Encontram-se nos autores classificações e mais classificações dos direitos fundamentais sob variados critérios que mais confundem que esclarecem".[63]

É fato, como lembra Comparato, que "os direitos humanos foram identificados com os valores mais importantes da convivência humana";[64] mas são valores tornados normas de cumeada, sob os aspectos formal e material, no tom empregado por Salgado: "Os direitos fundamentais são aquelas prerrogativas das pessoas, necessárias para uma vida satisfatória e digna, garantidas nas Constituições".[65]

Verifica-se um lento processo de construção e consolidação dos direitos fundamentais, das revoluções dos séculos XVI e XVII, que os consagraram, aos nossos tempos, em que ocupam papel de relevância central no debate político-jurídico.[66] Fala-se em momentos sucessivos, em *gerações de direitos*, com contornos precisos: direitos de primeira geração (individuais e políticos), direitos de segunda geração (sociais) e direitos de terceira geração (aqui, chamaríamos de "difusos", por falta de

---

62 SILVA, José Afonso da. *Curso de Direito Constitucional Positivo*. 9. ed. São Paulo: Malheiros, 1992, p. 161.

63 SILVA, *Curso...*, *cit.*, p. 167.

64 COMPARATO, *A Afirmação...*, *cit.*, p. 25.

65 SALGADO, Joaquim Carlos. Os Direitos Fundamentais. *Revista Brasileira de Estudos Políticos*, Belo Horizonte, UFMG, n. 82, jan. 1996, p. 17.

66 Pablo Lucas Verdú fala nos direitos humanos como religião civil: VERDÚ, Pablo Lucas. Los derechos humanos como "Religión Civil". Derechos humanos y concepción del mundo y de la vida. Sus desafíos presentes. *In*: GRAU, Eros Roberto; GUERRA FILHO, Willis Santiago (orgs.). *Direito Constitucional*: estudos em homenagem a Paulo Bonavides. São Paulo: Malheiros, 2003, p. 516-539.

termo mais adequado).[67] Veja-se Ferreira Filho: "Na verdade, o que aparece no final do século XVII não constitui senão a primeira geração dos direitos fundamentais: as *liberdades públicas*. A segunda virá logo após a Primeira Guerra Mundial, com o fito de complementá-la: são os *direitos sociais*. A terceira, ainda não plenamente reconhecida, é a dos *direitos de solidariedade*".[68]

A sedutora tese das gerações de direitos, pela qual os direitos se positivaram historicamente em fases precisas e marcadamente distintas, recebe, ao menos no plano do Direito Internacional, as mais contundentes críticas de Antônio Augusto Cançado Trindade: "Entre as [...] categorias de direitos [...] só pode haver complementariedade e não antinomia, — o que revela a artificialidade da noção simplista da chamada 'terceira geração' de direitos humanos; os chamados direitos de solidariedade, historicamente mais recentes, em nosso entender *interagem* com os direitos individuais e sociais, e não os 'substituem', distintamente do que a invocação inadequada da imagem do suceder das gerações pretenderia ou pareceria insinuar".[69]

Existe forte razão para a confessa resistência de internacionalistas à tese das gerações de direitos: enquanto no plano interno a tese das gerações é comprovável, como se pretende no presente trabalho, no plano internacional a proteção aos direitos sociais (de segunda geração), nomeadamente o direito ao trabalho, obteve reconhecimento antes de parte significativa dos direitos individuais e políticos.

Tal viés de análise, todavia, é improcedente, uma vez que os direitos sociais puderam ser facilmente universalizados e protegidos internacionalmente exatamente em virtude do momento histórico em que surge a comunidade internacional de nações, no primeiro pós-guerra do século XX: por um lado, análogo, como se verá, ao surgimento do Estado *social* de Direito no mundo capitalista, e por outro, ao avanço do totalitarismo de esquerda, marcado pela ideia de obter "democracia econômica e social" ainda que em detrimento das liberdades individuais e da "democracia política". Naquele momento, só poderia haver consenso planetário, mesmo, em torno dos direitos centrais à

---

67 Os mais afoitos, contudo, surpreendidos ora pelos avanços da democracia, ora pelos aprimoramentos tecnológicos, reconhecem direitos de quarta e até mesmo de quinta (?!) geração, como veremos.

68 FERREIRA FILHO, *Direitos Humanos...*, *cit.*, p. 6.

69 TRINDADE, Antônio Augusto Cançado. A Questão da Implementação dos Direitos Econômicos, Sociais e Culturais: Evolução e Tendências Atuais. *Revista Brasileira de Estudos Políticos*, Belo Horizonte, n. 71, jul. 1990, p. 20.

época: os direitos sociais, de resto proclamados até mesmo pelos regimes de exceção, militar ou fascista, que vicejaram no século xx e que absolutamente não podem ser considerados Estados de Direito.[70]

O alerta de Cançado Trindade é de grande relevo, sobretudo na defesa que entabula da aparentemente contraposta tese do *núcleo indivisível* de direitos fundamentais, de modo a consagrar a ideia da interdependência recíproca do conjunto dos Direitos Fundamentais, e pode representar um aporte considerável de reflexão para a Filosofia do Direito e do Estado.

É na síntese entre as duas teses, (frise-se) apenas aparentemente opostas, que se percebe a real importância da evolução histórica das categorias de Direitos Fundamentais, sem descurar da imediata justaposição de cada categoria a um núcleo compacto, indivisível, que bem poderia ser representado pela imagem[71] de um objeto composto de três camadas (cada uma correspondendo a uma geração), em permanente "giro" e, portanto, pela própria *força centrípeta* atraindo "novos" direitos, ao tempo em que as camadas se amalgamam de modo inquebrantável;[72] veja-se:

---

70 Assim, a investigação do Estado socialista, das ditaduras militares, do nazifascismo, e mesmo dos Estados fundamentalistas, na medida em que estes não consagram os Direitos Fundamentais em sua plenitude (e, portanto, não se afirmam como Estados de Direito), definitivamente não consta de nossas cogitações. Não fazem sentido, para nós, *rogata maxima venia*, comentários como: "O Estado fascista é verdadeiro Estado de Direito, pois se apoia nos valores tradicionais, ainda que vistos a partir de novas perspectivas políticas. Analogamente, a revolução nacional alemã criou o tipo do Estado nacional de direito (*nationale Rechtsstaat*). O Estado nacional de direito respeita a santidade do direito" — pasme-se! *Cf.* VERDÚ, *La lucha...*, *cit.*, p.18. [Engenhosamente, aliás, Antônio Paim, José Osvaldo de Meira Penna e Ubiratan Borges de Macedo referem-se ao socialismo como *internacional-socialismo*, em jogo retórico com a consagrada expressão *nacional-socialismo*. *Cf.* PAIM, Antônio. *Evolução histórica do liberalismo*. Belo Horizonte: Itatiaia, 1987, p. 91]. Rejeitamos, vigorosamente, a afirmativa preliminar de Kelsen, de resto também afastada por Perez Luño: "Kelsen expressamente conclui que 'todo Estado, pelo mero fato de sê-lo, é Estado de Direito'"; *cf.* PEREZ LUÑO, *Derechos Humanos...*, *cit.*, p. 223. [Perez Luño cita KELSEN, Hans. *Allgemeine Staatslehre*. Berlin: Springer, 1925, p. 91-100].

71 A imagem aqui inserida foi construída, a pedido do autor, pelo designer Luís Daniel Timo.

72 Por *inquebrantável*, pode-se entender, com reflexos nos limites de reformabilidade constitucional, *pétreo*.

Gerações de Direitos Fundamentais

É nosso desafio perceber como os Direitos Fundamentais vieram impondo-se na contemporaneidade e de que forma marcam as diferentes fases históricas por que vem passando o Estado pós-revolucionário. É Mário Quintão quem afirma: "Para se construir o conceito de Estado, há de se observar a mudança de seus paradigmas no processo histórico, promovendo-se, à luz dos direitos fundamentais, uma reflexão sobre a gênese do Estado moderno, as suas transformações".[73]

O Estado Moderno, soberano, constitucionalizado no Estado de Direito, recebe da História sua mais elevada *ratio*: os Direitos Fundamentais.

---

73 QUINTÃO SOARES, *Teoria do Estado*, cit., p. 119.

4. Itinerário do texto

No Estado de Direito, a íntima conexão entre Estado e Direito é evidência incontestе; mais do que isso, trata-se de uma relação fundada em padrão ético lentamente construído, em especial nos recentes séculos, e norteado pela concepção ocidental de direitos fundamentais.

A análise dos diferentes padrões, ou paradigmas, que o Estado de Direito pós-revolucionário tem assumido deve considerar, portanto, a hipótese de que, afinal, os direitos fundamentais venham ocupando papel nuclear na estruturação do Estado.

No caminhar da História, percebemos com maior nitidez os diferentes contornos que o Estado de Direito vem tomando — de sua consagração como forma política, sobretudo com a Revolução Francesa, aos tempos hodiernos, parece-nos conveniente visualizar três etapas sucessivas de evolução. É o que se poderia chamar *paradigmas*.[1]

---

1 O termo grego *paradigma* vem sendo banalizado com assustadora voracidade por juristas ferrenhamente interessados em transformar o Direito numa subespécie da Sociologia. A mitificação da ideia de paradigma acaba por acobertar seu relevo epistemológico. Aqui, concebemos paradigmas como "modos de ver", entendendo que o "modo de ver" ou a representação de um dado são condicionados pelo contexto em que se encontra o observador (e até mesmo pela linguagem em que se expressa) e, se não principalmente, pelas questões que tal contexto histórico determina como essenciais ao debate científico. Desse modo, os paradigmas são como "lentes" com as quais se observa um dado: com lentes tridimensionais, a tela de cinema ganha contornos realísticos por vezes apavorantes, lunetas aproximam distantes estrelas, microscópios permitem mergulhos no infinitesimal, lentes côncavas permitem ver realidades que as lentes convexas escondem; todas elas são tremendamente úteis, mas revelam apenas determinadas facetas da realidade — usualmente, as facetas consideradas centrais naquele momento. Assim é com os paradigmas, como compreendidos no jargão científico contemporâneo.

46 | José Luiz Borges Horta

A caminho da Liberdade, os homens consagraram valores complementares, traduzidos em momentos sucessivos numa história coerente. Parece-nos que o Estado de Direito possui três grandes momentos (e seus consequentes paradigmas):

1. O Estado *liberal* de Direito, forjado na Era das Revoluções;

2. O Estado *social* de Direito, exigido desde meados do século XIX (sobretudo, com o Manifesto Comunista de 1848) e consagrado, como se verá, na República alemã de Weimar, cuja constituição data de 1919;[2]

3. O Estado *democrático* de Direito, esboçado na Declaração Universal dos Direitos do Homem de 1948, e ainda em processo de construção (intelectual, normativa e fática).

Não nos pode bastar, entretanto, a constatação histórica da existência de tais fases; é preciso preenchê-las, dando-lhes conteúdo jurídico: trata-se, assim, de descrever os *valores jurídicos fundantes* de cada um dos paradigmas — e o campo por excelência da revelação de tais valores é a doutrina dos Direitos Fundamentais.

Por hipótese, assim, têm-se que *as três gerações de direitos fundamentais concedem fundamento jusfilosófico aos três paradigmas de Estado de Direito.*

Mário Quintão tem a nítida intuição de tal hipótese em sua tese de doutoramento, em que constata que "os Estados de direito [...] concretizam diferentemente os direitos fundamentais",[3] chegando mesmo a sugerir uma "metódica" de direitos fundamentais peculiar a cada paradigma.[4]

Não se trata, vale encarecer, de opor cada geração à anterior, como se uma geração pudesse ser inteiramente superada por outra, e tampouco de imaginar radicais rupturas entre um momento e outro da história do Estado. Nelson Saldanha mostra a enriquecedora liga produzida pela dialética da História: "Entendemos [...] que a expressão Estado-de-Direito é procedente, por indicar uma experiência *moderna*, que só no contexto histórico-social moderno seria possível. Realmente o chamado Estado-de-Direito como realidade histórica se insere em uma sequência cumulativa (uma espécie de *Aufhebung* no sentido hegeliano). Ele recolhe e confirma, após a Revolução Francesa, a unificação administrativa que vinha do *Ancien Régime* e que caracterizou a consolidação do 'Estado moderno'; ele monta uma estrutura constitucional baseada

---

2 Registre-se também, como "constituição social", o texto mexicano de 1917.

3 QUINTÃO SOARES, Mário Lúcio. *Direitos Fundamentais e Direito Comunitário*: por uma metódica de direitos fundamentais aplicada às normas comunitárias. Belo Horizonte: Del Rey, 2000, p. 58.

4 QUINTÃO SOARES, *Direitos Fundamentais...*, *cit.*, p. 60 *et seq.*

na divisão de poderes e nas garantias de direitos, e essa estrutura prossegue no Estado ocidental mesmo após a queda do liberalismo clássico, ou seja, *dentro* dos Estados sociais e socializados".[5]

Na realidade, o processo histórico, lento mas preciso, impôs ao Estado de Direito (e bem assim aos Direitos Fundamentais que lhe dão razão de ser) uma evolução gradual, contínua e nada traumática: os mencionados direitos de segunda e terceira gerações funcionam como garantias dos direitos de primeira geração, enquanto os ideais de igualdade e de fraternidade (ou solidariedade) que àqueles informam, como se verá, a rigor existem para assegurar a liberdade originalmente fundante dos direitos de primeira geração.

Estado liberal, Estado social, Estado democrático de Direito surgem, assim como etapas sucessivas de formalização, materialização e *plenificação* do Estado de Direito, como se pretende mostrar no presente trabalho.

O grande desafio dos estudos jusfilosóficos é a construção de um método próprio. Nosso estudo exigiu um especial apuro na elaboração de um adequado viés de análise, uma vez que inserido na complexa seara da *Filosofia do Direito e do Estado*, de tradicional presença no Ocidente, como bem registra Cabral de Moncada: "Em todos os tempos a Filosofia do Direito foi também Filosofia do Estado. Os grandes filósofos, desde Platão e Aristóteles até Hegel, ocuparam-se de uma ou de outra, embora, por vezes, dando-lhes nomes diferentes".[6]

Epistemologicamente, a Filosofia do Direito e do Estado é disciplina jusfilosófica e, como tal, parte do *Direito*, tomado como campo do saber. Exige, portanto, um método jurídico de abordagem. Propomos, para tanto, uma *compreensão dialética da tridimensionalidade do Direito*, aliás já aceita por Miguel Reale, que afirma a "natureza dialética da unidade do Direito".[7]

---

5 SALDANHA, Nelson Nogueira. *Filosofia do Direito*. Rio de Janeiro: Renovar, 1998, p. 95. *Aufhebung* traduz-se como princípio da *suprassunção*, segundo o qual a unidade do discurso dialético traz em si a particularidade das categorias, e cada categoria tem como ponto de partida a realidade preexistente. *V.* VAZ, Henrique Cláudio de Lima, SJ. *Escritos de filosofia V*; introdução à ética filosófica 2. São Paulo: Loyola, 2000, p. 19.

6 MONCADA, L. Cabral de. *Do conceito..., op. cit.*, p. 7.

7 REALE, Miguel. *Filosofia do Direito*. 18. ed. São Paulo: Saraiva, 1998, p. 543. Por dialética, aqui, não podemos tomar a poderosa dialética hegeliana, assim traduzida por Henrique de Lima Vaz: "Hegel procede a uma ampla exposição do conceito da Liberdade segundo sua estrutura dialética, ou seja, em nível ainda abstrato, desdobrando-se nos momentos da *universalidade*, da *particularidade* e da *singularidade*. [...] A dialética da Liberdade se

48| JOSÉ LUIZ BORGES HORTA

Reale refere-se a um "'campus' nomogenético" em que a incidência de um complexo axiológico (valorativo) sobre um complexo fático gera "um leque de 'normas possíveis', uma das quais [...] se converterá em 'norma jurídica', dada a interferência do Poder".[8]

Pensamos que *a norma é a reação do valor ao fato*. Os fatos, a realidade viva, ao contradizerem os valores, idealidade abstrata, reclamam destes uma reação decidida: os valores se agigantam, então, ao construírem as normas como seus instrumentos.

A norma, assim e já em Miguel Reale, representa "uma solução temporária (momentânea ou duradoura) de uma tensão dialética entre fatos e valores, solução essa estatuída e objetivada pela interferência decisória do Poder em dado momento da experiência social".[9]

Ora, a estruturação do ordenamento jurídico, os "processos de *nomogênese*, [se dão] num desenvolvimento dialético de implicação e polaridade",[10] como propõe Reale; sua *dialética de implicação e polaridade* é bastante instigante: "Poder-se-ia dizer, num símile de certa maneira imperfeito, que o fato, como elemento que condiciona o agir do homem, é o *fator negativo* [...]. A tendência a constituir e realizar fins é o *fator positivo*,

---

apresenta, pois, como o preâmbulo lógico necessário para a reta compreensão do itinerário dialético do Espírito" VAZ, Henrique Cláudio de Lima, SJ. *Escritos de filosofia IV*: introdução à ética filosófica 1. São Paulo: Loyola, 1999, p. 393-4. VAZ toma a "Dialética no sentido hegeliano como método do desenvolvimento do *conceito* a partir dele mesmo. [...] nesse sentido é o princípio do movimento do *conceito* como particularização do *universal*, dissolvendo-o e, ao mesmo tempo, produzindo-o (como *singular* concreto)" [VAZ, *Escritos de filosofia IV, cit.*, p. 391]. Lima Vaz [VAZ, *Escritos de filosofia V, cit.*, p.22] cita os §§ 31 e 32 das *Grundlinien der Philosophie des Rechts — Linhas fundamentais da Filosofia do Direito*, de 1821— de HEGEL, onde a dialética surge como "desenvolvimento e progresso imanente"; *cf.* HEGEL, G.W.F. *Princípios da Filosofia do Direito*. Trad. Orlando Vitorino. 2. ed. Lisboa: Guimarães, 1976, p. 46-8. Em Hegel, a tradicional estrutura dialética tese-antítese-síntese sofistica-se: o momento inicial é o da *universalidade abstrata*, que, ao conjugar-se com a *particularidade*, torna-se *universalidade concreta*, ou *singularidade*. Pensamos originalmente em analogicamente visualizar à realeana, no âmbito do Direito, a universalidade como o valor, a particularidade como o fato, a singularidade como a norma. Assim, buscávamos conferir real estrutura dialética ao fenômeno da juridicidade. Essa manobra conceitual, simpática e inspirada, não é no entanto capaz de traduzir a complexa teia de exercícios mentais que envolve a dialética hegeliana como método de conhecimento da Cultura. Assim, tornamos a REALE, e a partir de sua dialética o texto se pode estruturar. Sobre o pensamento de REALE, orientamos PINTO COELHO, Saulo de Oliveira. *O Idealismo Alemão no Culturalismo Jurídico de Miguel Reale*. Belo Horizonte: Faculdade de Direito da UFMG, 2009, p. 29-137 (Tese, Doutorado em Direito).

8 REALE, *Filosofia do Direito, cit.*, p. 553.

9 REALE, *Filosofia do Direito, cit.*, p. 554.

10 REALE, *Filosofia do Direito, cit.*, p. 570.

ou o polo positivo do agir. Os dois, porém, se exigem e se implicam: a norma é a centelha que resulta do contato do polo positivo com o negativo".[11]

Um e outro polo, e sua implicação, no entanto, só podem ser compreendidos em conexão dialética, como parte de um todo tridimensional: "A situação de maior destaque que a 'norma' efetivamente apresenta no processo de jurisdicidade explica, até certo ponto, a tendência que têm muitos juristas de, aos poucos, esquecer os dois outros fatores do processo — o fato e o valor — para pensar que a norma possa existir por si mesma, como entidade distinta do ponto de vista lógico e ôntico. Na realidade, porém, *fato* e *valor* [...] estão um em relação com outro, em dependência ou implicação recíproca, sem se resolverem um no outro. [...] Se o valor e o fato se mantêm distintos, exigindo-se reciprocamente, em condicionalidade recíproca, podemos dizer que há entre eles um nexo ou laço de *polaridade* e de *implicação*. [...] Nasce dos dois elementos um *processo*, que denominamos 'processo dialético de implicação e polaridade', ou, mais amplamente, '*processo dialético de complementariedade*'".[12]

Existe, reconhece-se, evidente "anterioridade lógica dos valores",[13] como abstrações. Não obstante, do ponto de vista cronológico, muitas vezes o valor somente se manifesta ante o confronto com o fato. O valor parece subjazer até o momento em que desafortunada circunstância reclame sua emergência. Por isso, em nossa exposição, vamos tratar, sempre, primeiro dos fatos, para então situarmos os valores. O contexto aparece antes do conteúdo valorativo, e então se produz a estrutura normativa.

Cada um dos três paradigmas de Estado de Direito será desenvolvido a partir da seguinte linha narrativa:

i) fundamentos sociológicos, com a análise da ambiência fática e do contexto histórico concreto — lembra Reale que "o fato [...] que condiciona o aparecimento de uma norma jurídica particular nunca é um acontecimento isolado, mas um conjunto de circunstâncias";[14]

ii) fundamentos axiológicos, trazendo a referência aos ideais de então, manifesto em autores e obras representativos do período, sem, no entanto, qualquer pretensão enciclopédica, de vez que não pretendemos prduzir um tratado de ideias jusfilosóficas;

---

11 REALE, *Filosofia do Direito, cit.*, p. 573.

12 REALE, *Filosofia do Direito, cit.*, p. 571.

13 REALE, *Filosofia do Direito, cit.*, p. 548.

14 REALE, *Filosofia do Direito, cit.*, p. 552-3.

iii) estrutura jurídica, enfocando tanto o constitucionalismo correspondente, quanto a respectiva geração de direitos fundamentais.

A estrutura jurídica concebida em cada momento histórico traduz, evidentemente, a composição possível entre os valores da vanguarda e as velhas práticas sociais,[15] registrando nas constituições e nas declarações de direitos as matrizes principiológicas de todo o ordenamento jurídico; daí, a relevância de sua análise conjunta: "Na verdade, *o Estado legitimamente constitucional,* entendido como aquele que se constitui pela vontade popular e que, segundo a Constituição, limita os seus poderes em função das prerrogativas dos indivíduos que o compõem ou das pessoas que habitam seu território, *surgiu tendo em vista os denominados direitos fundamentais* das pessoas.

"*Assim sendo, a história dos direitos fundamentais coincide com a história do constitucionalismo,* com a limitação do poder ou com o deslocamento do poder, do despotismo da nobreza que se justificava na vontade divina, ou numa pseudoeleição dos 'melhores', para a vontade geral do povo, como preconizava Rousseau. Declaração de direitos e constituição não podem ser processadas separadamente, como advertia a Declaração dos Direitos do Homem e do Cidadão, de 1789: 'Toda sociedade em que a garantia dos direitos não for assegurada nem determinada a separação dos poderes não terá constituição'".[16]

Nos direitos fundamentais, pela imensa carga axiológica que possuem,[17] estão notoriamente presentes os aspectos valorativo e normativo, pelo que apresentam grande adequação com a abordagem metodológica proposta: "O conceito de direitos

---

15 Mônica Sette Lopes, em trabalho de excepcional importância e notável criatividade, estabeleceu as profundas conexões entre Direito e Cultura, explorando em paralelo os estilos e escolas da História da Música (e da Arte, em última instância) e as escolas do pensamento jurídico: *cf.* LOPES, Mônica Sette. *Uma Metáfora;* Música & Direito. São Paulo: LTr, 2006.

16 SALGADO, Os Direitos Fundamentais, *op. cit.,* p. 16-7.

17 Correntes jurídicas contemporâneas vêm discutindo intensamente a estrutura das normas definidoras de direitos e ainda a conexão destas com (e como) os princípios jurídicos nucleares ao ordenamento jurídico. Veja-se, em especial: ALEXY, Robert. *Teoria de los Derechos Fundamentales.* Madrid: Centro de estúdios constitucionales, 1993; DWORKIN, Ronald. *Taking rights seriously.* Cambridge: Harvard University Press, 1977-8.; e entre nós GRAU, Eros Roberto. *Direito, conceitos e normas jurídicas.* São Paulo: RT, 1988; BARROSO, Luís Roberto. *O Direito Constitucional e a Efetividade de suas Normas;* Limites e Possibilidades da Constituição Brasileira. Rio de Janeiro: Renovar, 1990; GALUPPO, Marcelo Campos. Os princípios jurídicos no Estado Democrático de Direito: ensaio sobre o modo de sua aplicação. *Revista de Informação Legislativa,* Brasília, Senado Federal, n. 143, p. 191-210, jul.-set. 1999.

fundamentais apresenta, pois, dois aspectos: a) no aspecto formal, como direitos propriamente ditos, são garantidos numa constituição como prerrogativas; b) no aspecto material, como valores, são pré-constitucionais, pois que produto das culturas civilizadas, e determinam o conteúdo desses direitos nas constituições".[18]

Preferível seria que, ao menos no que tange aos direitos fundamentais, houvesse manifesta harmonia entre as facetas axiológica, normativa e sociológica; veja-se a aprazível evocação de Joaquim Carlos Salgado: "A sua evolução [dos direitos fundamentais] obedece a um processo histórico de três momentos: em primeiro lugar, aparece a consciência desses direitos em determinadas condições históricas; em segundo lugar, a declaração positiva desses direitos como aceitação formal de todos, nas constituições; e, finalmente, a sua realização, como concretos e eficazes".[19]

A real efetividade dos direitos fundamentais, tal e qual a vivência concreta do Estado de Direito, depende de uma inequívoca manifestação da vontade coletiva em sua direção. É preciso que as elites e as massas acreditem na possibilidade de sucesso dessas grandes obras ocidentais, e preencham-nas de novos conteúdos, mais acordes aos dias que vivemos. É o que anota Elza Maria Miranda Afonso: "Os valores reconhecidos e acolhidos em documentos normativos só descerão do plano das normas para o da consciência humana com sua penetração na consciência e sua efetivação através dos atos concretos dos homens que compartilham o mesmo destino".[20]

No tocante às fontes de pesquisa, sobretudo bibliográfica, esforçamo-nos por utilizar o essencial, o indispensável a uma boa demonstração da hipótese proposta e, como se verá, de suas consequências. Como dito, não se tratando de uma enciclopédia jusfilosófica, haverá por certo autores e obras que passarão ao largo de nossa investigação. Não obstante, as obras consultadas serão utilizadas segundo as melhores tradições em voga em meio aos juristas, e sempre que tais tradições permitam, também considerando as normas técnicas expedidas pelas associações pertinentes.[21] Permitimonos, à guisa de escusas, invocar em nossa defesa Nelson Saldanha: "Nunca tivemos a preocupação de estar *up to date*, meta impossível que muitos esforçadamente buscam.

---

18 SALGADO, Os Direitos Fundamentais, *op. cit.*, p. 17.

19 SALGADO, Os Direitos Fundamentais, *op. cit.*, p. 16.

20 AFONSO, Prefácio, *op. cit.*, p. 25.

21 ABNT (Associação Brasileira de Normas Técnicas) e ISO (International Standard Organization).

52 | José Luiz Borges Horta

Nem a de seguir modismos, embora a informação bibliográfica desempenhe uma função pedagógica, válida em qualquer livro. A tradição acadêmica estimula e prestigia a opulência de citações, que são quase como um *potlatch* intelectual. Mas o que importa, realmente, é a integração das referências com o conteúdo do texto, quer em termos de explanação objetiva, quer em termos de debate e *prise de position*".[22]

Em favor da inteligibilidade do texto, todo ele é apresentado em língua portuguesa, mesmo as citações de obras estrangeiras, livremente traduzidas, mas evidentemente trazendo a referência bibliográfica completa, para eventual consulta do sentido original das passagens selecionadas. Em homenagem aos autores consultados, procuramos preservar textualmente a integralidade de suas palavras, evitando recorrer a citações indiretas, o que pareceu-nos mais correto, ainda que pudesse impor alguma dificuldade ao leitor (afinal beneficiado pelo acesso direto ao pensamento que compilamos).

---

22 SALDANHA, *Filosofia do Direito, cit.*, p. 15.

CAPITULO II

O ESTADO LIBERAL

PRIMO VERE
[...]
Ecce gratum
et optatum
Ver reducit gaudia:
purpuratum
floret pratum
Sol serenat omnia.
Iam iam cedant tristia!

["PRIMAVERA
[...]
Eis a cara
e desejada
primavera que traz de volta a alegria:
flores púrpuras
cobrem os prados,
o sol a tudo ilumina.
Já se dissipam as tristezas!"]

[*Carmina burana*]

5. Fundamentos sociológicos

O MUNDO FRAGMENTÁRIO DO MEDIEVO, com a divisão do outrora pujante Império Romano entre tribos e hordas de guerreiros, gradualmente caminhou para um sombrio fim.

Fundavam-se cidades (burgos), muitas vezes livres dos rigores da suserania, destinadas a fornecerem abrigo e possibilidades de comércio e diversão para o viajante na rota entre a velha nobreza bárbara (cristianizada) e os confins do mundo. Estimulava-se o comércio, mas também as artes. A descoberta de um novo continente, anunciada em 1492, acabaria injetando na Europa, pela via ibérica, recursos em ouro e prata de proporções inusitadas.

Enriquece-se a realeza, e por toda parte surgem, fortemente centralizados, os Estados nacionais. Miguel Reale, em estudo bastante peculiar, já recomendava a compreensão desse momento como requisito para a experiência da Modernidade: "O estudo da formação historica do Estado Liberal exigiria um recuo considerável no tempo, até aos últimos séculos da Idade Media, quando se verificaram as centralizações monarchicas e se alargaram os primeiros centros burguezes, lançando os alicerces politico-financeiros dos Estados modernos. Importaria, ainda no exame do longo e complexo processo espiritual europeu que vae do Renascimento e da Reforma até as Revoluções do século XVIII, apresentando direcções múltiplas, com índices variáveis, segundo as peculiaridades do meio histórico-geographico-cultural em que se desenvolveu".[1]

---

1 REALE, Miguel. *O Estado Moderno*: liberalismo, fascismo, integralismo. 3. ed. Rio de Janeiro: José Olympio, 1935, p. 61.

Em extraordinária cadência, famílias reais, nas mais das vezes aparentadas pela via de matrimônios diplomáticos, consolidaram-se à frente das nações. "Assim como o ponto de partida do Iluminismo foi o sistema absolutista, o do Absolutismo foram as guerras religiosas", lembra Reinhart Koselleck,[2] que realça o importante papel da centralização absolutista para o ultrapassar das guerras civis religiosas que haviam vitimado a Europa em séculos anteriores.

Enriquecidas, as coroas patrocinaram zelosamente significativa parcela da intelectualidade, estimulando um culto ao poder: "Durante os dois séculos que sucederam à era que se convencionou denominar Idade Média, a Europa conheceu um extraordinário recrudescimento da concentração de poderes. Foi a época em que se elaborou a teoria da monarquia absoluta, com Jean Bodin e Thomas Hobbes, e em que se fundaram os impérios coloniais ibéricos ultracentralizadores".[3]

A genealogia do poder soberano atinge o século XVIII incólume, demarcando religiosamente suas esferas de poder em marcado alheamento em relação aos povos: "Com exceção da Grã-Bretanha, que fizera sua revolução no século XVII, e alguns Estados menores, as monarquias absolutas reinavam em todos os Estados em funcionamento no continente Europeu".[4]

O exemplo inglês traz, entre todas as ricas peculiaridades, o legado Tudor de Henrique VIII, talvez o monarca que mais enfrentara o poder religioso, tornando-se, ele mesmo, prior de uma nova religião, livre das vicissitudes papais. Sem sua habilidade e sua coragem, dificilmente a ilha teria aberto ao continente a possibilidade de efetiva soberania. É também nesse sentido que Reale questiona o "poder dos monarcas do *Ancien Régime*, cercados de mil empecilhos, rodeados de mil entraves, cuja jurisdição esbarra na jurisdição da Igreja não somente sobre o clero mas em todas as matérias religiosas; cujas ordenações se chocam com as ordens expedidas pelas corporações, cujas deliberações são contestadas pelos Parlamentos em que

---

2 KOSELLECK, Reinhart. *Crítica e Crise*: uma contribuição à patogênese do mundo burguês. Trad. Luciana Villas-Boas Castelo-Branco. Rio de Janeiro: EDUERJ, Contraponto, 1999, p. 19. Sobre o Iluminismo, há o interessante ensaio de GONÇAL MAYOS DE SOLSONA: MAYOS, Gonçal. *La Ilustración*. Barcelona: Editorial UOC, 2007.

3 COMPARATO, *A Afirmação...*, *cit.*, p. 36-7.

4 HOBSBAWM, Eric J. *A Era das Revoluções*. Europa 1789-1848. Trad. Maria Tereza Lopes Teixeira e Macus Penchel. 10.ed. Rio de Janeiro: Paz e Terra, 1997, p.38.

se reúnem os 'estamentos' com todo o peso de suas prerrogativas seculares. Vem a Revolução e limpa o terreno".[5]

A tarefa de enfrentamento das limitações à criação do Estado de Direito — pleno e soberano — será desenvolvida em várias frentes, sucessiva ou paralelamente. Os três grandes marcos da Era das Revoluções, no entanto, são a Inglaterra de 1688, a Independência norte-americana de 1776 e, sobretudo, a Revolução Francesa de 1789: "Se os norte-americanos foram os primeiros a estabelecer uma democracia moderna, os franceses tornaram-na um credo militante. Há [...] na Revolução Francesa um sentido de universalidade".[6]

Não obstante o amplo reconhecimento da Revolução Francesa de 1789 como o ponto de ingresso do homem na contemporaneidade, é de conceder-se aos ingleses a precedência na construção de um novo padrão de sociabilidade política. A ambiência da ilha no século XVII, os Tudors (Henrique VIII e Elizabeth I) anglicanos e hábeis junto ao parlamento, os Stuarts católicos e absolutistas, Cromwell, e até mesmo o fato de William d'Orange sequer falar inglês, tudo contribuiu para a definitiva afirmação do Parlamento como centro de decisão. Sobre o célebre ano de 1688, anota Jean-Jacques Chevallier: "*1688*: em nome da *Liberdade*, do *Parlamento* e do *Protestantismo*, o povo inglês expulsa definitivamente, na pessoa de Jaime II, os incuráveis Stuarts [...] ardentemente absolutista[s] e fervorosamente católico[s] [...] É o triunfo da monarquia contratual [...] e do parlamentarismo sobre o direito divino e absolutismo".[7]

Em 1688, o povo britânico poria fim ao absolutismo da dinastia *Stuart*, e convocaria William d'Orange para assumir o Reino da Inglaterra, que o genial *Sir* Winston Churchill considerava um "extraordinário príncipe que, no interesse geral, roubou de seu padrasto o trono britânico".[8] O episódio marca, como deixa claro Menelick de Carvalho Netto,[9] uma grande virada na história política, no inequívoco rumo da Democracia.

---

5 REALE, *Teoria do Direito...*, *cit.*, p. 207.

6 REALE, Miguel. *Nova Fase do Direito Moderno*. 2.ed. São Paulo: Saraiva, 1998, p. 74.

7 CHEVALLIER, Jean-Jacques. *História do Pensamento Político*. T.2: O declínio do Estado-Nação monárquico. Trad. Alvaro Cabral. Rio de Janeiro: Zahar, 1983, p.11-3.

8 CHURCHILL, *Sir* Winston. S. *História dos Povos de Língua Inglesa*; V. III, A Era da Revolução. Trad. Aydano Arruda. São Paulo: IBRASA, 1960, p. 3.

9 CARVALHO NETTO, Menelick. *A Sanção no Procedimento Legislativo*. Belo Horizonte: Del Rey, 1992, p. 32 *et. seq.* Para o episódio, é de todo conveniente a consulta a CHURCHILL, *Sir* Winston. S. *História dos Povos de Língua Inglesa*; V. II, O Novo Mundo. Trad. Enéas Camargo. São Paulo: IBRASA, 1960, passim.

58 | JOSÉ LUIZ BORGES HORTA

Alvorecia o Estado de Direito.

O contexto social, cultural, religioso e econômico não poderia efervecer mais: "A presença do *Estado*, forma política que certos autores consideram como específica do mundo ocidental moderno, seria então correlata do aparecimento do capitalismo, da burguesia mercantilista, do livro impresso, da administração nacional e de outras coisas".[10]

A marca mais profunda, ao menos desde as críticas a ele impostas já no século XX, parece ser, no entanto, a forte vinculação do Estado nascente com a burguesia politicamente emergente. Referindo-se já à França, leciona Paulo Bonavides: "Os iniciadores do movimento revolucionário contra o *ancien régime* se fizeram instrumentos conscientes de uma burguesia deliberada a pleitear o domínio político da sociedade francesa, depois de haver alcançado a máxima preponderância econômica em três séculos de florescente desenvolvimento material, de profundas transformações nas relações de produção, de intensificação nunca vista do comércio e da indústria, movidos por forças que sepultavam nas suas mesmas ruínas a antiga sociedade feudal, cerrando para sempre seus estreitíssimos horizontes econômicos. Essas forças faziam a Revolução em nome do terceiro estado — a ordem burguesa — embora arvorassem a bandeira de um poder que inculcava extrair do povo toda a sua legitimidade".[11]

A radicalidade da tomada da Bastilha e de todas as suas consequências, no entanto, tinha, ou pretendia ter, a Razão como guia: "A Revolução de 1789 rompe com o passado de modo radical, para promover a reconstrução da sociedade francesa de acordo a critérios fornecidos pela razão".[12] É esse ideal racionalista, inspirado nas ideias liberais e democráticas de um John Locke e, afinal, consagrado na construção teórica de Immanuel Kant, que justificará o amplo processo de ruptura institucional: "O certo é que, nas conjunturas iniciais do século XIX, não podia vingar no Continente europeu, senão o individualismo racionalista da civilização burguesa, apesar das forças que desde logo se lhe contrapuseram. O mesmo acontecia, aliás, na Inglaterra e nos Estados Unidos da América, à margem da direta influência da Revolução Francesa, mas como resultado natural da evolução industrial e das ideias liberais que provinham de Locke".[13]

---

10 SALDANHA, Nelson. *Teoria do Direito e Crítica Histórica*. Rio de Janeiro: Freitas Bastos, 1987, p. 40.

11 BONAVIDES, *Ciência Política*, cit., p. 131.

12 DOBROWOLSKI, Sílvio. O liberalismo: exame de sua ideologia e suas deficiências. *Revista Brasileira de Estudos Políticos*, Belo Horizonte, Universidade Federal de Minas Gerais, n.66, jan. 1988, p.172.

13 REALE, *Nova Fase...*, cit., p. 93.

A França, ponto de chegada de um longo processo de redescoberta do passado clássico, renovação econômica e conflito religioso, funcionou como caixa de ressonância do liberalismo. A partir do notável feito francês (e, talvez, pelo brado universalizante de Napoleão), a Europa se renderia a um novo tempo, como tão bem registra Eric Hobsbawn: "A França forneceu o vocabulário e os temas da política liberal e radical-democrática para a maior parte do mundo. A França deu o primeiro grande exemplo, o conceito e o vocabulário do nacionalismo. A França forneceu os códigos legais, o modelo de organização técnica e científica e o sistema métrico de medidas para a maioria dos países. A ideologia do mundo moderno atingiu as antigas civilizações que tinham até então resistido às ideias europeias inicialmente através da influência francesa. Esta foi a obra da Revolução Francesa. [...] *Seus exércitos partiram para revolucionar o mundo; suas ideias de fato o revolucionaram*".[14]

Jean-Jacques Chevallier proclama a magnitude da Revolução Francesa e de suas consequências: "*Todos os efeitos!* Materiais, em primeiro lugar. Quando abalos, como os da Revolução, sacodem a maior e mais povoada Potência da Europa, está rompido para sempre o equilíbrio tradicional dos interesses e dos hábitos. Mais ainda, porém, efeitos espirituais. As verdadeiras consequências das revoluções são as que se inscrevem no mais íntimo das almas. A esse respeito, que incalculáveis redemoinhos! Durante um século, e mais de um século, em quase todos os grandes debates coletivos, achar-se-ia presente a Revolução, qual fermento inextirpável. Dirigindo-se a todos os homens sem distinção de tempo nem de lugar, universalista como as grandes religiões, como estas haveria de acender paixões universais. Substituiria, de certo modo, as paixões religiosas, amortecidas ou extintas, por paixões políticas inteiramente novas, intolerantes, exaltadoras e devastadoras".[15]

Nenhuma imagem, no entanto, terá a força simbólica daquela invocada por Hegel; na voz de Bernard Bourgeois: "A *Fenomenologia do Espírito* foi terminada, segundo Hegel, na noite que precedeu a batalha de Iena, 'um desses acontecimentos que só se produzem a cada cem ou mil anos' e que lhe permitiu ver passar a cavalo 'o Imperador, essa alma do mundo'. Hegel admira em Napoleão o restaurador racional do Estado, que soube unir o princípio da centralização exigida pela soberania estatal e o princípio da participação exigida pelo espírito de liberdade próprio à época".[16]

---

14 HOBSBAWM, *A Era das Revoluções*, cit., p. 71-2 [grifos nossos].

15 CHEVALLIER, Jean-Jacques. *As grandes obras políticas*: de Maquiavel a nossos dias. Trad. Lydia Christina. 3. ed. Rio de Janeiro: Agir, 1986, p. 206.

16 BOURGEOIS, *O pensamento ...*, cit., p. 87.

60 | José Luiz Borges Horta

Pudesse Napoleão promover a *revolução terrena* e ele o teria feito. *Manu militare*, se necessário (e o fora).

Consagrava-se, com suas virtudes e suas contingências, um novo padrão de vida política, logo tornado inequívoco destino (como propõe Hegel) ou tragédia (como divaga Nietzsche) do Ocidente. É o que aponta Nelson Saldanha: "É certo que alguns autores (pelo menos desde Carl Schmitt) advertem que este é o Estado de Direito 'liberal-burguês', e que há ou pode haver diversos outros [...] Mas o modelo [...] ficou sendo o modelo liberal-burguês: e no caso do Estado-de-Direito, as soluções construídas em outros orbes culturais ou em outros contextos ideológicos (nos países socialistas, *v.g.*) são calcadas sobre o modelo burguês".[17] Com o Estado liberal de Direito triunfa definitivamente a burguesia: "O fato histórico que dela emergiu com incontestável e mais longo predomínio é representado pelo triunfo da burguesia liberal, com base numa ordem econômica capitalista ainda prevalecentemente agrícola, mas que já albergava em seu seio a sociedade industrial".[18]

Do ponto de vista socioeconômico, a revolução do vapor, complemento tecnológico da revolução política, transformaria as relações de trabalho de modo inédito, permitindo uma notável evolução no modo de produção; o Estado liberal é o fiador do capitalismo, em tal "Revolução que eclodiu entre 1789 e 1848, e que constitui a maior transformação da história humana desde os tempos remotos quando o homem inventou a agricultura e a metalurgia, a escrita, a cidade e o Estado. Esta revolução transformou e continua a transformar, o mundo inteiro. [...] foi o triunfo não da 'indústria' como tal, mas da indústria *capitalista*; não da liberdade e da igualdade em geral, mas da *classe média* ou da sociedade '*burguesa*' *liberal*; não da 'economia moderna' ou do 'Estado moderno', mas das economias e Estados em uma determinada região geográfica do mundo (parte da Europa e alguns trechos da América do Norte), cujo centro eram os Estados rivais e vizinhos da Grã-Bretanha e da França. A transformação de 1789-1848 é essencialmente o levante gêmeo que se deu naqueles dois países e que dali se propagou para todo o mundo".[19]

Do ponto de vista jurídico, conforme veremos, a ambiência real, dominada pela burguesia e por seus valores, exige a construção de um aparato técnico capaz de

---

17 SALDANHA, *O Estado Moderno...*, *cit.*, p. 44-5.

18 REALE, *Nova Fase...*, *cit*, p. 73.

19 HOBSBAWM, *A Era das Revoluções*, *cit.*, p. 17.

propiciar segurança formal às suas relações; é assim que, com Mário Quintão, lembramos: "Para Schmitt, no processo histórico de formulação da constituição moderna, desde o século XVIII, procurou-se desenvolver um conceito ideal de constituição compreendida como aquela que correspondia às demandas das liberdades burguesas e de suas respectivas garantias".[20]

---

20 QUINTÃO SOARES, *Teoria do Estado, cit.*, p. 265.

6. FUNDAMENTOS AXIOLÓGICOS

TALVEZ NÃO EXISTA PENSAMENTO MAIS COMPLEXO QUE O LIBERAL,[1] nem de maior impacto para o homem recente. O liberalismo se traduz em corrente de pensamento que, no entorno de um valor central — a liberdade — construiu todo um sistema jurídico e político de grande complexidade técnica.

É fato que o anseio por libertar-se acompanha o homem desde sempre: "A afirmação da liberdade pessoal frente ao poder tem sido uma constante no devir histórico da humanidade".[2]

Não é pacífica a sua análise, todavia;[3] em rigor, para o rótulo "liberal" afluem tendências de amplos matizes, naqueles que se tornaram os séculos do pensamento: humanistas, jusnaturalistas, racionalistas, iluministas, contratualistas. Termos que, se

---

1 Andrew Vincent, da Universidade de Cardiff, País de Gales, registra, aliás, que "o liberalismo é a mais complexa das ideologias". V. VINCENT, Andrew. *Ideologias Políticas Modernas*. Trad. Ana Luísa Borges. [1. ed.] Rio de Janeiro: Zahar, 1995, p. 33.

2 PEREZ LUÑO, *Derechos Humanos..*, *cit.*, p. 109.

3 Koselleck dedica seu interessante ensaio *Crítica e Crise* à compreensão de aspectos ainda mais plurais do ideário correspondente à ascensão do Estado liberal: o papel da Fraco-Maçonaria e das elites artísticas e intelectuais no enfrentamento ao Absolutismo. Assim, "duas formações sociais marcaram de maneira decisiva a época do Iluminismo no continente: a república das letras e as lojas maçônicas" (KOSELLECK, *Crítica e Crise*, *cit.*, p. 56). O ensaio articula autores e documentos históricos, revelando as funções protetora, integradora e política do segredo maçom e sua importante contribuição (paradoxalmente) às Luzes. Para além da igualdade entre *noblemen, gentlemen and working men* (*The Constitutions of Freemasons*, 1723, *apud* KOSELLECK, *Crítica e Crise*, *cit.*, p. 65), "a liberdade em relação ao Estado vigente, mais do que sua igualdade social, era o verdadeiro traço político [*politicum*] das lojas burguesas" (KOSELLECK, *Crítica e Crise*, *loc. cit.*).

64 | José Luiz Borges Horta

não podem ser considerados equivalentes, trazem contudo o signo dos novos tempos. Tempos de liberdade, ainda que tardia, no dizer dos celebrados inconfidentes mineiros de 21 de abril de 1789 (e Salgado registra, com toda propriedade, "o fio de fogo da cultura mineira: a liberdade").[4]

Longo caminho percorreu o Ocidente até o apogeu das escolas jusnaturalistas, para as quais a liberdade surgia, majestosa e púrpura como os prados de ORFF; é o momento a que se refere Paulo Nader: "A valorização da pessoa, que se registrou com a Renascença, atingiu o âmbito da filosofia jurídica, quando então o direito natural passou a ser reconhecido como emanação da natureza humana".[5]

O homem reencontra-se consigo mesmo, e supera, como quer Hegel,[6] a alienação de si ao estranho. A nova religião religa o homem a si mesmo e tem como templo a mente humana, de onde pretende inferir as grandes respostas: "A natureza humana é considerada a base dos direitos de liberdade do indivíduo e o ponto de partida da construção de uma nova ordem social em oposição ao mundo feudal, à ordem teocrática medieval e à monarquia absoluta".[7]

O retorno à glória de outrora é inevitável, e mesmo imperativo; o mundo grego, redescoberto, alimenta o sonho liberal: "Com efeito, os grandes nomes da teoria política moderna, Maquiavel, Hobbes, Locke, Stuart Mill, Benjamin Constant, Montesquieu, Rousseau e Kant, tiveram as ideias básicas de suas doutrinas lançadas, precursoramente, pelos sofistas, que fizeram a revolução humanista da antiguidade clássica. Às suas concepções político-jurídicas integraram-se as ideias de contrato social, de governo popular, de legalidade e de legitimidade".[8]

O novo humanismo[9] traz uma complexa plêiade de pensadores, da qual destacamos os que nos parecem essenciais: Hobbes, Locke, Rousseau, Kant. A uni-los, ao menos aos três primeiros, a tese de que o Estado deve ser fruto de acordo entre os

---

4 SALGADO, Joaquim Carlos. Prefácio. *In*: CAMPOS, *Sociologia e Filosofia do Direito, cit.*, p. XI.

5 NADER, Paulo. *Filosofia do Direito.* 6. ed. Rio de Janeiro: Forense, 1998, p. 130.

6 *V.* Cap. 2, *infra*.

7 MARCONDES, *Iniciação...*, *cit.*, p. 196.

8 VASCONCELOS, Arnaldo. *Direito, Humanismo e Democracia.* São Paulo: Malheiros, 1998, p. 108.

9 Orides Mezzaroba organizou interessante coletânea sobre o Humanismo e seus impactos para a cultura jurídico-política: MEZZAROBA, Orides (org.). *Humanismo político*: presença humanista no transverso do pensamento político. Florianópolis: Fundação Boiteaux, 2007.

HISTÓRIA DO ESTADO DE DIREITO |65

indivíduos: eis o *Contratualismo*, a partir de então espraiando sua influência sobre o pensamento político mundial.

A ideia motriz do contratualismo está presente na sofística,[10] com seu caráter convencional das leis e dos governos, em Platão, como dito, e ainda em Cícero: "Em qualquer coisa, o consenso de todos os povos deve ser considerado lei de natureza. O consenso de todos é a lei da natureza".[11] Bobbio demarca, no entanto, seu ponto alto na Modernidade: "Embora a teoria do contrato social fosse antiga e amplamente utilizada pelos legisladores da Idade Média, somente com os jusnaturalistas ela se torna uma passagem obrigatória da teoria política".[12]

É Bobbio, aliás, em portentoso estudo, que nos traz uma detalhada compreensão do esquema de pensar contratualista: "Trata-se de um modelo claramente dicotômico [...]: o homem ou vive no estado de natureza ou vive no estado civil. [...] entre os dois estados, há uma relação de contraposição: o estado natural é o estado não político e o estado político é o estado não natural. Em outras palavras, o estado político surge como antítese do estado natural, [...] e o estado natural ressurge [...] quando esse deixa de cumprir a finalidade para qual foi instituído. [...] Na medida em que é antitético ao estado de natureza, o estado civil é um estado 'artificial', produto, como se diria hoje, de cultura e não de natureza (daí a ambiguidade do termo 'civil', que significa ao mesmo tempo 'político', de *civitas*, e civilizado, de *civilitas*)".[13]

Podemos explicar o contratualismo a partir de três elementos: o *estado de natureza*, o *contrato social* e o *estado civil*. O estado de natureza é o ponto de partida do pensamento contratualista; trata-se ora de uma vida idílica, ora de uma vida aterrorizante; alguma razão, no entanto, fez com que os homens tomassem a decisão racional de abandonar tal estágio natural, onde já possuíam direitos (naturais), e ingressar em um estado civil. É preciso então verificar as condições de tal contrato social, identificando os valores centrais que se pretendia preservar, e os bens dos quais o homem

---

10 Arnaldo Vasconcelos, *e.g.*, lembra Xenofonte, que atribui ao sofista Híppias de Élis a noção de que as leis do Estado seriam "contratos ou pactos feitos pelos cidadãos, pelos quais eles estabeleceram e promulgaram aquilo que se deve fazer e aquilo que não se deve fazer" *Cf.* XENOFONTE. *Œvres completes*. V. III. Trad. P. Chambry. Paris: Garnier-Flammarion, 1967, L. IV, C. 4, *apud* VASCONCELOS, *Direito, Humanismo e ...*, *cit.*, p. 93.

11 CICERO. *Tusculanæ*, I, 13-4, *apud* BOBBIO, BOVERO, *Sociedade e Estado...*, *cit.*, p. 27.

12 BOBBIO, BOVERO, *Sociedade e Estado...*, *cit.*, p. 62.

13 BOBBIO, BOVERO, *Sociedade e Estado...*, *cit.*, p. 38-9.

teria de abrir mão. Há um custo para se viver em sociedade. Em relação à idealização do estado de natureza e à compreensão do contrato social é que divergem os autores, daí decorrendo diferentes concepções do Estado produto. (Evidentemente, como se verá, cada autor atinge um modelo de sociedade ideal, claramente decorrente das suas próprias nuanças ideológicas.)

Lembra Bobbio: "O problema relevante para explicar a origem da vida social não é tanto se o estado de natureza é pacífico ou belicoso, mas se é um estado positivo ou negativo".[14]

Ao tratarem da origem da vida social, de fato traçaram novos rumos para a Filosofia do Estado: "Os três grandes [doutrinadores políticos] por cuja obra se mede hoje a importância do jusnaturalismo, e em função dos quais talvez valha ainda a pena falar de um 'direito natural moderno' contraposto ao medieval e ao antigo — estou me referindo à Hobbes, Locke e Rousseau —, o tema de suas obras é quase exclusivamente o direito público, o problema do fundamento e da natureza do Estado".[15]

A tese de que Hugo Grócio teria sido o primeiro jusracionalista,[16] ao afirmar que, mesmo inexistindo Deus, o direito natural ainda assim persistiria, é frontalmente negada por Bobbio, que refuta "conceder à obra de Grócio, com relação a fundação do jusnaturalismo moderno, o posto de honra que lhe foi atribuído por seu discípulo Pufendorf, por obra de quem nasceu e se transmitiu a lenda de um Grócio pai de um direito natural [...] Hobbes e não Grócio, deve ser considerado o verdadeiro iniciador do jusnaturalismo moderno".[17]

Thomas Hobbes é um autor bastante peculiar.[18] Preceptor e protegido de reis Stuart, defensor da via absolutista, ainda assim no modelo hobbesiano encontra-se muito do que prosperará nos demais autores.

Vale, de início, registrar que Hobbes, de fato, não acredita na existência de uma natureza não social: "O gênero humano jamais esteve em uma situação inteiramente

---

14 BOBBIO, BOVERO, *Sociedade e Estado...*, *cit.*, p. 54.

15 BOBBIO, BOVERO, *Sociedade e Estado...*, *cit.*, p. 14.

16 Há recente edição de seu clássico GROTIUS, Hugo. *O direito da guerra e da paz*. Trad. Ciro Mioranza. Ijuí: Ed. Unijuí, 2004.

17 BOBBIO, BOVERO, *Sociedade e Estado...*, *cit.*, p. 18-9.

18 Sobre HOBBES, *v.* o interessante RIBEIRO, Renato Janine. *Ao Leitor sem Medo*: Hobbes escrevendo contra o seu tempo. 2. ed. Belo Horizonte: EdUFMG, 1999.

sem sociedade".[19] Em Hobbes, o estado de natureza universal é uma pura hipótese da razão, "da qual derivaria como consequência (uma consequência lógica e não histórica) o *bellum omnium contra omnes*. O estado de natureza universal jamais existiu e não existirá jamais".[20]

O estado de guerra efetiva, portanto, reflete a total inadequação do homem para a vida social: "Hobbes varre também a autoridade de Aristóteles, [...] contrapondo à hipótese do homem *naturaliter* social, acolhida mediocremente até Grócio (inclusive), a hipótese do *homo homini lupus*".[21]

"O homem representa um grave risco para seus semelhantes e deve ser contido, cerceado, controlado a todo custo; é o que com precisão registra Juan Carlos Smith: "Para o filósofo inglês Thomas Hobbes [...], o homem é um ser originalmente anti-social, dominado pelo instinto de conservação que o induz a buscar a satisfação de suas próprias necessidades prescindindo das de seus semelhantes.

O egoísmo é, assim, para Hobbes, o fator determinante de todos os atos humanos. No primitivo *estado de natureza* em que vive o homem, esse egoísmo se resolve em uma guerra de extermínio, pois abandonado a seus instintos todo ser humano é danoso aos seus semelhantes".[22]

É exatamente o gravíssimo risco que o homem corre que o estimula a abrir mão de todos os seus direitos, transferindo-os ao Estado Leviatã[23] (que deles, ou da humanidade deles, se compõe), para preservar, ao menos, o direito à vida, como anota Bobbio: "O único direito ao qual o homem não renuncia ao instituir o estado civil é o direito à vida".[24]

Qualquer tirano, se preserva a vida dos cidadãos, será melhor que o estado de natureza, inclusive porque, fora da autoridade absoluta, não há controle sobre os instintos perversos do homem: "Segundo Hobbes, [...] o poder soberano existe assim

---

19 HOBBES, Thomas. *Questions concerning liberty, necessity and chance,* 1656, English Works, Moleshott, V.V, p. 183, *apud* BOBBIO, BOVERO, *Sociedade e Estado...*, *cit.*, p. 50.

20 BOBBIO, BOVERO, *Sociedade e Estado...*, *cit.*, p. 49.

21 BOBBIO, BOVERO, *Sociedade e Estado...*, *cit.*, p. 37.

22 SMITH, Juan Carlos. *El desarrollo de las concepciones jusfilosoficas.* 2. ed. Buenos Aires: Abeledo-Perrot, 1980, p. 92.

23 Sobre a peculiar mitologia do *Leviatã*, que tanto encanta Carl Schmitt, *v.* SOLON, Ari Marcelo. *Teoria da Soberania como Problema da Norma Jurídica e da Decisão.* Porto Alegre: Fabris, 1997, p. 80-2.

24 BOBBIO, BOVERO, *Sociedade e Estado...*, *cit.*, p. 72.

68| JOSÉ LUIZ BORGES HORTA

para impedir o estado de natureza e permitir a coexistência entre os homens, já que nesse estado os indivíduos acabariam por se exterminar uns aos outros [...] O poder, para ser eficaz, deve ser exercido de forma absoluta".[25] Eis, com todo o requinte de uma mente prodigiosa, a justificação ética do arbítrio.[26]

John Locke é, sem dúvida, seu mais evidente contraponto; dele diria Cabral de Moncada: "o primeiro intérprete inglês do Iluminismo, em quem não falta um só dos elementos ou momentos essenciais mais característicos do espírito do século que ele inaugura".[27]

É vasta a obra de Locke, versando sobre diversos temas, da Teoria do Conhecimento à Educação; sua obra política por excelência, contudo, é o *Segundo Tratado sobre o Governo Civil*, lançado em 1690, e que, ainda nas palavras do célebre catedrático de Coimbra, constitui-se em "clássico ensaio, espécie de cartilha do liberalismo, universalmente conhecido através de inúmeras traduções em todas as línguas".[28]

Locke é, ainda hoje, um autor permanentemente revisitado,[29] e sobre o qual ainda milita elevada dose de polêmica. Macpherson reputa a Locke um lugar de destaque entre os adeptos do que chamou de *individualismo possessivo*, tendo fornecido "uma base moral positiva para a sociedade capitalista";[30] já Edgard Jorge Filho, ao contrário — e a partir de "leitura de Locke inspirada, de certa forma, em Rousseau"[31] —, o trata como um verdadeiro precursor do *Anarquismo*: "À inclusão de Locke entre os partidários do modelo jusnaturalista de filosofia da história, em que o estado civil é alçado a momento positivo, privilegiado, em detrimento do estado de natureza, opomos nossa

---

25 MARCONDES, *Iniciação...*, *cit.*, p. 198.

26 Não há, ao menos desde Aristóteles (e Alexandre), autocracia alguma que não possa patrocinar ideais filosóficos que lhe concedam conteúdo ético. Sobre o tema, aliás, o inspirado trabalho de NEWTON BIGNOTTO, que assevera: "no século VII a.C. a tirania já era uma forma de governo conhecida pelos gregos e inscrita nas possibilidades de solução das diversas crises pela quais passavam as cidades"; *cf.* BIGNOTTO, Newton. *O tirano e a cidade*. São Paulo: Discurso Editorial, 1998, p. 15-6.

27 MONCADA, L. Cabral de. *Filosofia do Direito e do Estado*; V. I, parte histórica. São Paulo: Saraiva, 1950, p. 203-4.

28 MONCADA, *Filosofia do Direito...*, *cit.*, p. 204, nota de rodapé.

29 BOBBIO a ele dedicou recente curso: BOBBIO, Norberto. *Locke e o Direito Natural*. Trad. Sérgio Bath. Brasília: EdUnB, 1997.

30 MACPHERSON, C.B. *A Teoria Política do Individualismo Possessivo de Hobbes até Locke*. Trad. Nelson Dantas. Rio de Janeiro: Paz e Terra, 1979, p. 233.

31 JORGE FILHO, Edgard José. *Moral e História em John Locke*. São Paulo: Loyola, 1992, p. 15.

interpretação, segundo a qual Locke figura no campo contrário, defendendo a supremacia do estado de natureza ideal, em maior afinidade com a perspectiva anarquista, explorada dois séculos mais tarde".[32]

Vale registrar a contribuição dada por Locke ao avanço do constitucionalismo. Já se disse que a Inglaterra se afirmou como verdadeiro *laboratório* histórico do Direito Constitucional; a Locke coube dar-lhe a mais apurada sistematização. Adverte Cabral de Moncada: "Se, como se disse já, Locke foi no seu país, a Inglaterra, um ponto de chegada, atrás do qual está uma revolução religiosa, o calvinismo, e uma revolução política, a do constitucionalismo britânico, no continente foi ele, através da profunda influência que exerceu, um ponto de partida".[33]

Trata-se, como já registramos, do rico contexto da Revolução Gloriosa de 1688, em que o Parlamento substitui o Rei James II por sua filha Mary e seu genro William d'Orange, que acorrem da Holanda para assumir o trono. Locke, a quem coube o papel de ideólogo do novo regime e de justificador daquela profunda ruptura institucional, retornaria de exílio na Holanda no mesmo navio que a nova Rainha Mary utilizaria: "A princesa Mary [...] tem por passageiro em seu navio, o *Izabella*, um cavalheiro afável, médico e filósofo, chamado John Locke — que as circunstâncias levaram a desempenhar um papel ativo como conselheiro político".[34]

Assevera o português Nuno Piçarra que Locke empreenderia: "Não certamente uma justificação de circunstância, mas uma justificação que tornasse o 'acidente histórico' de 1688 e a ordem político-constitucional formada na sequência dele um imperativo jurídico-racionalmente fundamentado".[35]

John Locke, que Moncada considera "o pai espiritual do liberalismo moderno",[36] surpreende os incautos com um tom social claramente progressista, mesmo para os dias de hoje. Tal faceta Padre Leonel Franca percebe claramente, ainda que prefira vinculá-la à temática da democracia política: "Com suas doutrinas, Locke inicia o movimento social, que nos últimos tempos tende a alargar os

---

32 JORGE FILHO, *Moral e História...*, *cit.*, p. 16.

33 MONCADA, *Filosofia do Direito...*, *cit.*, p. 222.

34 CHEVALLIER, *História do Pensamento Político*, *cit.*, p.29.

35 PIÇARRA, Nuno. *A Separação dos Poderes como Doutrina e Princípio Constitucional*: um contributo para o estudo das suas origens e evolução. Coimbra: Coimbra Editora, 1989, p. 65.

36 MONCADA, *Filosofia do Direito...*, *cit.*, p. 203.

70 | JOSÉ LUIZ BORGES HORTA

privilégios dos representantes do povo e diminuir proporcionalmente a autoridade individual do soberano".[37]

Já dissemos que o ponto central da análise contratualista é o chamado *Estado Natural*, uma "fase pré-política",[38] como o quer Edgar Bodenheimer, conceito a partir do qual toda a teoria se assenta. A grande divergência entre os contratualistas é precisamente no tocante às características de tal ordem, o que os levaria a distintas posições acerca do *Estado Político* que, num dado momento, os cidadãos acordaram em instituir — do autoritarismo hobbesiano ao democratismo rousseauniano. Locke, como preleciona o jurista Giorgio Del Vecchio, "foi quem imprimiu à doutrina do estado de natureza e do contrato social o carácter mais racional".[39]

Em verdade, Locke, secundado por Montesquieu, empreende vigorosa "tentativa de criação de eficazes garantias contra as violações do direito natural pelo govêrno"; é o contraponto de Hobbes: "Nesse período a teoria do direito ressaltou sobretudo a liberdade, assim como no primeiro período dera mais relêvo à segurança do que à liberdade".[40]

Para Bobbio, Locke descreve o estado de natureza como mera abstração,[41] mas a suposição lógica da existência histórica do estado natural é imprescindível. Nas palavras de Locke: "Se não pudermos supor que os homens jamais tenham se encontrado no estado de natureza, por não termos ouvido falar de muitos em tal estado [...] é raro aparecerem constituições em um povo, até que a sociedade civil tenha durado tempo bastante [...] As sociedades civis, assim como os indivíduos, em geral não têm lembrança de seu nascimento e de sua infância".[42]

Em Locke, portanto, a existência do Estado não visa ultrapassar uma fase negra de barbarismo, como em Hobbes, ou sucede um paraíso idílico, como veremos em Rous-

---

37 FRANCA, Pe. Leonel. *Noções de História da Filosofia*. 23. ed. Rio de Janeiro: Agir, 1987, p. 167.

38 BODENHEIMER, Edgar. *Ciência do Direito*: Filosofia e Metodologia Jurídicas. Trad. Enéas Marzano. Rio de Janeiro: Forense, 1966, p. 60.

39 DEL VECCHIO, Giorgio. *Lições de Filosofia do Direito*. Trad. Antônio José Brandão. Coimbra: Arménio Amado, 1979, p. 101-2.

40 BODENHEIMER, *Ciência do Direito, cit.*, p. 60.

41 BOBBIO, BOVERO, *Sociedade e Estado...*, *cit.*, p. 51.

42 LOCKE, John. *Segundo Tratado sobre o Governo Civil*: ensaio sobre a origem, os limites e os fins verdadeiros do governo civil. Trad. Magda Lopes, Marisa Lobo da Costa. Petrópolis: Vozes, 1994, p. 141-2.

seau. A teleologia do Estado lockeano aponta no sentido de efetiva "salvaguarda mútua de suas vidas, liberdades e bens, o que designo pelo nome geral de propriedade".[43]

A utilização do termo *propriedade*, aliás, é especialíssima na obra de Locke. O próprio autor, em nota incluída em fins do *Segundo Tratado*, reconheceria o caráter *sui generis* do termo: "É preciso saber que aqui, como em qualquer outra parte, por propriedade eu entendo aquela que o homem tem sobre sua pessoa, e não somente sobre seus bens".[44]

Registrado o amplo sentido da propriedade na sistemática lockeana, justifica-se sua conclusão: "A razão por que os homens entram em sociedade é a preservação de sua propriedade".[45]

O Estado e a "lei positiva (e não o monarca absoluto como em Hobbes)", desse modo, tornam-se verdadeiros remédios "contra a insegurança e a ausência de paz, que tornaram intolerável o estado de natureza".[46]

Na construção de uma Teoria dos Poderes do Estado, John Locke trabalha a temática que a história, após Montesquieu, chamaria de *separação de poderes*; afirma Del Vecchio que Locke "construiu um verdadeiro sistema constitucional. Traça a teoria da divisão dos poderes, [...] expõe os direitos do povo como unidade e os direitos do cidadão como particulares".[47]

Naturalmente, a Locke interessava não a construção científica da independência dos poderes, mas sim a afirmação ideológica[48] do Legislativo — que havia convocado o novo Rei William d'Orange — como "o poder supremo em toda comunidade civil".[49]

Digna de nota, ainda, é a grande inovação de Locke ao estabelecer, de modo inequívoco, o direito — que assiste à coletividade — de resistir à tirania e à opressão política. Aí, inscreve seu nome entre os grandes paladinos da insurreição e desobediência civis;[50] ainda aqui, é Hobbes o opositor: "Locke estava bem consciente de que Hobbes

---

43 Locke, *Segundo Tratado...*, *cit.*, p. 156.

44 Locke, *Segundo Tratado...*, *cit.*, p. 189.

45 Locke, *Segundo Tratado...*, *cit.*, p. 218.

46 Piçarra, *A Separação dos Poderes...*, *cit.*, p. 68.

47 Del Vecchio, *Lições de Filosofia...*, *cit.*, p. 104.

48 No sentido empregado por Vincent, *As Ideologias...*, *cit.*, p. 28.

49 Locke, *Segundo Tratado...*, *cit.*, p. 163. *V.* tb. p. 173-4.

50 Sobre o tema, *v.* Ribeiro, Fernando José Armando. *Conflitos no Estado Constitucional Democrático*: por uma compreensão jurídica da desobediência civil. Belo Horizonte: Mandamentos, 2004.

JOSÉ LUIZ BORGES HORTA

[...] era o mais sério inimigo que ele teria de combater, e no *Segundo tratado*, que contém sua obra construtiva, está claro que ele tinha Hobbes muito em mente, ainda que se abstivesse de mencioná-lo nominalmente".[51]

De fato, há passagens[52] na obra em que é patente a ferina crítica a Hobbes. Dentre outras: "Aquele que acha que o poder absoluto corrige a baixeza da natureza humana precisa ler a história de nosso século, ou de qualquer outro, para convencer-se do contrário. [...] Como se, no dia em que os homens deixaram o estado de natureza para entrar na sociedade, tivessem concordado em ficar todos submissos à contenção das leis, exceto um, que ainda conservaria toda a liberdade do estado de natureza, ampliada pelo poder, e se tornaria desregrado devido à impunidade. Isto equivale a acreditar que os homens são tolos o bastante para se protegerem cuidadosamente contra os danos que podem sofrer por parte das doninhas ou das raposas, mas ficam contentes e tranquilos em serem devorados por leões".[53]

Defensor da democracia representativa,[54] "manancial do liberalismo inglês",[55] Locke apresenta reservas ao estado civil: ele só existiria para poupar os cidadãos de resolverem diretamente os conflitos que pudessem surgir. O homem preserva todos os seus direitos inatos: o Estado tem de ser melhor que a natureza.

Veja-se o que diz Bobbio: "Enquanto para Hobbes, que considera que a paz é o fim do Estado, o direito irrenunciável é o direito à vida, para Spinoza, que considera a liberdade como o fim do Estado, o direito irrenunciável é o direito de pensar com a própria cabeça. Na concepção de Locke, a transferência dos direitos naturais é parcialíssima [...] ingressando no estado civil, os indivíduos renunciam substancialmente a um único direito, ao direito de fazer justiça por si mesmos".[56]

---

51 *In*: LOCKE, *Segundo Tratado...*, *cit.*, p. 16. (Grifos no original).

52 LOCKE, *Segundo Tratado...*, *cit.*, p. 82, 92, 134, 223.

53 LOCKE, *Segundo Tratado...*, *cit.*, p. 136-7.

54 A bem da verdade, AGERSON TABOSA lembra-nos, em ilustrado ensaio (tese de doutoramento em Direito pela Universidade de São Paulo), das raízes romanas da representação política; *cf.* PINTO, Agerson Tabosa. *Da Representação Política na Antiguidade Clássica*. Fortaleza: Imprensa Universitária da UFC, 1981. LOCKE legou-nos, portanto, não a representação, mas o regime que nela se funda.

55 MACPHERSON, *A Teoria Política...*, *cit.*, p. 273.

56 BOBBIO, BOVERO, *Sociedade e Estado...*, *cit.*, p. 73. Para uma mais prufunda análise de *Baruch Espinosa*, v. OLIVEIRA, Júlio Aguiar de. *O fundamento do direito em Espinosa*. Belo Horizonte: Mandamentos, 2009.

Em Rousseau, no entanto, retorna-se ao modelo hobbesiano, ainda que de modo matizado; Rousseau[57] constitui-se no outro vértice do triângulo contratualista, em que Locke inspira a democracia representativa, enquanto a Hobbes imputa-se a paternidade do autoritarismo, e ao Genebrês, a precessão das teses antirrepresentativistas — é o teórico radical da democracia, talvez mal interpretado como fautor da "democracia totalitária".[58]

É mais complexo o pensamento rousseauniano em relação ao estado natural, contudo. O momento inicial (histórico) é idílico; infelizmente, um grave fato ocorreu, precipitando a entrada do homem na sociedade civil, bárbara, da qual o homem deve sair, pelo ingresso contratual no Estado civil.

Este gravíssimo fato é a criação da propriedade. Paulo Nader, comentando o polêmico *Discurso sobre a origem e os fundamentos da desigualdade entre os homens* explica: "A sociedade civil teria sido fundada pelo indivíduo que, cercando um terreno, declarou: 'Isso me pertence!'. Se naquele momento alguém houvesse gritado: 'Guardai-vos de escutar esse impostor!', teria poupado, à humanidade, crimes, guerras, assassinatos".[59]

A propriedade gera o caos, e o bom selvagem é corrompido pelo grupo; ora, em Rousseau reconhecemos o estado de guerra permanente de Hobbes, desta feita decorrente das desigualdades de cunho econômico. Como lembra Bobbio, "mais uma vez, o estado de guerra é a passagem obrigatória para o nascimento do Estado: mais uma vez, o estado é a antítese do estado de guerra".[60]

Trata-se de um fenômeno efetivamente ocorrido;[61] diríamos mesmo que *ocorrente*, na medida em que entendemos que o discurso de Rousseau na verdade pretende anunciar o ingresso (a ser posteriormente concretizado pela via revolucionária) no Estado civil. É o anúncio das revoluções que deviam vir. Reale fora extremamente crítico à concepção histórica contratualista, em especial em Rousseau: "O jusnaturalismo nos apparece aqui em uma das suas características fundamentaes: o *anti-historicismo*.

---

57 A propósito, lembra Cabral de Moncada: "Locke, ao contrário de Rousseau, estava depois, e não antes de uma revolução". MONCADA, *Filosofia do Direito...*, *cit.*, p. 220.

58 BOBBIO, BOVERO, *Sociedade e Estado...*, *cit.*, p. 71.

59 NADER, Paulo. *Filosofia do Direito*. 6. ed. Rio de Janeiro: Forense, 1998, p. 138.

60 BOBBIO, BOVERO, *Sociedade e Estado...*, *cit.*, p. 56.

61 Registra BOBBIO: "O estado de natureza, ao contrário, é representado como um estado histórico por Rousseau [...] ao mesmo tempo um fato histórico e uma ideia reguladora"; *cf.* BOBBIO, BOVERO, *Sociedade e Estado...*, *cit.*, p. 52.

74 | José Luiz Borges Horta

Como na historia, os philosophos do século xviii só encontram o predomínio da força e do arbítrio, eles negam a historia. Cortam os laços que prendem o homem ao passado, e passam a alimentar o sonho de organizar a sociedade de accordo com quadros puramente racionaes. O ideal da Razão é a Igualdade, a Liberdade e a Fraternidade. A historia dos homens e a negação permanente desse ideal, logo é impossível conciliar Razão e Historia, o mundo do *dever ser* com o *mundo do ser*. Rousseau opta pelo primeiro e constróe o seu *Estado Ficção*".[62]

Propõe-se, assim, um Estado forte, em que a face corrompida da sociedade civil seja enfrentada: "O estado que precede o estado de razão é um estado negativo [...], surge como antítese ao estado precedente: a diferença entre Rousseau e os outros é que, para esses, o estado precedente é o estado de natureza — seja esse um estado de guerra efetiva (Hobbes e Spinoza) ou de guerra potencial (Locke e Kant), sejam um estado de miséria (Pufendorf) —, enquanto para Rousseau é a *société civile*".[63]

Neste Estado forte, cada um obedece a si mesmo, daí porque transfere todos os seus direitos à comunidade: vai então retomá-los, como cidadão detentor de opinião ativa sobre o que deve ser a *vontade geral* da comunidade. Anota Bobbio: "Rousseau não segue o caminho de compromisso dos jusnaturalistas, como Locke: volta à posição radical de Hobbes, no sentido de que, entre estado natural e estado civil, opta pelo segundo. Mas desenvolve a teoria de Hobbes em sentido democrático. [...] Rousseau liga-se não ao liberal Locke, mas ao absolutista Hobbes".[64]

Ora, da concepção rousseaniana de Estado, democracia e vontade geral decorre a noção da *liberdade como autonomia*, que prevalece, em Kant, sobre a compreensão da *liberdade como pura negatividade*.[65]

Rousseau consegue, portanto, apresentar uma nova concepção de Estado, representando a vertente *democratista* do liberalismo, que por vias transversas influenciou os totalitarismos (desde o Terror até o marxismo-leninismo), mas também o próprio filósofo-síntese do liberalismo,[66] Immanuel Kant. Trata-se, todavia, de um pensador em permanente

---

62 Reale, *O Estado Moderno, cit.*, p. 65.

63 Bobbio, Bovero, *Sociedade e Estado... cit.*, p. 56.

64 Bobbio, Norberto. *Direito e Estado no Pensamento de Emanuel Kant*. Trad. Alfredo Fait. 3. ed. Brasília: EdUnB, 1995, p. 46.

65 Salgado, *A Ideia de Justiça em Kant, cit.*, p. 306.

66 Dedicamos a Kant um sucinto ensaio, originalmente publicado em: Horta, José Luiz Borges. Breves

conflito interno: "No gênio de Rousseau, os dois aspectos do contractualismo (o absolutista e o liberal) se juxtapõem mais do que se combinam, isolados em dois momentos distinctos. No 'Contracto Social' há de tudo, desde a apologia das energias autonomas do indivíduo até o elogio do Estado forte, superior aos indivíduos componentes".[67]

Kant, no entanto, é a imagem do equilíbrio racional. A proposta do idealismo alemão em representar para a Filosofia o que os enciclopedistas franceses significaram para a Ciência, refundindo em seu pensamento todo o cânone do pensamento ocidental, encontra em Kant, como contratualista, um exemplo acabado.

Diferentemente, no tema em tela, de seus maiores antecessores, aparentemente suas concepções filosóficas não se lastreiam, diretamente, em pressupostos ideológicos.

Hobbes, assim, é o teórico da Monarquia Absoluta dos Stuarts, e opera no sentido de, ao justificá-los no poder, evitar sublevações; Locke, diferentemente, é o legitimador da Revolução Inglesa de 1688 e defensor das prerrogativas do Parlamento; finalmente, Rousseau, que com sua *vontade geral* abriria caminho para a Revolução Francesa que inspirou.

Kant, contudo, não pode ser tão facilmente desnudado.[68] Escreve após a Revolução Francesa de 1789, e pretende, sem dúvida, incorporar suas conquistas. Assiste à matança de monarcas, o que rejeita bravamente. Conservador, sem dúvida, Kant o é (até mesmo em hábitos e rotinas pessoais); mas também visionário, ao propor um mundo em perpétua paz,[69] e formalista,[70] ao construir sua diferenciação entre cidadãos ativos e cidadãos passivos.[71]

---

notas sobre o Direito Político em Kant. *Revista do Curso de Direito da Univale*. Governador Valadares, a. III, n. 5, p. 15-26, jan.-jul. 2000.

67 REALE, *O Estado Moderno, cit.*, p. 62.

68 Em que pesem os esforços de intelectuais de porte, como em TRAVESSONI-GOMES, Alexandre, MERLE, Jean-Christophe. *A Moral e o Direito em Kant*: ensaios analíticos. Belo Horizonte: Mandamentos, 2007, e mais recentemente em TRAVESSONI, Alexandre (org.). *Kant e o Direito*. Belo Horizonte: Mandamentos, 2009.

69 Há recentes ensaios sobre o projeto kantiano pela paz perpétua, elaborados por jovens jusfilósofas mineiras: SALGADO, Karine. *A Paz Perpétua de Kant*. Belo Horizonte: Mandamentos, FUMEC, 2008; ANDRADE, Maria Inês Chaves de. "À Paz Perpétua" de Kant; Contributo Interpretativo. *In*: HORTA, José Luiz Borges, BROCHADO, Mariá. *Teoria da Justiça*; ensaios em homenagem a Joaquim Carlos Salgado. Belo Horizonte: Mandamentos, 2009 (no prelo); SALGADO, Karine. Paz Perpétua: entre a atualidade e a efetivação. *In*: HORTA, BROCHADO, *Teoria da Justiça, cit.*

70 Também na sua concepção formal do Estado e do Direito. Dirá BOBBIO: "Se o direito é a forma das ações, o Estado, uma vez que tem como função o estabelecimento do direito, tem uma função claramente formal". BOBBIO, *Direito e Estado..., cit.*, p. 136.

71 Para uma excepcional — ainda que atenuadora — leitura da excludente concepção kantiana de cida-

76| José Luiz Borges Horta

A concepção kantiana de contratualismo repercute com grande coerência em sua visão jurídica, na dicotomia Direito Público – Direito Privado:[72] chama de Direito Privado ao conjunto de direitos naturais do Homem, no chamado estado de natureza, e por Direito Público concebe exatamente todo o arcabouço jurídico de reconhecimento destes direitos, empreendido pelo estado civil.[73]

Leciona Bobbio: "O estado civil nasce não para anular o direito natural, mas para possibilitar seu exercício através da coação".[74] E mais adiante: "A concepção que Kant tem do Estado é uma concepção jurídica, no sentido em que a característica da atividade do Estado é a atividade jurídica, ou seja, a instituição e a manutenção de um ordenamento jurídico como condição para a coexistência das liberdades externas".[75]

Para Kant, é imprescindível o estabelecimento do "estado legal público", sem o qual os cidadãos jamais podem estar seguros.[76] Neste sentido, afirma Salgado: "O direito privado existente no estado de natureza não se distingue, em conteúdo, do que aparece na sociedade civil, a qual acrescenta tão só a forma da *garantia do Estado*".[77]

Observa Bobbio que o estado de natureza, em Kant como em Locke, pode ser considerado como um estado de risco, de *guerra potencial*, mas, como lembra Salgado, "O estado de natureza é uma sombra da própria sociedade civil existente e não um momento historicamente anterior. [...] A sociedade civil, o Estado, não veio do estado de natureza, mas justifica-se diante da ideia de estado de natureza".[78]

---

dania: Salgado, *A Ideia de Justiça em Kant*, cit., p. 287-94. Kant inova ao conceber o cidadão a partir de três atributos: a liberdade, a igualdade, e a independência. Somente poderia votar, concorrendo para a formação da vontade política do Estado, o *cidadão ativo*, economicamente independente. Ao *cidadão passivo*, de "existência apenas inerente" à de outros, não poderiam ser destinados direitos políticos: aqueles [empregados e trabalhadores em geral] que têm de ser comandados ou protegidos por outros indivíduos não possuem independência civil. [*Cf.* Kant, *Metafísica...*, cit., p. 143-4].

72 *V.* Bobbio, *Direito e Estado...*, cit., p. 83-7.

73 Kant, *Metafísica...*, cit., p. 140.

74 Bobbio, *Direito e Estado...*, cit., p. 120.

75 Bobbio, *Direito e Estado...*, cit., p. 135.

76 Kant, *Metafísica...*, cit., p. 141.

77 Salgado, *A Ideia de Justiça em Kant*, cit., p. 283. [grifos nossos].

78 Salgado, *A Ideia de Justiça em Kant*, cit., p. 284.

É mister, para o indivíduo, a saída do estado de natureza, unindo-se aos demais e submetendo-se a uma coação externa legalmente pública.[79]

O estado de natureza, cujo abandono, como leciona Salgado,[80] constitui um verdadeiro *imperativo categórico*,[81] não é para Kant um estado injusto, mas apenas um estado sem direito, onde inexiste juiz competente para ditar sentenças com força legal, e onde a propriedade, por exemplo, só pode ser provisória.[82]

O contrato social é interpretado como um contrato originário, onde todos renunciam à sua liberdade exterior — e portanto, não à sua liberdade interior, de crença ou consciência[83] — para recuperá-la a seguir, como membros de uma comunidade[84] cujo soberano universal é o povo.[85] Anota Bobbio: "A inspiração rousseauniana dessa concepção kantiana de liberdade política é inegável".[86]

Esta liberdade, ponto central da filosofia Kantiana — e para Salgado "a liberdade é o 'α' e o 'ω' da filosofia do direito de Kant"[87] — é, também ela, complexa, como lembra Perez Luño: "Para Norberto Bobbio, as 'duas liberdades' de Kant refletem a coexistência na sua obra de uma noção de liberdade como autonomia, de inspiração democrática, com um conceito de liberdade como não ingerência, de inequívoco sentido liberal".[88]

---

79 Kant, *Metafísica...*, *cit.*, p. 141.

80 Salgado, *A Ideia de Justiça em Kant*, *cit.*, p. 295.

81 Kant, *Metafísica...*, *cit.*, p. 149. A propósito, citamos Bobbio: "A constituição do Estado é uma exigência moral". E acentua as diferenças de Kant em relação ao filósofo da Revolução Inglesa: "de Locke o distingue o fato de que, para este último, a passagem do estado de natureza para o estado civil acontece por motivos de utilidade, [...] enquanto que, para Kant esta mesma passagem deve ser realizada para *obedecer a uma lei moral*". Cf. Bobbio, *Direito e Estado...*, *cit.*, p. 121-2.

82 Kant, *Metafísica...*, *cit.*, p. 141. Salgado considera a noção kantiana de propriedade no estado de natureza, provisória, como equivalente à de mera posse. Salgado, *A Ideia de Justiça em Kant*, *cit.*, p. 290.

83 Vejamos o que nos diz Bobbio: "O ideal que estava à base de todos os outros era a *liberdade de pensamento*". Bobbio, *Direito e Estado...*, *cit.*, p. 152.

84 Kant, *Metafísica...*, *cit.*, p. 146.

85 Kant, *Metafísica...*, *cit.*, p. 145.

86 Bobbio, Norberto. *Teoria Geral da Política*: a filosofia política e as lições dos clássicos. Trad. Daniela Beccaccia Versiani. Rio de Janeiro: Campus, 2000, p.106.

87 Salgado, *A Ideia de Justiça em Kant*, *cit.*, p. 286.

88 Perez Luño, *Derechos Humanos...*, *cit.*, p. 214. [Perez Luño cita Bobbio, Norberto. *Da Hobbes a Marx*. 3. ed. Napoli: Morano, 1974, p. 147 *et seq.*].

O Poder Legislativo representa a vontade popular, uma vez que "só a vontade popular universalmente unida pode ser legisladora",[89] sendo imprescindível, em tese, a concordância de todos os cidadãos. Acrescenta Bobbio: "Com esta afirmação a teoria liberal da separação dos poderes desemboca na teoria democrática do Estado fundado no consenso".[90] Talvez, por isto, irresistível: "Opor-se à situação constitucional (à organização jurídica), qualquer que seja, é agir contra o dever fundamental decorrente do imperativo categórico, que impõe o dever de passagem do estado de natureza para o da sociedade civil [...] Uma constituição jurídica qualquer é melhor do que nenhuma".[91]

O contrato social, no entanto, é tomado como uma abstração,[92] mas o poder revolucionário, ao dissolver por completo a ordem jurídica anterior,[93] acaba por exigir um novo contrato social.[94]

Enfim, a construção kantiana, complexa e refletindo, como afirma Salgado, "uma tensão constante entre o liberalismo inglês [...] e o democratismo rousseauniano da Revolução Francesa"[95] culmina em peculiar defesa da república representativa.[96]

O liberalismo, tomado filosófica e ideologicamente, nasce na Inglaterra e dela projeta-se, em especial através do pensamento e da vivência francesa, para tornar-se, com os alemães, um dos pontos centrais da reflexão ocidental. É seiscentista, como anota Konder

---

89 KANT, *Metafísica...*, *cit.*, p. 145.

90 BOBBIO, *Direito e Estado...*, *cit.*, p 142.

91 SALGADO, *A Ideia de Justiça em Kant*, *cit.*, p. 299-300.

92 KANT, *Metafísica...*, *cit.*, p. 177. BOBBIO refere-se ao contrato social em Kant como "uma ideia pura da razão [...] eliminando da ideia do contratualismo qualquer força revolucionária" [BOBBIO, *Direito e Estado...*, *cit.*, p. 127] e afirma: "Kant o esvazia de qualquer conteúdo positivo e de qualquer força prática" [BOBBIO, *Direito e Estado...*, *cit.*, p. 129].

93 KANT, *Metafísica...*, *cit.*, p. 178.

94 Aparentemente, aquele que a Teoria da Constituição juridifica com a expressão *poder constituinte originário* efetivamente reescreve o contrato social.

95 SALGADO, *A Ideia de Justiça em Kant*, *cit.*, p. 305-6. Em interpretação distinta, registra Bobbio: "a teoria kantiana do Estado pertence ao movimento liberal e não ao do pensamento democrático". *Cf.* BOBBIO, *Direito e Estado...*, *cit.*, p. 132.

96 KANT, *Metafísica...*, *cit.*, p. 179. República, esta, como lembra Bobbio, que pode ser democrática, aristocrática, ou monárquica — "E inclusive é esta última a forma preferida por Kant" [BOBBIO, *Direito e Estado...*, *cit.*, p. 141].

Comparato: "O século XVII foi realmente, todo ele, e não apenas a fase de transição para o século seguinte, um tempo de 'crise da consciência europeia', uma época de profundo questionamento das certezas tradicionais [...] A 'crise da consciência europeia' fez ressurgir na Inglaterra o sentimento de liberdade, alimentado pela memória da resistência à tirania".[97]

Não há dúvidas de que o contexto revolucionário permitiu sua rápida difusão, sobretudo a partir do universalismo da Revolução Francesa e da intervenção napoleônica; HOBSBAWM, aliás, comenta: "É significativo que os dois principais centros dessa ideologia fossem também os da dupla revolução, a França e a Inglaterra; embora de fato as ideias iluministas ganhassem uma voz corrente internacional mais ampla em suas formulações francesas (até mesmo quando fossem simplesmente versões galicistas de formulações britânicas)".[98]

Evidentemente, os próprios excessos da Revolução Francesa, verificados sob evidente inspiração rousseauniana, acabaram tendo de matizar-se pela solidez das instituições britânicas: "Quando eclodiu a Revolução Francesa [...] e em decorrência desta, alastrou-se o fenômeno do *democratismo*, a experiência inglesa serviu de parâmetro para o grande modelo de organização política que a Época Moderna iria proporcionar: o Estado Liberal de Direito".[99]

A ideologia da liberdade possui, contudo, uma evolução complexa, verificada a partir das grandes contradições que seus fautores trouxeram; o liberalismo equilibra-se numa tensão essencial, digamos, entre *liberdade individual* e *liberdade política*, manifesta em múltiplos fatores, e que tornaram, no dizer de Nicola Abbagnano, "a ideia liberal em política confusa e oscilante" entre o *individualismo* e o *estatismo*.[100]

É o que, em outras palavras, reconhece Perez Luño: "Nas formulações iniciais do Estado de Direito, a noção de legalidade supunha uma síntese da ideia liberal manifestada na defesa dos direitos individuais, com a ideia democrática concretizada na concepção da lei como produto da vontade geral".[101] Essa síntese parece-nos bem estruturada no padrão de democracia representativa paulatinamente consolidado na Europa.

---

97 COMPARATO, *A Afirmação...*, *cit.*, p. 36-7. [COMPARATO cita HAZARD, Paul. *La crise de la consciensce européenne*; 1685-1715. Paris: Fayard, 1961].

98 HOBSBAWM, *A Era das Revoluções*, *cit.*, p.37.

99 PAIM, *Evolução Histórica do Liberalismo*, *cit.*, p. 57.

100 ABBAGNANO, Nicola. *Dicionário de Filosofia*. Trad. Alfredo Bosi. São Paulo: Martins Fontes, 2000, p. 604-5.

101 PEREZ LUÑO, *Derechos Humanos...*, *cit.*, p. 220.

80 | José Luiz Borges Horta

O tempo de batalhas fratricidas nos marcos do liberalismo extingue-se já no século XIX; definitivamente, é despiciendo o esforço, de que dá-nos conta Marcelo Cattoni, empreendido pelo sociólogo Jürgen Habermas na superação *procedimental e discursiva* do "conflito" na relação entre democracia e constitucionalismo, já representado na Declaração dos Direitos do Homem e do Cidadão de 1789, em que Cattoni reconhece "a marca das duas grandes tradições do pensamento político moderno — a liberal [Locke, Kant, Sièyes, Thomas Paine, Benjamin Constant, John Stuart Mill] e a republicana [Rousseau] —, representadas, respectivamente, nos embates políticos da Revolução Francesa, pelos girondinos e pelo jacobinos".[102]

De resto pela aparente incorreção no uso da expressão "republicana",[103] quando melhor seria o uso de *democrática* ou *democratista*, em alusão ao termo *democratismo*, "de inspiração rousseauniana, a qual fora ameaçada de perversão durante o período do Terror",[104] a ideia de resolver uma querela já finda parece-nos, como dito, absoluto desconhecimento dos tempos idos e de suas conquistas já consagradas.

A plena compreensão do liberalismo exige atenção especial ao seu ideal central — a liberdade — e ao seu legado — o Estado liberal de Direito; em outras palavras: "Para colocarmos o problema da liberdade na esfera do constitucionalismo ocidental (liberal e social democrático) é indispensável termos sempre em conta o Estado burguês de direito".[105]

---

102 CATTONI DE OLIVEIRA, Marcelo Andrade. *Devido Processo Legislativo*. Belo Horizonte: Mandamentos, 2000, p. 49.

103 CATTONI (e suas fontes) situam JAMES HARRINGTON na corrente "republicana", que apresenta como grande expoente ROUSSEAU [*cf*. CATTONI DE OLIVEIRA, *Devido processo...*, *cit.*, p. 54-5]. Não se trata de analisar detalhadamente a obra de Harrington, mas parece-nos haver precipitação neste liame. Vejamos: Chevallier, comentando a literatura política da Inglaterra seiscentista, verifica duas vertentes: a tendência democrática (dos *niveladores* e dos *cavadores*) e tendência republicana (de John Milton, Algernon Sidney e Harrington); *cf*. CHEVALLIER, *História do Pensamento Político*, *cit.*, p. 34 *et seq*. Não menos abalizado, Sabine refere-se a Harrington, Milton e Sidney essencialmente como antimonarquistas, e comenta: "O vínculo de união entre os três homens era sua admiração pela Antiguidade e sua idealização da república aristocrática"; *cf*. SABINE, George H. *Historia de la teoria politica*. Trad. Vicente Herrero. Mexico: Fondo de Cultura Económica,1945, p. 485. Pensamos que o superveniente *acento radical* de ROUSSEAU conecta-se com os antigos democratas ingleses, não com a *visão implicitamente aristocrática* dos republicanos [as expressões são de CHEVALLIER, *História do Pensamento Político*, *cit.*, p. 34].

104 REALE, *Nova Fase...*, *cit.* p. 81.

105 BONAVIDES, Paulo. *Do Estado Liberal ao Estado Social*. 5. ed. Belo Horizonte: Del Rey, 1993, p. 27.

Na estruturação do Estado liberal de Direito, conjugaram-se dois aspectos da liberdade, decorrentes exatamente dos tons liberais e democráticos já referidos. Pode-se falar, inicialmente, na liberdade negativa, para em seguida cogitar da liberdade como autonomia (ambas, conjugadas no pensamento kantiano).

A afirmação do homem sobre o Estado já foi apontada como um ponto central da história humana, desde a Antiguidade e, no Medievo, com a noção cristã de pessoa. Esta perspectiva aprimora-se na Modernidade: "O mundo moderno veio compondo o valor fundamental da *subjetividade*, cada vez mais afirmado perante o Estado".[106]

É o que propõe Maritain: colocar o Estado a serviço do homem.[107] O ponto inicial nesta proposta é consagrar a liberdade individual do homem: "Entendemos por liberdade a proteção e defesa vigilante do meio onde encontram os homens a oportunidade de aperfeiçoar seu destino. A liberdade, por conseguinte, é um produto de direitos. Todo Estado que se estabeleça sobre a base das condições essenciais para o desenvolvimento da nossa vida, conferirá liberdade a seus cidadãos".[108]

Libertar os indivíduos, neste plano, significa retirar de suas vidas as amarras impostas pela coletividade, à maneira dos ingleses, com suas cartas de direitos. Afastar o Estado do domínio privado passa a ser o primeiro ponto na libertação do homem: o Estado de Direito nasce limitando-se. Em Montesquieu, tal liberdade negativa é considerada central: "O problema fundamental para Montesquieu é aquele dos limites do poder estatal: é preciso que certos limites existam, e que existam meios suficientes para fazer com que sejam observados. A liberdade é o bem-aceito fruto desses limites: livre é aquele que pode fazer tudo aquilo que quer dentro de tais limites".[109]

Trata-se da nova liberdade, a liberdade do indivíduo: "[Na sociedade contemporânea] indubitavelmente tem primazia a ideia de liberdade. Mas a liberdade vista como autonomia da conduta individual — a 'liberdade dos modernos' na famosa fórmula

---

106 REALE, *Nova Fase...*, *cit.* p. 75. Em sentido semelhante, PAOLO GROSSI fala em individualização como libertação em: GROSSI, Paolo. Da sociedade de sociedades à insularidade do estado entre medievo e idade moderna. *Sequência*, Universidade Federal de Santa Catarina, a. XXVII, n. 55, dez. 2007, p. 21.

107 MARITAIN, Jacques. *O Homem e o Estado*. Trad. Alceu Amoroso Lima. 3. ed. Rio de Janeiro: Agir, 1959, p. 23.

108 LASKI, Harold J. *El Estado Moderno*; sus instituciones políticas y económicas. Trad. Teodoro González García. Barcelona: Bosch, 1932, p. 167.

109 BOBBIO, *Teoria Geral da Política*, *cit.*, p.104.

de [Benjamin] Constant e não a liberdade encarada como participação nas decisões políticas, a 'liberdade dos antigos'".[110]

É interessante anotar que o criador da Universidade de Berlim e ministro da Instrução Pública da Prússia, Wilhelm von Humboldt, chegou a escrever na primeira metade do século XIX interessante estudo intitulado *Os limites da ação do estado*[111] em que, afinal, concentra todas as tarefas do Estado na garantia de segurança do indivíduo (e por segurança tenta incluir todas as atividades públicas, mesmo a educação nacional).

Reale, em antigo estudo, já havia descrito tal dimensão: "O constitucionalismo adapta-se perfeitamente a esse conceito negativo de liberdade. A funcção do Estado não é crear as condições da liberdade, mas apenas impedir que um direito vá ferir outro direito. A figura pallida e fria do Estado-guardião dos physiocratas se esconde no âmago do constitucionalismo. A liberdade não é um poder, uma faculdade de querer e de agir, e sim a *ausência de obstáculos externos*. [...] Dest'arte, o problema da garantia da liberdade consiste, para o Estado, em impedir que haja impedimentos aos movimentos naturaes. Eis porque já se poude escrever com razão que o liberalismo é a sistematização, não do que o Estado deve fazer, mas do que o Estado não deve fazer".[112]

Registra Bobbio: "A primeira ampliação do conceito de liberdade ocorreu com a passagem da teoria da liberdade como não impedimento para a teoria da liberdade como *autonomia*, quando 'liberdade' passou a ser entendida não mais apenas como o não ser impedidos por normas externas, mas como o dar leis a si próprios".[113]

No plano moral, "livre é a ação que decorre exclusivamente da razão, na medida em que não é perturbada pelos sentidos";[114] no plano político, é preciso que a lei tenha tido (ou podido ter) a aprovação do indivíduo para que se legitime.[115] Em Kant, o homem é livre porque é racional.[116]

---

110 FERREIRA FILHO, *Estado de Direito...*, cit., p.1.

111 HUMBOLDT, Wilhelm von. *The limits of state action*. Ed. John Wyon Burrow. Londres: Cambridge University Press, 1969.

112 REALE, *O Estado Moderno, cit.*, p. 20.

113 BOBBIO, *Teoria Geral da Política, cit.*, p.489.

114 SALGADO, *A Ideia de Justiça em Kant, cit.*, p. 228.

115 SALGADO, *A Ideia de Justiça em Kant, cit.*, p. 238.

116 SALGADO, *A Ideia de Justiça em Kant, cit.*, p. 244.

Foi preciso, assim, criar mecanismos — democráticos — para participação do indivíduo na formação da vontade coletiva — quiçá consensual. Emergia e descobria canais de manifestação "'o princípio superior dos tempos modernos, que os antigos e Platão não conheciam', o da liberdade interior do pensamento".[117]

A um tempo em que o homem é livre individualmente, ele também deve ser considerado livre politicamente, um "colegislador da sociedade política";[118] daí porque, como registra Nelson Saldanha, "Um dos núcleos essenciais da *atitude* liberal viria a ser a ideia de *discussão* que no século XIX tomaria enorme relevo com o parlamentarismo".[119]

A liberdade exigiu, em alguma medida, democracia, como bem medita Dalmo Dallari: "Foram as circunstâncias históricas que inspiraram tal preferência [pela democracia], num momento em que a afirmação dos princípios democráticos era o caminho para o enfraquecimento do absolutismo dos monarcas e para a ascensão política da burguesia. Este último aspecto, aliás, foi o que levou muitos autores à identificação de Estado Democrático e Estado burguês. O Estado Democrático moderno nasceu das lutas contra o absolutismo, sobretudo através da afirmação dos direitos naturais da pessoa humana".[120]

Registre-se, ainda, que o fortalecimento do Estado liberal de Direito, inclusive em termos de coerção,[121] não contradiz a dimensão individualista do liberalismo, como bem analisa Sílvio Dobrowolski: "A filosofia liberal centra-se no indivíduo e na preservação de sua liberdade. Em razão disso, veda a existência de grupos intermediários entre o Estado e o cidadão. [...] O único poder admitido é o político, exercido pelo Estado que, porém, só pode intervir na ordem social, a fim de manter o livre jogo da concorrência entre os indivíduos. O vácuo de poderes gerado com a proibição dos grupos vai atuar em favor da burguesia".[122]

---

117 BOURGEOIS, *O pensamento ...*, *cit.*, p. 79.

118 SALGADO, *A Ideia de Justiça em Kant*, *cit.*, p. 287.

119 SALDANHA, *O Estado Moderno...*, *cit.*, p. 50.

120 DALLARI, *Elementos...*, *cit.*, p. 124.

121 Recomendamos, sobre o tema, o breve § 64º (A Coação do Direito e a Liberdade), em: SALGADO, *A Ideia de Justiça em Kant*, *cit.*, p. 273-81, onde aprendemos, inclusive, que "a coação não desnatura a eticidade do direito" [*cf.* SALGADO, *A Ideia de Justiça em Kant*, *cit.*, p. 281].

122 DOBROWOLSKI, Sílvio. O liberalismo: exame de sua ideologia e suas deficiências. *Revista Brasileira de Estudos Políticos*, Belo Horizonte, Universidade Federal de Minas Gerais, n.66, jan. 1988, p.161-2.

84 | José Luiz Borges Horta

Liberal e democrático, o Estado de Direito nasce com a definitiva marca da racionalidade. Bobbio, aliás, comenta que, enquanto "Estado-potência é também, ao mesmo tempo, o Estado-razão",[123] estabelecendo-se, então, não somente uma *Teoria racional do Estado*[124] como uma *Teoria do Estado racional*.[125]

E racionalidade, ali, significa acima de tudo organização racional, mediante técnicas jurídicas de estruturação do poder: "O ideal moral que fundamentalmente legitima o Estado moderno é a domesticação do poder através da despersonalização de seu exercício [...] No fundo, em suas relações políticas, os indivíduos não obedecem uns aos outros mas à lei".[126]

Não se trata de um Estado legal, simplesmente, mas de um verdadeiro Estado jurídico vocacionado à consagração do homem, já que "O homem só pode ser livre em um Estado livre, e o Estado só é livre quando se edifica sobre um conjunto de homens livres".[127]

Torna-se basilar, assim, estabelecer um real controle do Estado pelo homem; daí, a ênfase dada à própria estrutura formal do poder: "A luta pelo Estado de Direito significou, deste modo, uma luta contra todas as formas de arbitrariedade política e a exigência de um controle do Estado pelo direito, porém, como já se apontou anteriormente, por determinado direito".[128]

Formalizar o poder, e consagrar o homem como detentor de direitos: eis, em síntese, a receita indelével do liberalismo. E eis o seu triunfo: "O século XVIII seria, afinal, o século das Declarações. Muitos fatores de influência se conjugaram para que se chegasse à noção da existência de direitos inerentes à natureza humana, que precedem a própria existência do Estado. Em boa medida, os mesmos fatores que geraram os movimentos pela criação do Estado Constitucional inspiraram a elaboração de declarações, fixando valores e preceitos que deveriam ser acolhidos por todas as Constituições. Mas, pela própria circunstância de se atribuir às Decla-

---

123 Bobbio, Bovero, *Sociedade e Estado...*, cit., p. 90.

124 Bobbio, Bovero, *Sociedade e Estado...*, cit., p. 87.

125 Bobbio, Bovero, *Sociedade e Estado...*, cit., p. 89.

126 Poggi, Gianfranco. *A Evolução do Estado Moderno*: uma introdução sociológica. Trad. Álvaro Cabral. Rio de Janeiro: Zahar, 1981, p.111.

127 Perez Luño, *Derechos Humanos...*, cit., p. 212.

128 Perez Luño, *Derechos Humanos...*, cit., p. 241.

rações uma autoridade que não depende de processos legais, verifica-se que na sua base está a crença num Direito Natural, que nasce com o homem e é inseparável da natureza humana".[129]

129 DALLARI, *Elementos...*, *cit.*, p. 175.

7. Estrutura jurídica

O PROCESSO DE SUBMISSÃO DO PODER ESTATAL aos ditames da razão lança raízes já ao fim da Idade Média, como anota Tércio Sampaio: "Desde o Renascimento ocorre [...] um processo de dessacralização do direito, que passa a ser visto como uma reconstrução, pela razão, das regras de convivência. Esta razão, sistemática, é pouco a pouco assimilada ao fenômeno do Estado moderno".[1]

A marca da razão, elevada à condição de fonte por excelência das regras de convivência social (até porque a própria existência da sociedade passa a ser considerada um imperativo racional), expressa-se por todo o período que se inicia, estabelecendo balizas de análise e construção do Direito: "É ele [o direito no Estado de Direito] descoberto pela razão humana, que tem a capacidade — como produto da natureza que é — de penetrar a lógica, isto é, a racionalidade da natureza de todas as coisas. Em vista disso, é um direito essencialmente racional, não apoiado em ideias arbitrárias, mas em princípios assentes na lógica".[2]

Por Direito Moderno podemos exatamente compreender a nova estrutura de juridicidade decorrente sobretudo da consagração formal do Estado de Direito, que Miguel Reale, à hegeliana, demarca como o *apogeu da autoconsciência do Direito*.[3] Com grande acuidade, Reale reconhece haver nascido, com a Revolução Francesa, "um Di-

---

1 FERRAZ JÚNIOR, Tércio Sampaio. *Introdução ao Estudo do Direito*: técnica, decisão, dominação. 2. ed. São Paulo: Atlas, 1994, p.73.

2 FERREIRA FILHO, *Estado de Direito...*, *cit.*, p. 13.

3 REALE, *Nova Fase...*, *cit*, p. 76.

88| JOSÉ LUIZ BORGES HORTA

reito Novo, destinado a ter amplo desenvolvimento até a Primeira Grande Guerra": trata-se da primeira fase do Direito Moderno,[4] um Direito que possui ainda duas outras fases (que, como se verá, correspondem aos paradigmas de Estado de Direito): "A primeira fase do Direito Moderno estende-se, *grosso modo*, desde a Revolução Francesa até a última década do século passado, tendo como termo referencial o Código Civil alemão de 1900, que [...] se insere também nos quadrantes da civilização burguesa prestes a ser decodificada pela Primeira Grande Guerra".[5]

Com o advento do Estado liberal de Direito, esta primeira fase terá contornos bastante específicos, tanto em termos de soberania, estrutura do ordenamento jurídico e evolução jusfilosófica, como nos correspondentes constitucionalismo clássico e primeira geração de direitos fundamentais.

Até o surgimento do Estado Moderno, no entanto, a soberania era mais que difusa: "A sociedade medieval era um estrutura pluralista, posto ser constituída por uma pluralidade de agrupamentos sociais cada um dos quais dispondo de um ordenamento jurídico próprio: o direito aí se apresentava como fenômeno social, produzido não pelo Estado, mas pela sociedade civil. Com a formação do Estado moderno, ao contrário, a sociedade assume estrutura monista, no sentido de que o Estado concentra em si todos poderes, em primeiro lugar aquele de criar o direito: [...] Assiste-se [...] [ao] *processo de monopolização da produção jurídica por parte do Estado*".[6]

Evidentemente, este processo deu-se de modo gradual, inicialmente superando a difusão da soberania pelo meio social e, sobretudo, religioso: "A soberania, enquanto direito fundante da ordem jurídica, era limitada pela ideia de soberania *divina*, ou seja, de um poder político que encontrara sua fonte e seu limite em Deus. A *potestas* deriva-se dessa suprema *auctoritas*, interpretada conforme o ensinamento da Igreja que, por isso mesmo, atuou, na prática, como uma limitadora do poder político".[7]

---

4 REALE, *Nova Fase...*, *cit.* p. 73-4. Airton Seelaender propõe uma interessante releitura da construção do Direito Público, na transição do Medievo para a Modernidade; *cf.* SEELAENDER, Airton Cerqueira Leite. O contexto do texto: notas introdutórias à história do direito público na idade moderna. *Sequência*, Universidade Federal de Santa Catarina, a. XXVII, n. 55, p. 253-86, dez. 2007.

5 REALE, *Nova Fase...*, *cit.* p. 95.

6 BOBBIO, Norberto. *O Positivismo Jurídico*; lições de Filosofia do Direito. Trad. Márcio Pugliesi, Edson Bini, Carlos E. Rodrigues. São Paulo: Ícone, 1995, p. 27.

7 FERRAZ JÚNIOR, *Introdução...*, *cit.*, p. 66.

HISTÓRIA DO ESTADO DE DIREITO |89

Neste contexto, a concentração de poderes na figura do soberano, padrão em que "a soberania do Estado não tolera dentro dele nenhuma justaposição de vários poderes soberanos",[8] permitiu de fato um aprimoramento do ordenamento jurídico, notavelmente acentuado com o ingresso na contemporaneidade; veja-se o comentário de Tércio Sampaio: "A soberania [...] residira, nos séculos anteriores, no senhor territorial ou no rei. Esta forma bastante concreta e personalíssima de simbolizar o centro único de normatividade assinalava uma operacionalidade bastante limitada na organização do poder político. Ora, a substituição do rei pela nação, conceito mais abstrato e, portanto, mais maleável, permitiria a manutenção do caráter uno, indivisível, inalienável e imprescritível da soberania (Constituição francesa de 1791) em perfeito acordo com o princípio da divisão dos poderes".[9]

Lembrara Reale: "Uma das conquistas precípuas da Revolução Francesa consiste na afirmação de que a soberania reside na Nação, devendo os representantes falar em nome da sociedade toda e não em nome dos seus eleitores".[10] Tal afirmação se dá já como direito, inserta que se encontra na Declaração dos Direitos do Homem e do Cidadão de 26 de agosto de 1789: "Artigo 3.º O princípio de toda a soberania reside essencialmente na Nação. Nenhuma corporação, nenhum indivíduo pode exercer autoridade que daquela não emane expressamente".[11]

Do ponto de vista da Política, a teoria da soberania insere-se dentre as perspectivas democráticas, em contraposição às teocráticas, como leciona Dallari: "As teorias democráticas, ou da soberania popular, apresentam [...] fases sucessivas, nitidamente distintas. [...] Numa [...] fase, que adquire seu ponto de consolidação da Revolução Francesa, influindo sobre as concepções políticas do século XIX e início do século XX, a titularidade é atribuída à nação, que é o povo concebido numa ordem integrante".[12]

A inspiração da compreensão (democrática) da soberania como um atributo concedido a tal entidade abstrata — a Nação, "depositária única e exclusiva da autori-

---

8 BOURGEOIS, *O pensamento...*, *cit.*, p. 88.

9 FERRAZ JÚNIOR, *Introdução...*, *cit.*, p.74.

10 REALE, *O Estado Moderno*, *cit.*, p. 98.

11 MIRANDA, Jorge [Org. e trad.]. *Textos históricos do Direito Constitucional*. 2. ed. Lisboa: Imprensa Nacional – Casa da Moeda, 1990, p. 58.

12 DALLARI, *Elementos...*, *cit.*, p. 70.

dade soberana"[13] — deve-se à força argumentativa do Abade Sieyès: "Os constituintes da Assembleia Nacional, entre as concepções democráticas da soberania, escolhem a doutrina da soberania nacional, seguindo o parecer de Sieyès, de que, 'se é necessária uma Constituição, é preciso fazê-la, e só a Nação tem direito a isto'".[14]

Prevalecia uma doutrina democrática da soberania, fundada pelos poderes da Revolução;[15] a doutrina da soberania nacional, na medida em que reconhece à coletividade a primazia no estabelecimento da esfera de juridicidade, ao passo em que postula (até tecnicamente) a formalização — pela via representativa — da manifestação da vontade democrática, permite ultrapassar, em definitivo, o velho contexto de soberania difusa: "O Estado primitivo em geral não se preocupa em produzir normas jurídicas mas deixa a sua formação a cargo do desenvolvimento da sociedade".[16]

A juridicidade passa da informalidade dos costumes tribais à estatalidade legal, mediante gradual processo de complexificação: "Um dado importante da experiência jurídica entre os séculos XVI e XVIII é o fato de o direito ter se tornado cada vez mais direito escrito, o que ocorreu quer pelo rápido crescimento da quantidade de leis emanadas do poder constituído quer pela redação oficial e decretação da maior parte das regras costumeiras. Além disso, o fenômeno da recepção do direito romano veio propiciar o surgimento de hierarquia de fontes".[17]

A gradual estruturação do ordenamento jurídico como hoje o conhecemos, dotado de unidade, coerência e completude,[18] deu-se em total harmonia com os princípios do Estado de Direito; vejamos o que afirma Bonavides: "O século XVIII colocou, por conseguinte, todas as premissas e divisas subsequentes da rotação que a ideia revolucionária, para cumprir-se, teve que cursar. Primeiro, promulgou as Constituições do chamado Estado de Direito e, ao mesmo passo, com a Revolução da burguesia, decretou os códigos da Sociedade civil. Outro não foi, portanto, o

---

13 BONAVIDES, *Ciência Política, cit.*, p. 131.

14 DOBROWOLSKI, *O liberalismo..., op. cit.*, p.177 [o autor cita SIEYÈS, Emmanuel. *Qué es el tercer estado?* Madrid: Aguilar, 1976, p.69].

15 BONAVIDES, *Ciência Política, cit.*, p. 131.

16 BOBBIO, *O Positivismo Jurídico, cit.*, p. 27.

17 FERRAZ JÚNIOR, *Introdução..., cit.*, p. 73.

18 Sobre o tema, não há como não recomendar a excepcional obra BOBBIO, Norberto. *Teoria do Ordenamento Jurídico*. Trad. Maria Celeste Cordeiro Leite dos Santos. 6. ed. Brasília: EdUnB, 1995.

HISTÓRIA DO ESTADO DE DIREITO |91

Estado da separação de poderes e das Declarações de Direitos, que entrou para a história com a denominação de Estado liberal".[19]

Tal processo, que pela via hermenêutica e científica acabou por gerar uma obra multifacetada, em verdade principia pretendendo tornar simples e claras as regras de convivência social: "Os juristas da Revolução Francesa se propuseram a eliminar o acúmulo de normas jurídicas produzidas pelo desenvolvimento histórico e instaurar no seu lugar num direito fundado na natureza e adaptado às exigências universais humanas [...] O mote deles é: *poucas leis*".[20] Em outras palavras, é o que afirma Dobrowolski: "Frente à selva de direitos consuetudinários existentes, os juristas liberais propugnam a realização de um direito simples e unitário, se possível reunido em Códigos".[21]

O capítulo da codificação é um especialíssimo tema do período,[22] revelando a força do gênio racional e sua capacidade de intervenção no plano do ser; é preciso ressaltar, no entanto, que no campo mais evidentemente bem-sucedido da codificação — o dos imponentes códigos civis, regulando os aspectos comuns e corriqueiros da vida dos indivíduos — a dogmática jurídica colhia séculos de reflexão romana e romanística: cem o Direito Romano (e sua fantástica construção), não haveria o Direito Civil contemporâneo.

Em conferência magna por ocasião do bicentenário da Revolução Francesa, Caio Mário da Silva Pereira reverenciou o impacto do código civil francês de 1804, denominado *Code Napoléon* a partir de 1807, e o credita ao imperador: "Inequivocamente, o Código Civil de 1804 deveu-se a Bonaparte. Pela determinação, pela presença, pelo debate das matérias, pela influência marcante de seu gênio na aprovação das disposições e até pelos equívocos científicos que contém. Embora trazendo a redação dos juristas que o elaboraram, o Código é obra sua como diz Savatier, por que Bonaparte foi a autoridade que o tornou possível: '[...] É a obra da vontade de um homem: Bonaparte'".[23]

---

19 BONAVIDES, *Do Estado Liberal...*, *cit.*, p. 17.

20 BOBBIO, *O Positivismo Jurídico, cit.*, p. 65-6.

21 DOBROWOLSKI, O liberalismo..., *op. cit.*, p.181.

22 RICARDO MARCELO FONSECA propõe uma reflexão sobre a codificação e a resistência a ela, no Brasil do século XIX, em seu FONSECA, Ricardo Marcelo. A cultura jurídica brasileira e a questão da codificação civil no século XIX. *Revista da Faculdade de Direito*, Curitiba, Universidade Federal do Paraná, n. 44, p. 61-76, 2006.

23 PEREIRA, Caio Mário da Silva. Código de Napoleão: influência nos sistemas jurídicos ocidentais. *Revista da Faculdade de Direito*, Belo Horizonte, Universidade Federal de Minas Gerais, v. 32, n. 32, 1989, p. 7 [Caio Mário cita SAVATIER, *Bonaparte et le Code Civil*, p. 24].

É talvez para nos mostrar o impacto da Revolução Francesa e de sua codificação para a construção da mente jurídica liberal que Gilissen anota a famosa reflexão do próprio Napoleão Bonaparte em Santa Helena: "A minha glória não consiste em ter ganho quarenta batalhas... O que nada apagará, o que viverá eternamente, é o meu Código Civil".[24]

Reale, como dito, prefere registrar o Código Napoleão como o marco inicial do Direito Moderno, e realça a decisiva marca da codificação: "Não é por mera coincidência que a primeira fase [...] se situa *entre códigos civis*, ou seja, entre sistemas normativos que têm como protagonistas os *homens comuns*, os indivíduos como tais, abstração feita do Estado, como agente ativos e passivos de direitos subjetivos num mundo compartilhado de interesses".[25]

É exatamente esse impulso histórico para a legislação que produziu o positivismo jurídico,[26] que reinou incontest[27] durante o Estado liberal de Direito. Celso Lafer percebe com nitidez as razões que determinaram o gradual abandono do jusnaturalismo em prol do apego — ao exagero, fetichista — ao positivo: "A ideia de sistema constitui um aspecto fundamental da contribuição do Direito Natural à jurisprudência europeia, que deixou de limitar-se à exegese e à interpretação prudencial de textos singulares e passou a ter características de uma estrutura lógico-demonstrativa. Ora, transposta e positivada pelos códigos e pelas constituições a visão jusnaturalista de um Direito racional e sistemático, foi perdendo significado a ideia de outro Direito que não o Direito do Código e da Constituição. Por isso, o fundamento do Direito deixou de ser buscado nos ditames da razão e passou a afirmar-se como a vontade do legislador, independentemente de qualquer juízo sobre a conformidade dessa vontade com a razão. Nesse sentido, o processo de laicização e sistematização do Direito terminou por confluir com o fenômeno da crescente positivação do Direito pelo Estado, que é outro processo característico da experiência jurídica no mundo moderno".[28]

---

24 GILISSEN, John. *Introdução histórica ao direito*. Trad. A. M. Hespanha. 2. ed. Lisboa: Calouste Gulbenkian, 1995, p. 456.

25 REALE, *Nova Fase...*, *cit.* p. 95.

26 BOBBIO, *O Positivismo Jurídico, cit.*, p. 119. [Sobre o positivismo jurídico, *v.* AFONSO, Elza Maria Miranda. *O Positivismo na Epistemologia Jurídica de Hans Kelsen*. Belo Horizonte: Movimento Editorial da Faculdade de Direito da UFMG, 1984, p. 172 *et seq.*].

27 REALE, *Nova Fase...*, *cit.* p. 100.

28 LAFER, Celso. *A Reconstrução dos Direitos Humanos*: um diálogo com o pensamento de Hannah Arendt.

O século XIX principia com o desenvolvimento, na França e na Alemanha, de duas correntes jurídicas que, muito embora nitidamente contrapostas, acabam por fortalecer os postulados básicos do que viria a ser o juspositivismo contemporâneo.

Na França, no entorno do Código Napoleão, floresce a Escola da Exegese, marcada pelo esforço (a rigor, bem-sucedido) em mitificar a legislação revolucionária, tornada absoluta pelos primeiros intérpretes.

Na Alemanha, rejeitando a adesão à codificação escrita (que retardam em um século), a Escola Histórica do Direito é obrigada a produzir um modelo jurídico tão coerente quanto o revolucionário.

O Historicismo, conservador e tradicionalista, contrapõe, ao Direito Natural, o consuetudinário, cuja fonte são as experiências jurídicas concretas, que o fazem presente no espírito coletivo (*Volksgeist*). Seu principal expoente é Friedrich von Savigny: "Para Savigny, as fontes do direitos são substancialmente três: o direito popular, o direito científico, o direito legislativo. O primeiro é próprio das sociedades na sua formação; o segundo das sociedades mais maduras; o terceiro das sociedades em decadência. Ele sustentava, portanto, que o único modo de reverter o plano inclinado da decadência jurídica era promover um direito científico mais vigoroso, através do trabalho do juristas".[29]

Este *Juristenrecht*, de "gênese ao mesmo tempo popular e científica";[30] deve lastrear-se nas melhores tradições alemãs; ora, o espírito germânico estava plenamente impregnado pelo Direito Romano, e é a ele que os historicistas retornam com grande seriedade. No entorno do *Digesto* (ou *Pandectas*) de Justiniano, o Historicismo faz-se Pandectismo.

Matta-Machado, em sua permanente indignação antipositivista, aponta no Historicismo jurídico a primeira manifestação do dogmatismo e cita Savigny: "O povo, a que tivemos de atribuir como totalidade invisível limites determinados, não existe, entretanto, em parte alguma e em tempo algum, sob esse modo abstrato. Nele atua, antes, um instinto insopitável de patentear a unidade invisível numa aparição visível e orgânica. O *Estado* é o corpo da comunidade espiritual do povo e com ele temos, afinal, fronteiras rigorosamente determinadas de unidade".[31]

São Paulo: Companhia das Letras, 1988, p. 39.

29 BOBBIO, *O Positivismo Jurídico, cit.*, p. 62.

30 REALE, *Nova Fase...*, cit. p. 98.

31 MATTA-MACHADO, *Elementos...*, cit., p. 107.

José Luiz Borges Horta

Já Tércio Sampaio, referindo-se à construção teórica historicista, identifica alguns dos elementos centrais do positivismo jurídico no século xix: "O direito constitui uma totalidade que se manifesta no sistema de conceitos e proposições jurídicas em íntima conexão. [...] Isso significa que as leis de maior amplitude genérica contêm, logicamente, as outras na totalidade do sistema. Nesse sentido, toda e qualquer lacuna é efetivamente uma aparência. O sistema jurídico é necessariamente manifestação de uma unidade imanente, perfeita e acabada, que a análise sistemática, realizada pela sistemática faz mister explicitar. Esta concepção de sistema, que informa marcantemente a Jurisprudência dos Conceitos, escola doutrinária que na Alemanha, se seguiu à Escola Histórica, acentua-se e desenvolve-se com Puchta e a sua pirâmide de conceitos, o qual enfatiza o caráter lógico-dedutivo do sistema jurídico, enquanto desdobramento de conceitos e normas abstratas da generalidade para a singularidade, em termos de uma totalidade fechada e acabada".[32]

O ponto de chegada, de certa forma comum à Exegese e à Escola Histórica, será a sofisticada *Jurisprudência dos Conceitos*, que em Bobbio decorre do Historicismo, e em Reale, talvez com alguma impropriedade, da Escola da Exegese. Em ambas as vias de interpretação histórica, o movimento doutrinário de retorno à racionalidade do pensar romano é notável, e consagra o padrão da juridicidade do Estado liberal de Direito. Vejamos Bobbio: "O direito científico alemão, que na primeira metade do século xix deu origem à *doutrina pandectista*, atingiu seu clímax próximo da metade desse século, dando lugar àquela que foi denominada *Begriffsjurisprudenz* ou jurisprudência dos conceitos".[33] Já Reale leciona, em densa reflexão: "Cabe assinalar o primado da norma legal entendida como *proposição imperativa e coercitiva* e fonte por excelência do Direito, implicando a tese de sua *estatalidade* essencial; a teoria da *plenitude do ordenamento legal*, na unidade de um *sistema*, de tal sorte que a Hermenêutica Jurídica se reduzia a uma explicitação dedutiva dos dados normativos; e, por último, a preocupação prioritária por *problemas de ordem conceitual*. Eis aí os pilares com que se ergueram a Escola da Exegese e a *Jurisprudência Conceitual* por ela desenvolvida. Tão poderosa foi

---

32 Ferraz Júnior, *Introdução...*, *cit.*, p.80.

33 Bobbio, *O Positivismo Jurídico, cit.*, p. 122. A obra por excelência da Jurisprudência Conceitual é *O espírito do direito romano*, de Rudolf von Jhering, produzida no período 1852-65; posteriormente, como veremos, o próprio autor propõe uma nova corrente, a *Interessenjurisprudenz* (Jurisprudência dos Interesses), a partir de sua obra *A finalidade do direito* (1877-83).

HISTÓRIA DO ESTADO DE DIREITO |95

essa influência que o modelo categorial da Jurisprudência Conceitual emigrou do plano do Direito Privado para o do Direito Público, [...] oferecendo nova base conceitual [Gerber, Laband] tanto à Teoria do Estado como ao Direito Constitucional".[34]

Paralelamente ao movimento doutrinário franco-alemão, que com a Jurisprudência dos Conceitos estabelece um método jurídico próprio — diríamos: descobrir princípios e deles deduzir regras —, é preciso registrar, com Bobbio, a intensa atividade jurídica na Inglaterra, com Jeremy Bentham e John Austin.

Bentham, em radical crítica ao sistema da *common law*, isto é, à produção judiciária do direito,[35] legou-nos ampla teoria da codificação,[36] que pretendia ver consagrada, de início, como *Pandikaion*; e a seguir como *Pannomion*.[37]

Já Austin, considerado o fundador do positivismo jurídico propriamente dito,[38] é o primeiro catedrático de *Jurisprudence* na Universidade de Londres (1828-32), tendo antes permanecido na Alemanha por dois anos,[39] onde sofre as influências do pensamento germânico (mais tarde, devolvidas a Hans Kelsen): sua obra principal[40] é *Lectures on Jurisprudence* (Lições de Teoria Geral do Direito), cujo instigante subtítulo, inspirado no historicista Gustav Hugo,[41] é *The philosophy of positive Law* (a filosofia do Direito positivo).

Entre os dois autores, no entanto, militam divergências significativas: "Enquanto Bentham concebia a codificação como um instrumento de progresso político-social, Austin a concebia como um instrumento de progresso puramente técnico-jurídico".[42] Daí, as diferentes conformações que pretendem dar à codificação que propõem: "Para Bentham, ele [o código] deve ser acessível a todos cidadãos; para Austin, por outro lado, deve ser acessível somente aos juristas, mas não ao povo. Um código acessível a todos seria um código ruim, seja por que para ser compreensível ao homem comum o direito teria de ser excessivamente simplificado, seja, principalmente, porque um códi-

---

34 REALE, *Nova Fase...*, *cit.* p. 96-7.

35 BOBBIO, *O Positivismo Jurídico, cit.*, p. 96.

36 BOBBIO, *O Positivismo Jurídico, cit.*, p. 91.

37 BOBBIO, *O Positivismo Jurídico, cit.*, p. 95.

38 BOBBIO, *O Positivismo Jurídico, cit.*, p. 47.

39 BOBBIO, *O Positivismo Jurídico, cit.*, p. 101.

40 BOBBIO, *O Positivismo Jurídico, cit.*, p. 102.

41 V. BOBBIO, *O Positivismo Jurídico, cit.*, p. 45-6 e 103.

42 BOBBIO, *O Positivismo Jurídico, cit.*, p. 114.

96 | José Luiz Borges Horta

go acessível a todos seria continuamente submetido à discussão e à crítica da opinião pública, que exigiria constantemente novas reformas".[43]

O Positivismo Analítico de Austin insere-se, de alguma maneira, no que Reale chama "normativismo jurídico estatal nos países do *Common Law*";[44] e anota: "É o *normativismo jurisprudencial* e não o *legalismo* como tal que caracteriza o *Common Law*, o que explica a admiração kelseniana por Austin".[45]

Com Austin, e com o Positivismo Dogmático de Jhering, o século XIX afirma-se como o século do Positivismo, com peculiares consequências no tocante à estruturação constitucional do Estado de Direito e, também, à percepção dos Direitos Fundamentais.

---

43 Bobbio, *O Positivismo Jurídico, cit.*, p. 117-8.

44 Reale, *Nova Fase..., cit.*, p. 100.

45 Reale, *Nova Fase..., cit.*, p. 101.

7.1 O Constitucionalismo clássico

Miguel Reale não somente marca, no período correspondente ao Estado liberal de Direito, "a transição dos estudos de Direito Natural racionalista para os da Filosofia do Direito" como reconhece que, com a Revolução Francesa, "assenta bases o Direito Constitucional".[1]

José Alfredo de Oliveira Baracho registra a peculiar significação da constituição para os revolucionários franceses: "A noção de Constituição é de grande importância entre os constituintes franceses. A maneira de criação do novo entendimento sobre Constituição estava ausente da noção tradicional. Seu caráter criador e renovador estava assentado no próprios entendimentos sobre o órgão constituinte. Nesse momento da evolução do constitucionalismo destaca-se a Assembleia Constituinte. A Constituição é uma regra formal, cuja autoridade provém da qualidade de seu autor. Ela resulta de atos constituintes: atos de convenções, de assembleias ou de congressos constituintes. Seu aspecto formal decorre do seu caráter predominantemente jurídico e convencional".[2]

Gilissen reconhece a Constituição de 3 de setembro de 1791 como "a primeira constituição escrita da França e também da Europa".[3]

As raízes do constitucionalismo (ocidental) comparecem na reflexão de Oliveira Baracho: "Santi Romano refere-se ao direito constitucional geral do Estado moderno, cujos caracteres essenciais podem ser indicados com a expressão *constitucionalismo*. Esse vocábulo designa as instituições e os princípios adotados pela maioria dos Estados a partir dos fins do século XVIII, através de um governo constitucional, em oposição ao que denomina de absoluto. Para o publicista italiano o direito constitucional dos Estados modernos resulta das instituições inglesas e outras que delas se derivaram."[4]

---

1 Reale, *Nova Fase..., cit.*, p. 79-80.

2 Baracho, José Alfredo de Oliveira. Teoria geral do constitucionalismo. *Revista de Informação Legislativa*, Brasília, Senado Federal, a. 23, n. 91, jul.-set. 1986, p. 12.

3 Gilissen, *Introdução..., cit.*, p. 430. Precedem-na, evidentemente, os documentos constitucionais ingleses e norte-americanos; *v.* Miranda, *Textos históricos..., cit.*, p. 13-53.

4 Baracho, Teoria geral do constitucionalismo, *op. cit.*, p. 13.

O constitucionalismo traduz-se em complexo movimento intelectual, que a um tempo reúne-se em torno dos textos postos, construindo a hermenêutica constitucional respectiva, e a outro cuida de informar o próprio processo constituinte, atuando decisivamente no processo de mutação constitucional. É um fenômeno típico do Estado de Direito, ainda que possamos falar em constitucionalismos pré-modernos: "O constitucionalismo tem sido um esforço para racionalizar juridicamente o exercício do poder político, submetendo sua organização a um elemento normativo. A intenção de subordinar o poder ao direito é constante, pode-se falar em um constitucionalismo antigo, um constitucionalismo medieval ou um constitucionalismo moderno".[5]

Ao Estado liberal de Direito, formação originária do Estado de Direito, corresponde o constitucionalismo que se convencionou chamar *clássico*, inclusive pela solidez de suas instituições: "O constitucionalismo clássico está ligado a realização da *democracia governada* de Burdeau, inseparável do meio social, econômico, espiritual e político decorrente do estado liberal. A democracia governada é todo um conjunto, um instrumento do estado liberal".[6]

As *constituições liberais* nascem, portanto, com duas missões precípuas: proclamar os direitos dos cidadãos e organizar o poder do Estado, limitando-o de tal forma que aqueles possam ser usufruídos.

Tal dualidade de propósitos reflete-se na própria estruturação dos textos, como anota, com grande propriedade, Baracho: "A parte *dogmática* das Constituições contém um sistema de limitações da ação do Poder Público, que surgem e se afirmam, historicamente, pelo processo de lutas políticas entre governados e governantes. [...] Traçam declarações definidoras ou imperativas, com a consagração de determinados princípios e normas fundamentais. [...] a *parte orgânica* é semelhante à organização e ao funcionamento do Estado e de seus governantes. As disposições sobre a organização de poderes, determinação de suas respectivas funções e as relações entre as instituições que as desempenham formam a parte orgânica".[7]

---

5 BARACHO, Teoria geral do constitucionalismo, *op. cit.*, p. 30.

6 BARACHO, Teoria geral do constitucionalismo, *op. cit.*, p. 37. [Baracho prestigia o célebre Burdeau, cujo *Traité de Science Politique* estrutura-se de modo a conectar o Estado liberal ao que chama democracia governada, e o Estado social à democracia governante; *cf.* BURDEAU, Georges. *Traité de Science Politique*. T. VI, V. I e II, L'Etat Libéral et les techniques politiques de la démocratie gouvernée. T. VII, La Démocratie gouvernante, son assise sociale et sa philosophie politique. 11. ed. Paris: Librairie Generale de Droit et de Jurisprudence, 1971-3].

7 BARACHO, Teoria geral do constitucionalismo, *op. cit.*, p. 25 [Baracho inspira-se em POSADA, Adolfo. *Tra-*

HISTÓRIA DO ESTADO DE DIREITO |99

Tais dois grandes eixos sugerem a pertinente identificação de um *Direito Constitucional do Poder* e de um *Direito Constitucional da Liberdade*, ambos a integrarem e inspirarem o rico temário do constitucionalismo clássico: "O elenco dos temas essenciais do constitucionalismo moderno, também denominado de clássico, constitui uma constante preocupação. O seu desenvolvimento está ligado à racionalização do Estado e à despersonalização do poder. Dentro desse aspecto o constitucionalismo supõe: uma Constituição [...] codificada, [...] rígida; uma parte dessa Constituição dedicada a transcrever a Declaração de uma série de direitos individuais (parte dogmática ou *direito constitucional da liberdade*); uma parte dedicada organizar o poder, seus órgãos, suas funções, suas relações, tendo como princípio fundamental a divisão de poderes ou de funções (parte orgânica ou *direito constitucional do poder*)".[8]

John Gilissen registra, em valorosa síntese, que os legisladores da Revolução Francesa estabeleceram o sistema jurídico do mundo contemporâneo sobre as teorias políticas da soberania nacional, do sistema representativo e da separação dos poderes.[9]

A estruturação do poder político obedece aos valores liberais e democráticos imperantes no período; Nelson Saldanha reforça a noção de consenso: "No plano institucional, o liberalismo significou a construção de um Estado em que o poder se fazia [em] função do consenso, e em que a divisão de poderes se tornava princípio obrigatório; o direito prevalecia em seu sentido formal e a ética social repudiava as intervenções governamentais".[10]

Da coletividade, em última análise, é que emana o poder; assim, há que haver instâncias (sobretudo formais) para acolher as manifestações da cidadania: "A luta política do liberalismo dirigiu-se a destruir o absolutismo, tanto retirando do rei o poder pleno, e distribuindo-o através dos poderes 'divididos', como restaurando sob novas formas a velha ideia de que a comunidade representa a verdadeira fonte do poder. Esta

---

tado de Derecho Político. T. II; Derecho Constitucional Comparado de los principales Estados de Europa y América. 5. ed. Madrid: Librería General de Victoriano Suárez, 1935, p. 11 *et seq.*].

8 BARACHO, Teoria geral do constitucionalismo, *op. cit.*, p. 29 [Baracho cita BIDART CAMPOS, Germán J. *Manual de Historia Política.* Buenos Aires: Ediar, 1970, p. 334, e ainda BIDART CAMPOS, Germán J. *El Derecho Constitucional del Poder*: el derecho constitucional del poder comparado, el congreso. T. I. Buenos Aires: Ediar, 1967].

9 GILISSEN, *Introdução...*, *cit.*, p. 414-5.

10 SALDANHA, *O Estado Moderno...*, *cit.*, p. 51-3.

ideia era, agora, anexada à concepção do *indivíduo* como ponto de partida. E a noção do *contrato* servia em grande medida para isto: para fundar o poder, a um tempo, sobre a anuência coletiva e sobre a individual".[11]

Já na Medievalidade, Ferreira Filho julga merecer destaque a herança inglesa que "conduziu ao *rule of law*, antecedente direto e imediato do *Estado de Direito*",[12] sobre o qual registra Pablo Lucas Verdú: "*Rule of law* é criação tipicamente anglo-saxônica que imagina o direito como freio do poder governamental".[13]

Essa ideia de opor óbices ao exercício do poder encontra-se na matriz da teoria separação dos poderes de Locke e Montesquieu, "dogma do constitucionalismo": "Constituiu a divisão dos poderes [...] técnica fundamental de proteção dos direitos da liberdade. [...] Com a divisão dos poderes, vislumbraram os teóricos da primeira idade do constitucionalismo a solução final do problema da limitação da soberania".[14]

Na verdade, podemos falar em duas grandes vertentes da ruptura ou divisão de poderes, ambas buscando evitar a concentração do poder nas mãos de um único soberano: I) a separação *vertical* de poderes, manifestada na técnica norte-americana de federalismo;[15] II) a separação *horizontal* de poderes, consagrada tradicionalmente na Europa, e já hoje podendo ser concebida, talvez como prefira Baracho,[16] como uma *interdependência de funções*.

Tratam-se de técnicas constitucionais bastante específicas, que no entanto contribuíram para a construção do Direito contemporâneo, com seus desdobramentos e decorrências. Sobre a tradicional independência de poderes, é preciosa a reflexão de Tércio Sampaio: "A teoria clássica da divisão dos poderes [...] iria garantir de certa forma uma progressiva separação entre política e direito, regulando a legitimidade da influência da

---

11 SALDANHA, *O Estado Moderno...*, *cit.*, p. 63-4 Talvez resida nessa busca do consenso a importância conferida às minorias políticas pelos regimes representativos; para uma análise pormenorizada do tema sugere-se: SÁNCHES NAVARRO, Ángel J. *Las minorías en la estructura parlamentaria*. Madrid: Centro de Estudios Constitucionales, 1995.

12 FERREIRA FILHO, *Estado de Direito...*, *cit.*, p. 9.

13 VERDÚ, *La lucha...*, *cit.*, p.28.

14 BONAVIDES, *Do Estado Liberal...*, *cit.*, p. 32.

15 Sobre o tema, a literatura jurídica consagrou BARACHO, José Alfredo de Oliveira. *Teoria Geral do Federalismo*. Rio de Janeiro: Forense, 1986.

16 *Cf.* BARACHO, José Alfredo de Oliveira. *Processo Constitucional*. Rio de Janeiro: Forense, 1984, p. 26-73.

política na administração, que se torna totalmente aceitável no Legislativo, parcialmente no Executivo e fortemente neutralizada no Judiciário, dentro dos quadros ideológicos do Estado de Direito [...] De fato, a neutralização política do Judiciário significará a canalização da produção do direito para o endereço legislativo, donde o lugar privilegiado ocupado pela lei como fonte do direito. A concepção da lei como principal fonte do direito chamará a atenção para a possibilidade de o direito mudar toda vez que mude a legislação [...] Esta verdadeira institucionalização da mutabilidade do direito na cultura de então corresponderá ao chamado fenômeno da positivação do direito".[17]

Não passa despercebida a importância conferida à função jurisdicional: Manoel Gonçalves Ferreira Filho reconhece, como princípio do Estado de Direito, para além da legalidade e da igualdade (formal), a *justicialidade*, tomada como "garantia do sistema", a partir de uma "conformação judicial geral de toda a vida do Estado", ponto culminante do ideal burguês, como pretendia Carl Schmitt, para o qual seria basilar a existência de um "procedimento contencioso para decidir 'toda espécie de litígios'".[18]

O constitucionalismo clássico, com seu temário e suas técnicas, propõe-se, enfim, a assegurar os direitos fundamentais que fundamentam o Estado de Direito; é o que sugere Baracho: "Os princípios aceitos no Estado de Direito possibilitam a consagração dos elementos que compõem a definição doutrinária e a aplicação prática das funções do Estado. Essa circunstância torna possível a garantia efetiva de todos os direitos inerentes à pessoa humana e o controle das relações que surgem entre os órgãos que decorrem da atividade estatal".[19]

---

17 Ferraz Júnior, *Introdução...*, *cit.*, p. 74-5. [Tércio Sampaio Ferraz Júnior constrói suas reflexões a partir da *Sociologia do Direito* de Lühmann, que cita do original: Lühmann, Niklas. *Rechtssoziologie*. Hamburgo: Rowohlt Taschenbuch Verlag, 1972].

18 Ferreira Filho, *Estado de Direito...*, *cit.*, p. 30-1 [Ferreira Filho cita Schmitt, Carl. *Teoría de la Constitución*. México: Nacional, 1966, p.152-4].

19 Baracho, *Processo Constitucional*, *cit.*, p. 71.

7.2 A PRIMEIRA GERAÇÃO DE DIREITOS FUNDAMENTAIS

NA CONSAGRAÇÃO DOS DIREITOS FUNDAMENTAIS, encontra sentido todo o processo de construção do Estado de Direito. A temática dos direitos humanos, assim, é mais que nuclear, na medida em que torna-se uma exigência lógica e teleológica do sistema: "No jusnaturalismo, que inspirou o constitucionalismo, os direitos do homem eram vistos como direitos inatos e tidos como verdade evidente, a compelir a mente [...] A proclamação dos direitos do homem surge como medida deste tipo, quando a fonte da lei passa a ser um homem e não mais o comando de Deus ou os costumes".[1]

A partir do Estado de Direito, como bem anota Harold Laski, a íntima conexão entre Estado e direitos é plenamente admitida: "Os direitos [...] constituem a base do Estado. Os direitos representam a qualidade que destaca no exercício de seu poder um determinado caráter moral [...] Se representa e reconhece o Estado pelos direitos que mantém".[2]

No nascedouro, falar em direitos fundamentais implicava reconhecer o indivíduo, a pessoa, como centro da atividade jurídica do Estado; é assim que a liberdade individual atinge o ápice do sistema normativo do Estado liberal de Direito: "A noção de liberdades intrínsecas à natureza humana vai gerar [...] o conceito da prevalência dos direitos individuais como ponto de partida de toda concepção política e de toda tarefa legislativa. É o nascimento de uma nova concepção filosófica: a do *liberalismo individualista*".[3]

A etimologia da expressão direitos fundamentais é parte do contexto revolucionário: "O termo 'direitos fundamentais', *droits fondamentaux*, aparece na França desde o ano de 1770, no marco do movimento político e cultural que conduziu à Declaração dos Direitos do Homem e do Cidadão de 1789.[4]

Produto inequívoco da consolidação de uma ideologia político-jurídica determinada, os direitos fundamentais surgem com todas as características inerentes ao seu tempo; vejamos Salgado: "O nascimento dos direitos individuais está, como se vê, ligado ao avanço das concepções liberais diante da estrutura de poder que rege

---

1 LAFER, *A Reconstrução...*, *cit.*, p. 123.

2 LASKI, *El Estado Moderno*, *cit.*, p. 33.

3 SMITH, *El desarrollo...*, *cit.*, p.111.

4 PEREZ LUÑO, Antonio Enrique. *Los Derechos Fundamentales*. 6. ed. Madrid: Editorial Tecnos, 1995, p. 29.

104| JOSÉ LUIZ BORGES HORTA

a sociedade civil. As teses de Locke e de Montesquieu [...] têm em vista [...] garantir aos indivíduos um espaço de liberdade [...] em que o Estado não pode penetrar [...] Os direitos individuais do liberalismo puro não significam democratização do poder, mas limitação do poder".[5]

Tal limitação do poder, mediante a construção de técnicas de rigorosa estrutura, tem como fundamento último a liberdade individual; a salvaguarda dos direitos fundamentais é parte fundamental neste processo; ademais, "de qualquer modo, todos os direitos, em última instância, mostram-se como forma de realização da liberdade".[6]

Celso Lafer apresenta a seguinte reflexão: "Num primeiro momento, [...] os direitos do homem surgem e se afirmam com direitos do indivíduo face ao poder do soberano no Estado absolutista. [...] Representavam, na doutrina liberal, através do reconhecimento da liberdade religiosa e de opinião dos indivíduos, a emancipação do poder político das tradicionais teias do poder religioso e através da liberdade de iniciativa econômica a emancipação do poder econômico dos indivíduos do jogo e do arbítrio do poder político. [...] São, neste sentido, direitos humanos de primeira geração, que se baseiam numa clara demarcação entre Estado e não Estado, fundamentada no contratualismo de inspiração individualista".[7]

Esta primeira geração tem claramente como centro convergente a liberdade;[8] daí porque, com Karel Vasak, podemos considerá-los *direitos de liberdade*:[9] "Os direitos da primeira geração são os direitos da liberdade, os primeiros a constarem do instrumento normativo constitucional, a saber, os direitos civis e políticos, que em grande parte correspondem, por um prisma histórico, àquela fase inaugural do constitucionalismo do Ocidente".[10]

---

5 SALGADO, Os Direitos Fundamentais, *op. cit.*, p. 25.

6 SALGADO, Joaquim Carlos. Princípios Hermenêuticos dos Direitos Fundamentais. *Revista do Tribunal de Contas do Estado de Minas Gerais*, Belo Horizonte, v. 20, n. 3, jul./set. 1996, p. 15.

7 LAFER, *A Reconstrução...*, *cit.*, p. 126.

8 SALGADO, Os Direitos Fundamentais, *op. cit.*, p. 18.

9 VASAK, Karel. Pour les Droits de l'Homme de la Troisième Génération: Les Droits de Solidarité; Léçon Inaugurale. Instituto Internacional de Direitos do Homem, Estrasburgo, 02 jul. 1979, *apud* BONAVIDES, Paulo. *Curso de Direito Constitucional*. 5. ed. São Paulo: Malheiros, 1994, p. 517 e 522.

10 BONAVIDES, *Curso de Direito Constitucional*, *cit.*, p. 517.

HISTÓRIA DO ESTADO DE DIREITO |105

É o que afirma Perez Luño: "Os direitos humanos nascem, como é notório, com marcada estampa individualista, como liberdades individuais que configuram a primeira fase ou geração do direitos humanos".[11]

Se Bonavides aquilata "o verdadeiro caráter antiestatal dos direitos da liberdade",[12] Ferreira Filho prefere falar em *liberdades públicas*, nelas incorporando *liberdades* — individuais, ao molde das liberdades modernas[13] — e *poderes* — direitos do cidadão, redescobrindo as liberdades antigas.[14]

Tratam-se das liberdades civis e das liberdades políticas: dos *direitos individuais* e dos *direitos políticos*.

Na lição de Raul Machado Horta emerge o significado histórico da consagração das liberdades individuais: "A recepção dos direitos individuais no ordenamento jurídico pressupõe o percurso de longa trajetória, que mergulha suas raízes no pensamento e na arquitetura política do mundo helênico, trajetória que prosseguiu vacilante na Roma Imperial e Republicana, para retomar seu vigor nas ideias que alimentaram o cristianismo emergente, os teólogos medievais, o protestantismo, o renascimento e, afinal, corporificam-se na brilhante floração das ideias políticas e filosóficas das correntes de pensamento do séculos XVII e XVIII. Nesse conjunto, temos as fontes espirituais e ideológicas da concepção que afirma a precedência dos direitos individuais, inatos, naturais, imprescritíveis e inalienáveis do homem. Direitos oponíveis aos grupos, às corporações, ao Estado e ao poder político. Direitos Individuais e Direitos Humanos, identificados e incindíveis, pois o indivíduo, a pessoa, é, ontologicamente, o ser humano".[15]

O reconhecimento do indivíduo como pessoa jurídica, detentor de direitos, manifesta-se na própria estrutura dos direitos individuais: "São direitos individuais quanto ao *modo de exercício* [...]; quanto ao *sujeito passivo do direito* — pois o titular do direito individual pode afirmá-lo em relação a todos os demais indivíduos [...]; e quanto ao *titular do direito*, que é o homem na sua individualidade".[16]

---

11 PEREZ LUÑO, *Derechos Humanos...*, *cit.*, p. 523.

12 BONAVIDES, *Curso de Direito Constitucional*, *cit.*, p. 518.

13 FERREIRA FILHO, *Direitos Humanos...*, *cit.*, p. 23.

14 FERREIRA FILHO, *Direitos Humanos...*, *cit.*, p. 25.

15 HORTA, Raul Machado. *Estudos de Direito Constitucional*. Belo Horizonte: Del Rey, 1995, p. 241.

16 LAFER, *A Reconstrução...*, *cit.*, p. 126-7.

106| JOSÉ LUIZ BORGES HORTA

É o que Bonavides, em outras palavras, atesta: "Os direitos da primeira geração ou direitos da liberdade têm por titular o indivíduo, são oponíveis ao Estado, traduzem-se como faculdades ou atributos da pessoa e ostentam uma subjetividade que é o seu traço característico; enfim, são direitos de resistência ou de oposição perante o Estado".[17]

Não se trata, nesse estudo, de estabelecer uma tipologia dos direitos individuais; não obstante, é conveniente referir a classificação de Salgado: "Os direitos individuais fundamentais poderão ser assim arrolados, sem que isto se pretenda apresentar uma lista exaustiva: direito à vida, direito à integridade, direito à propriedade, direito à honra, direito à segurança, direito à liberdade e direito de igualdade".[18]

Não obstante, cada um dos direitos pode receber ainda desdobramentos,[19] como é o caso, *e.g.*, do direito à liberdade: "A liberdade como um 'direito individual', tal como comumente se conceitua, tem a ver com a ação cotidiana das pessoas, e se desdobra em: liberdade de locomoção, liberdade de disposição do próprio corpo, liberdade de pensamento (expressão, imprensa), liberdade de reunião e associação, liberdade de palavra, de consciência etc".[20]

José Luiz Quadros de Magalhães propõe a classificação dos direitos individuais em sete grandes grupos: *igualdade jurídica* (fundamento de todos os outros direitos individuais); *liberdades físicas* (liberdade de locomoção, segurança individual, inviolabilidade de domicílio, liberdade de reunião, liberdade de associação); *liberdades de expressão* (liberdade de palavra e de prestar informações, liberdade de imprensa, liberdade artística, liberdade científica, liberdade de culto, sigilo de correspondência); *liberdades de consciência* (religiosa, filosófica, política, liberdade não emitir o pensamento); *propriedade privada*; direito de *petição* e de *representação*; e *garantias processuais* (*habeas corpus*, *habeas data*, mandado de segurança, mandado de injunção, ação popular, ação de inconstitucionalidade, e os princípios processuais: garantia da tutela jurisdicional, devido processo legal, juiz natural, instrução contraditória, ampla defesa, acesso à justiça, publicidade).[21]

---

17 BONAVIDES, *Curso de Direito Constitucional, cit.*, p. 517.

18 SALGADO, Os Direitos Fundamentais, *op. cit.*, p. 26.

19 A própria Constituição Federal de 1988, ao reconhecer, em seu artigo 5º, os direitos à liberdade, igualdade, vida, segurança e propriedade, os desdobra em dezenas de itens.

20 SALGADO, Os Direitos Fundamentais, *op. cit.*, p. 38.

21 MAGALHÃES, *Direitos Humanos..., cit.*, p. 49-50 *et seq.*

Celso Lafer sublinha a extrema conexão dos direitos individuais com os direitos políticos: "Do ponto de vista histórico, podemos afirmar que os diversos movimentos constitucionais portavam sempre duas reivindicações fundamentais: a liberdade política e as liberdades individuais. Foi assim na Inglaterra, através do movimento que culminou com a Carta Magna de 15 de junho de 1215; nos Estados Unidos, na Declaração de Direitos do Estado da Virgínia, em 12 de junho de 1776, vamos encontrar nos seus artigos as liberdades individuais misturadas com o direito dos cidadãos de participar do governo; como ainda na Declaração Francesa dos Direito do Homem e do Cidadão de 1789, encontraremos o direito do cidadão de participar pessoalmente ou através de representantes na elaboração das leis. Pela lógica, as liberdades políticas e as liberdades individuais têm ligações claras. A Liberdade, em si mesma, consiste *essencialmente em um poder de decisão*".[22]

Reale anota que a *Declaração dos Direitos do Homem e do Cidadão* "conjuga, a primeira vista com redundância, os direitos do *homem* com os do *cidadão*";[23] trata-se de uma concepção integrada da cidadania, a um tempo individualidade e participação política; é o reconhecimento do "*cidadão* como titular, a um só tempo, de direitos naturais inalienáveis e de direitos políticos concretamente configurados num sistema normativo fundamental".[24]

Gradualmente universalizadas, as liberdades políticas possuem grande importância na configuração do Estado liberal de Direito, como lembra Salgado: "Os direitos políticos são expressão superior da igualdade e da liberdade entendida como autodeterminação [...] Além dos direitos políticos de votar e ser votado, devem ainda ser lembrados o direito de resistência, o direito de destituição e o direito de organização e filiação partidária".[25]

Os direitos de primeira geração são, sem sombra de dúvida, manifestações normativas do valor liberdade, transformado em fundamento último da vida so-

---

22 MAGALHÃES, *Direitos Humanos...*, *cit.*, p. 52.

23 REALE, *Nova Fase...*, *cit.* p. 76.

24 REALE, *Nova Fase...*, *cit.* p. 82.

25 SALGADO, Os Direitos Fundamentais, *op. cit.*, p. 63-4. Especificamente sobre o *direito de resistência*, recomendamos os interessantes dados coligidos em SALDANHA, *O Estado moderno...*, *cit.*, p. 105-15, e entre nós, a séria reflexão de RIBEIRO, *Conflitos no Estado...*, *cit.* Fernando Ribeiro classifica a *desobediência civil* em *formas não civis* (revolução, crime político, terrorismo) e *formas civis* (objeção de consciência, direito de resistência).

108| JOSÉ LUIZ BORGES HORTA

cial: "Com o conceito de liberdade chegamos à ideia nuclear dos direitos individuais; ele orienta não só a própria ideia de igualdade, como será decisivo na concepção dos direitos políticos aqui colocados como *conditio sine qua non* de todos direitos fundamentais. A própria ideia de igualdade enquanto igualdade do ser humano só adquire pleno sentido, se, realizada a igualdade em bases concretas, for uma igualdade em liberdade".[26]

Norberto Bobbio, no entanto, na medida em que os direitos, outrora valores, acabam por tornar-se normas, e portanto normas jurídicas do plano interno, nacional, identifica uma dimensão contraproducente no processo de declaração dos direitos: "O segundo momento [...] consiste, portanto, na passagem da teoria à prática, do direito somente pensado para o direito realizado. Nessa passagem, a afirmação dos direitos do homem ganha em concreticidade, mas perde em universalidade. Os direitos são doravante protegidos (ou seja, são autênticos direitos positivos), mas valem somente no âmbito do Estado que os reconhece. Embora se mantenha, nas formas solenes, a distinção entre direitos do homem e direitos do cidadão, não são mais direitos do homem e sim apenas do cidadão, ou, pelo menos, são direitos do homem somente enquanto são direitos do cidadão deste ou daquele Estado particular".[27]

Tratam-se os direitos de primeira geração, vale frisar, de produto de um processo histórico nitidamente evolutivo: "A declaração dos direitos fundamentais não foi por isso uma descoberta improvisada deste ou daquele homem de estado, mas fruto de uma gestação secular que se desenvolveu no seio da avançada cultura francesa e se constituiu em matriz das ideias democráticas liberais".[28]

Como tal, a própria primeira geração está em evolução; esta, a lição que retiramos da seguinte nota de Lafer: "Na evolução do liberalismo o individualismo ver-se-ia complementado pelo reconhecimento, não contemplado na Declaração de 1789, dos direitos individuais exercidos coletivamente. É a liberdade de associação, reconhecida na Primeira Emenda da Constituição Americana".[29]

---

26 SALGADO, Os Direitos Fundamentais, *op. cit.*, p. 35-6.

27 BOBBIO, Norberto. *A Era dos Direitos*. Trad. Carlos Nelson Coutinho. 11. ed. Rio de Janeiro: Campus, 1992, p. 30.

28 SALGADO, Os Direitos Fundamentais, *op. cit.*, p. 24.

29 LAFER, *A Reconstrução...*, *cit.*, p. 127.

Considerada a notória historicidade dos direitos fundamentais, podemos atestar, com Perez Luño, que "a mutação histórica dos direitos humanos determinou a aparição de sucessivas 'gerações' de direitos".[30] Bonavides, aliás, comenta: "Essa linha ascencional aponta, por conseguinte, para um espaço sempre aberto a novos avanços. A história comprovadamente tem ajudado mais a enriquecê-lo do que a empobrecê-lo: os direitos da primeira geração — direitos civis e políticos — já se consolidaram em sua projeção de universalidade formal, não havendo Constituição digna desse nome que os não reconheça em toda a extensão".[31]

Essa concepção *generacional* dos direitos fundamentais permitirá antever, nas etapas subsequentes de evolução do próprio Estado de Direito, o decisivo papel por eles desempenhado: *Os direitos fundamentais são os centros teleológicos de todo o ordenamento jurídico.*

No Estado liberal de Direito, e de seu legado, transparecem os prenúncios da Era das Revoluções: "A Declaração de Direitos de 1789, pela universidade de seus princípios, beleza literária e jurídica de sua construção, transformou-se no marco culminante do constitucionalismo liberal, no instrumento de ascensão política e econômica da burguesia, a nova classe que se apossava do comando do Estado e da Sociedade e nessa posição plasmaria novas instituições políticas e jurídicas que iriam assegurar o seu domínio secular".[32]

---

30 PEREZ LUÑO, *Derechos Humanos...*, *cit.*, p. 523.

31 BONAVIDES, *Curso de Direito Constitucional*, *cit.*, p. 517.

32 HORTA, *Estudos...*, *cit.*, p. 244.

8. A ERA DA FORMALIZAÇÃO

O CONTEXTO POLÍTICO, de rejeição revolucionária ao absolutismo, e o econômico, de evidente transformação nos modos de produção e nas classes dirigentes, exigiram uma mudança radical na estrutura jurídica. O valor liberdade é consagrado, pelos filósofos da Modernidade, como fim inconteste do Estado, exigindo o planejamento de um arcabouço normativo apto a concretizá-lo. Os juristas dos séculos XVIII e XIX, em notável construção, retornam habilmente às raízes romanísticas, aceitando as melhores tradições do gênio romano. Destaca-se a Lei: "Por sua oposição aos governos arbitrários, o liberalismo promove a passagem do Estado absoluto, onde a vontade do príncipe tem a força de lei, para o Estado de direito, em que o comando pertence à vontade impessoal das normas jurídicas [...] Em lugar do homem a exercer o poder estatal, coloca-se a lei, produto da razão e que exprime a vontade geral".[1]

O primado da lei deve gerar segurança e certeza jurídica, permitindo ao homem o pleno gozo de sua liberdade; para tanto, tratou-se de meticulosamente edificar um novo ordenamento jurídico: "O Estado é armadura de defesa e proteção da liberdade. Cuida-se com esse ordenamento abstrato e metafísico, neutro e abstencionista de Kant, chegar a uma regra definitiva que consagre, na defesa da liberdade e do direito, o papel fundamental do Estado. Sua essência há de esgotar-se numa missão de inteiro alheamento e ausência de iniciativa social. Esse primeiro Estado de Direito, com seu formalismo supremo, que despira o Estado de substantividade ou conteúdo, sem força criadora, reflete a pugna da liberdade contra o despotismo na área continental europeia".[2]

---

1 DOBROWOLSKI, *O liberalismo...*, *op. cit.*, p. 179.

2 BONAVIDES, *Do Estado Liberal...*, *cit.*, p. 29.

112 | JOSÉ LUIZ BORGES HORTA

Triunfa o pensar jurídico, outrora tão acalentado na Antiguidade: "As razões do Estado são, no final das contas, as razões da razão: a racionalização do Estado se converte na estatização da razão, e a teoria da razão de Estado se torna a outra face da teoria do Estado racional".[3]

Trata-se, no entanto, de uma Razão a-histórica, como no feliz comentário de Gilberto Bercovici: "A visão a-histórica de constituição é fruto do constitucionalizmo liberal, com sua pretensão de eternidade".[4]

Exatamente em função da evolução do pensamento, que é em última análise o caminhar do Espírito, percebeu-se a insuficiência do Estado abstrato; para prosseguir cumprindo seus presságios de êxito como suprema forma de organização política, no alvorecer do século XX o Estado de Direito adquire feição *social*, como se verá.

---

3 BOBBIO, BOVERO, *Sociedade e Estado...*, *cit.*, p. 91.

4 BERCOVICI, Gilberto. *Soberania e Constituição*; para uma crítica do constitucionalismo. São Paulo: Quartier Latin, 2008, p. 16.

CAPITULO III

O Estado Social

IN TABERNA
[...]
Feror ego veluti
sine nauta navis
ut per vias aeris
vaga fertus avis;
non me tenent vincula,
non me tenet clavis,
quero mihi símiles,
et adiungor pravis.

["na taberna
[...]
Sou levado
como um navio sem piloto,
como através do ar
um pássaro à deriva;
nenhum vínculo me prende,
nenhuma chave me aprisiona,
busco meus semelhantes,
e me junto aos insensatos".]

[*Carmina burana*]

9. Fundamentos sociológicos

Fábio Lucas, em interessante reflexão, atesta o percurso histórico do Ocidente pós-revolucionário: "A vitória do liberalismo na Revolução Francêsa, a ascensão da burguesia, a destruição do poder autocrático, o extermínio do absolutismo trouxeram novos padrões de vida para a humanidade, no mundo ocidental. A própria rotina do pensamento, o linguajar cotidiano, foram tocados pela nova hierarquização de valores. Os ideais liberais galgaram a crista dos acontecimentos, na maré montante dos valores históricos a que se apegara. Assentadas as bases do regime liberal, atendidas as reivindicações da burguesia vitoriosa, um otimismo generalizado tomou os espíritos. Os direitos políticos do homem eram apregoados com ênfase e calor. Os princípios de igualdade e liberdade representavam peças valiosas do relicário político. Mas a verdade é que o regime liberal apenas fêz prevalecer os privilégios que uma classe: a burguesia. Os direitos tão eloquentemente proclamados constituíam prerrogativas de uma minoria apenas, da classe detentora de poder econômico bastante para promover a efetivação de seus reclamos. A liberdade, palavra mágica com que se tentou arrebatar os entusiasmos, permaneceu para grande maioria como simples palavra. Sua aplicação efetiva, por exemplo, no campo das regras contratuais, não era todavia experimentada, uma vez que a liberdade de contratar exige, precedentemente, do contratante, a posse de um objeto sôbre o qual recaísse tal liberdade. Ora, os bens da vida se concentravam nas mãos de poucos".[1]

---

1 Lucas, Fábio. *Conteúdo Social nas Constituições Brasileiras*. Belo Horizonte: Faculdade de Ciências Econômicas, 1959, p. 15.

116 | José Luiz Borges Horta

A falência do modelo liberal era patente em todos os planos. A sociedade e o mercado (capitalista) pareciam não se subjugar aos ditames da razão: "As próprias hipóteses do ideal do estado de direito parecem ser falseadas pela realidade da vida na sociedade liberal".[2]

Trata-se, como propõe Morin, de uma "revolta dos fatos contra os códigos",[3] já que, como em Holmes, "a vida do Direito não tem sido lógica, mas sim experiência".[4]

Em texto daqueles tempos de graves críticas ao modelo liberal, escrevera Reale: "Os philosophos do Illuminismo traçaram um typo ideal de homem, sem olhar para o *homem real* que pertence ao grupo biologico, ao grupo profissional e ao grupo politico, e soffre as influencias de todos elles e da historia, e em todos elles age continuamente, reagindo, ao mesmo tempo, ás forças do mundo physico pelo conhecimento das leis que as regem".[5]

A razão cede espaço às forças vivas da sociedade: "Se a Revolução Francesa, que exprime um momento decisivo da história universal, marcou o início de um esforço *consciente* de objetivação do espírito, esse esforço não chega a se completar na edificação de um mundo ético-político perfeitamente de acordo com a razão".[6]

Perde prestígio a razão, perde influência a França: no campo político, a Santa Aliança (Rússia, Áustria, Prússia) de 1815 pretendera combater a influência dos ideais revolucionários, o que acaba por favorecer o imperialismo britânico: "O predomínio político e cultural da França começou a ceder passo, sobretudo após a Santa Aliança, à hegemonia inglesa, cujo império, organizado como uma pluralidade sui generis, manteve o prestígio do parlamentarismo".[7]

Adolfo Posada assim questionara o Estado tradicional: "O Estado, o que vivemos, talvez já não sirva, e não expresse o impulso interior; seus princípios criadores não são

---

2 UNGER, Roberto Mangabeira. A Sociedade Liberal e seu Direito. *In*: SOUTO, Cláudio, FALCÃO, Joaquim [org.]. *Sociologia e Direito*: textos básicos para a disciplina de sociologia jurídica. 2. ed. São Paulo: Pioneira, 1999, p. 159.

3 MORIN, Gaston, *apud* REALE, *Nova Fase...*, *cit.*, p. 103.

4 HOLMES, Oliver W., *apud* REALE, *Nova Fase...*, *cit.*, p. 105.

5 REALE, *O Estado Moderno*, *cit.*, p. 29.

6 BOURGEOIS, *O pensamento ...*, *cit.*, p. 143.

7 SALDANHA, Nelson. O chamado "Estado Social". *Revista Brasileira de Estudos Políticos*, Belo Horizonte, Universidade Federal de Minas Gerais, n. 62, jan. 1986, p. 65.

princípios, porém, em grande parte, ilusórias ficções; cristalizou-se o Estado; ou melhor, 'mecanizou-se'; é mais 'mecanismo' que 'organismo'; e, por isto, aparece às vêzes como o reinado da violência invés de um regime jurídico, uma ordem ética, expressão orgânica da vida humana individual e coletiva. A plenitude do homem e dignidade humanas não se alcançam convertendo-se o homem em alavanca ou engrenagem de um mecanismo político, e submetendo-o à tortura do equilíbrio mecânico e das imposições da coação".[8]

E sentencia: "O Estado do liberalismo abstrato e do constitucionalismo formalista é aquêle hoje incompatível com a realidade social atual, que impõe ao indivíduo uma nova concepção de 'cidadania'".[9]

A impotência da razão comparece igualmente na reflexão de Nelson Saldanha: "A escola do direito natural da burguesia racionalizava o problema delicadíssimo do poder, simplificando a sociedade, como se fora possível ignorar as forças elementares e obscuras que atuam na infra-estrutura do grupalismo humano. Fez pretensiosamente da doutrina de uma classe a doutrina de todas as classes. Daí o desespero e a violência das objeções que mais tarde suscitou, notadamente no século XIX, quando seus esquemas de Estado jurídico puro se evidenciaram inócuos, e de logicismo exageradamente abstrato, em face de realidades sociais imprevistas e amargas, que rompiam os contornos de seu lineamento tradicional. Era a vida por demais caprichosa, dilatada e rica de expressões".[10]

O sistema econômico, capitalista, igualmente passaria por profundas transformações: "O progresso da indústria veio trazer transformações radicais na organização social. Concentração de operários, reivindicações salariais, lutas de mercado, concorrência desleal, desemprêgo, facilidade de comunicação constituíram fatôres poderosos de fermentação de ideias e a agitação política. O mundo se transformava diante dos olhos de todos".[11]

A sociedade cresceu, e ao crescer extratificou-se; as massas transferiam-se, gradualmente, do campo para os centros urbanos. Desaparecia, paulatinamente, o velho mundo da aceitação (cristã) de um destino de servidão, diferente do destino glorioso (e nobre, e rico) dos grandes cavaleiros. Na cidade, a diferença econômica é avultante, e assim, aviltante.

---

8 POSADA, Adolfo. *Estado e Ciência Política*; a caminho de um novo Direito Político. Trad. Pinto de Aguiar. Salvador: Livraria Progresso, 1957, p. 69.

9 POSADA, *Estado e Ciência Política*, *op. cit.*, p. 72.

10 BONAVIDES, *Do Estado Liberal...*, *cit.*, p. 30.

11 LUCAS, *Conteúdo social...*, *cit.*, p. 19.

JOSÉ LUIZ BORGES HORTA

Comenta Reale: "Uma alteração essencial de ordem tecnológica vinha facilitar tão propícia mobilidade social. Refiro-me ao advento da eletricidade como fonte de energia, determinando dois resultados complementares: de um lado, o poderoso potenciamento do capital e dos instrumentos de produção; e, do outro, a necessidade da melhoria das condições dos trabalhadores".[12]

Florescia a consciência de classe: "A evolução da indústria trouxe consigo a formação de um proletariado cada vez mais organizado e forte, a ganhar crescente expressão política. A primeira luta que os operários tiveram de sustentar foi a derrogação das leis vindas com a Revolução Francesa que proibiam enèrgicamente qualquer tipo de coalisão de caráter profissional".[13]

A consciência europeia melindrava-se: "A Europa romântica, tornada mais sensível pelo sentimentalismo pós-revolucionário, começou a se chocar com a fisionomia da miséria, que se agravava com o aumento dos contingentes populacionais, miséria fixada por alguns grandes desenhistas e escritores (como Dickens, por exemplo), tematizada pelo socialismo".[14]

Paradoxalmente, o fracasso social era gêmeo da expansão econômica do capitalismo, notadamente com o imperialismo que culminaria na Primeira Guerra. Ouçamos Hobsbawn: "Analisando a década de 1840, é fácil pensar que os socialistas que previram a iminente fase final do capitalismo eram sonhadores que confundiam suas esperanças com suas possibilidades reais. De fato, o que se seguiu não foi a falência do capitalismo, mas sim seu mais rápido período de expansão e vitória".[15]

Talvez, a melhor escusa do Estado liberal seja exatamente a não priorização de democracia e igualdade: "A famosa Declaração dos Direitos do Homem e do Cidadão [...] é um manifesto contra a sociedade hierárquica de privilégios nobres, mas não um manifesto a favor de uma sociedade democrática e igualitária".[16]

Saídas drásticas foram aventadas, com base muitas vezes em jogos retóricos, como se verá; talvez o exemplo mais evidente seja o do nosso Francisco Campos: "A

---

12 REALE, *Nova Fase...*, *cit.*, p. 103.

13 LUCAS, *Conteúdo social...*, *cit.*, p. 24.

14 SALDANHA, O chamado "Estado Social", *op. cit.*, p. 57.

15 HOBSBAWM, *A Era das Revoluções*, *cit.*, p.328.

16 HOBSBAWM, *A Era das Revoluções*, *cit.*, p.77.

crise do liberalismo no seio da democracia é que suscitou os regimens totalitarios, e não estes aquella crise".[17]

Arnaldo Vasconcelos, a propósito, registra: "Faltaram as condições políticas e econômicas para que o Liberalismo moderno pudesse realizar, também, a democracia. [...] A queda do feudalismo representou o desmoronamento do sistema econômico tradicional, introduzindo o nefasto princípio do *laissez faire, laissez passer*, que inaugura e exacerba o individualismo até a irracionalidade: os produtos não circulavam, por que os eventuais consumidores não tinham meios para adquiri-los. Interpõe se o dilema: ou reforma ou revolução".[18]

A assunção das massas "proletárias" traria impactos significativos: "Ao longo do século XIX, o proletariado vai adquirindo protagonismo histórico, à medida em que avança o processo de industrialização, e ao adquirir consciência de classe reivindica direitos econômicos e sociais frente aos clássicos direitos individuais, fruto do triunfo da revolução liberal burguesa. O Manifesto Comunista de 1848 pode considerar-se como um marco fundamental nesse processo e representa um toque anunciador do começo de uma nova etapa".[19]

1848, com suas agitações, é parte no processo (socialista) de tomada de consciência das massas, e um marco na rejeição ao Estado liberal, digamos, concreto: "Todo o peso e agudeza do argumento socialista se abatia então sobre as cruéis injustiças e contradições do sistema capitalista, cujas colunas políticas e institucionais de sustentação estavam todas fincadas na modalidade do Estado liberal, forma neutra, indiferente à utilização do próprio Estado e de seu aparelho coercitivo para retificar dentro do reino de econômico e social as distorções e desigualdades maciças que pareciam ser o ônus necessário da expansão e concentração de riqueza trazida pela revolução industrial, e sua apropriação privada dos meios de produção".[20]

José Afonso da Silva registra o impacto das angústias sociais sobre a Igreja Católica, informando sua *doutrina social*, sobretudo a partir da encíclica papal *Rerum*

---

17 CAMPOS, Francisco. *O Estado Nacional*: sua estructura, seu conteudo ideologico. 3. ed. Rio de Janeiro: José Olympio, 1941, p. 23.

18 VASCONCELOS, *Direito, Humanismo e ...*, *cit.*, p. 108.

19 PEREZ LUÑO, *Derechos Humanos...*, *cit.*, p. 120.

20 BONAVIDES, *Teoria do Estado*, *cit.*, p. 224.

Novarum, de Leão XIII (1891),[21] considerada motor da transformação histórica: "As novas fontes de inspiração dos direitos fundamentais são: 1º) o *Manifesto Comunista* e as *doutrinas marxistas*, com sua crítica ao capitalismo burguês e ao sentido puramente formal dos direitos do homem proclamados no século XVIII, postulando *liberdade e igualdade materiais* num regime socialista; 2º) a *doutrina social da Igreja*, a partir do Papa Leão XIII, que teve especialmente o sentido de fundamentar uma ordem mais justa, mas ainda dentro do regime capitalista [...]; 3º) *o intervencionismo estatal*, que reconhece que o Estado deve atuar no meio econômico e social, a fim de cumprir uma missão protetora das classes menos favorecidas".[22]

Por outro lado, o momento de mais intensa crise parece ter sido a Primeira Guerra, em que o imperialismo do capitalismo lançaria a Europa numa guerra ainda sem precedentes, e de devastadoras consequências: "Na Alemanha, ao final da I Guerra Mundial, a situação dos operários era desesperadora, com um altíssimo índice de desemprego e todo o seu cotejo de miséria e desespero".[23]

A reconstrução da Europa marcada por trincheiras exigiu largos investimentos públicos e sociais: "Depois da guerra de 1914 é que situações políticas e sociais inteiramente novas impuseram o reconhecimento dos direitos sociais de tal forma que o homem das modernas Constituições não é apenas o *homo politicus* mas também, e sobretudo, o homem social".[24]

Anota Perez Luño: "Para o professor Elias Díaz o Estado social de Direito é uma realidade surgida após a Primeira Guerra Mundial que se caracteriza pela institucionalização jurídico-política da democracia social e do capitalismo maduro e permite compatibilizar o neocapitalismo com o estado intervencionista produtor de bens de uso e de serviços".[25]

Nelson Saldanha, com refinado senso, sintetiza: "No início do século vinte, a chamada *belle époque* chegaria ao apogeu (música impressionista, obra de Proust, 'art nouveau') e chegaria ao fim, com a primeira Grande Guerra, com a Revolução Russa

---

21 SILVA, *Curso...*, *cit.*, p. 147. Sobre a Encíclica, *v.* TERRA, João Evangelista Martins, D. A *Rerum Novarum* dentro de seu contexto sociocultural. *Síntese Nova Fase*, Belo Horizonte, v. 18, n. 54, p. 347-66, 1991.

22 SILVA, *Curso...*, *cit.*, p. 160-1.

23 DALLARI, *Elementos...*, *cit.*, p. 177.

24 MIRKINE-GUETZÉVITCH, Boris. *L'ONU et la doctrine moderne des droits de l'homme*. Paris: A. Pedone, 1951, p. 179, *apud* MATTA-MACHADO, *Contribuição...*, *cit.*, p. 107.

25 PEREZ LUÑO, *Derechos Humanos...*, *cit.*, p. 230.

de 1917 e com outros eventos. Ruíram as grandes formações políticas do oitocentos, inclusive o Império Austro-Húngaro; iniciou-se a crise dos imperialismos europeus e a ascensão do norte-americano".[26]

A Guerra é, assim, protagonista de grandes transformações: "As revoluções de 1918-1919 ocorrem sob a influência da guerra, em estados que sofreram as suas consequências, vítimas do jugo político e nacional, onde o povo não tinha experiência do exercício da democracia. Muitos deles não conheciam a liberdade política, daí a carência de cidadãos politicamente capacitados para sustentar a democracia republicana. Várias das constituintes que surgiram foram dominadas por tendências de esquerda".[27]

Em 1917, os revolucionários russos eram recebidos ao som da Marselhesa nas estações de trem que visitavam: em verdade, tentaram repetir os franceses; infelizmente, talvez não houvesse uma burguesia capaz de pavimentar a revolução. Não podendo ser burguesa, restou à Revolução tentar o caminho do proletariado, a partir de então divulgado pelo mundo: "A Revolução bolchevista de outubro de 1917 seria porém, diante dos olhos do mundo, a grande e desafiadora experiência socializante: ela serviria de modelo aos incipientes partidos comunistas dos países tipo Brasil, partidos que cedo começariam a se destacar das outras faixas do movimento genericamente socialista. Nesses países, como nos mais adiantados, semelhante modelo seria para os operários um ideal encorajador, um padrão de ação, um ponto de referência doutrinário".[28]

A degeneração para a autocracia, no entanto, foi questão de tempo, como de resto também para boa parte da Europa capitalista. Dentre os regimes autoritários capitalistas,[29] Maurice Duverger contrapõe as monarquias tradicionais às ditaduras capitalistas, quanto às quais constrói uma teoria geral da ditadura, estudando suas bases sociológicas, suas instituições políticas, e sua classificação: ditaduras de partido único

---

26 SALDANHA, O chamado "Estado Social", *op. cit.*, p. 62.

27 BARACHO, José Alfredo de Oliveira. Teoria Geral das Constituições Escritas. *Revista Brasileira de Estudos Políticos*, Belo Horizonte, Universidade Federal de Minas Gerais, n. 60-1, jan.-jul. 1985, p. 47.

28 SALDANHA, Nelson. *História das Ideias Políticas no Brasil*. Brasília: Senado Federal, 2001, p. 286. Para uma ampla visão da trajetória dos ideais socialistas, *v.* CHACON, Vamireh. *História das Ideias Socialistas no Brasil*. 2. ed. Rio de Janeiro: Civilização Brasileira, 1981.

29 DUVERGER, Maurice. *Instituciones Políticas y Derecho Constitucional*. 6. ed. Trad. Jordi Solé Tura. Barcelona: Ariel, 1980, p. 335-91

e ditaduras militares.[30] Analisa à parte as ditaduras socialistas, sobre as quais apresenta a seguinte advertência: "Todos os regimes socialistas atuais são ditaduras, o que não significa que seja impossível a existência de regimes socialistas democráticos. O caráter autoritário dos regimes socialistas atuais se explica por dois fatores essenciais. A um lado, seu desenvolvimento econômico é muito mais recente que o das democracias liberais. [...] Em segundo lugar, a oposição entre o caráter liberal dos regimes ocidentais e o caráter autoritário dos regimes socialistas se explica em parte por sua diferente formação. Os segundos se instauraram sobre estruturas econômicas capitalistas que lhes eram radicalmente opostas. Por isso tiveram que destruí-las totalmente para edificar estruturas econômicas coletivistas. As classes dirigentes estabelecidas eram seus adversários irredutíveis, que resistiam com uma desesperada energia. Só uma rigorosa ditadura permitiria construir o socialismo em tais condições".[31]

Paralelamente ao caminho soviético, a Alemanha mostraria ao mundo uma perspectiva que marcaria para sempre o nome da pequena cidade de Weimar, onde produziu-se a Constituição que "apareceu como um dique para conter a agitação revolucionária na Alemanha do primeiro após-guerra".[32]

Era o caso, na Alemanha derrotada, de construir uma perspectiva de sociedade que, transcendendo o modelo liberal, ultrapassasse seus infortúnios: "Por um lado, o significado legitimador da racionalidade jurídica mantém-se fraco ou torna-se mais fraco, ao passo que por outro lado, os progressos industriais e a crescente complexidade da sociedade (para mencionar apenas dois fatores) tornam cada vez mais extensa e incômoda essa 'teia de normas' diretamente produzidas pelo Estado ou por ele sancionadas, em última instância, e envolvendo a vida social em todos os seus aspectos. Por conseguinte torna-se urgente para o Estado encontrar um meio de renovar suas condições de legitimidade, de gerar uma nova fórmula legitimadora para si mesmo".[33]

Não com a mesma importância (até porque tratava-se de uma novidade na periferia do mundo), também na América Latina buscava-se alternativas sociais: "O

---

30 Sobre o fenômeno da exceção militar, persiste a atualidade da análise de VIEIRA, José Ribas. *O Autoritarismo e a Ordem Constitucional no Brasil*. Rio de Janeiro: Renovar, 1988.

31 DUVERGER, *Instituciones...*, *cit.*, p. 393.

32 HORTA, Raul Machado. Constituição e Direitos Sociais. *Revista de Direito Comparado*, Belo Horizonte, Universidade Federal de Minas Gerais, v. 2, n. 2, mar. 1998, p. 53.

33 POGGI, *A Evolução...*, *cit.*, p. 140.

México fazia em 1910 a sua memorável revolução, cheia de sentido popular e social, incluindo o reformismo agrário — apesar de que posteriormente tal esforço se veria obstado por contramarchas".[34]

Logo, as soluções de compromisso surgiam por toda parte: "A burguesia, assim, se vê obrigada, dia a dia, a ceder mais um passo, fazer mais uma concessão. As reivindicações trabalhistas atendidas revelam o progresso permanente dêsse processo, o recuo tático de uma classe encurralada. Através dêle, a burguesia assinou compromisso — o compromisso democrático — com as forças contrárias".[35]

Outrora antiestatal, o Estado de Direito acaba adequando-se ao figurino de crescente intervenção no domínio outrora livre (e sagrado) do mercado: "Se passarmos do totalitarismo soviético para o mundo democrático, encontramos também profundas marcas de estatização, como consequência natural dos problemas do após-guerra, envolvendo as ação do Estado na obra de reconstrução dos bens destruídos pelo conflito mundial, e, num segundo momento, como consequência de graves crises econômicas, como a de 1929 nos Estados Unidos da América, com repercussão universal. Não há necessidade de relembrar [...] o que representou o *keynesianismo* como mudança radical na compreensão da competência do Estado na esfera econômica [...] O essencial é reconhecer que, paradoxalmente, a ideia de *planejamento estatal* fulcro da política leninista, foi acolhida pela administração do Presidente Franklin Delano Roosevelt como meio de vencer a crise do capitalismo, feitas, é claro, as devidas adaptações inerentes ao regime democrático".[36]

John Maynard Keynes, como lembra Antônio Paim, já em 1919 publica *As consequências econômicas da paz*, alertando para os graves problemas econômicos da Europa e a necessidade de refazer-se a economia clássica, tema presente em *O fim do 'laissez-faire'*, de 1926.[37]

Na América do Norte, o modelo econômico sofre o abalo de 1929, que acelera mudanças: "Geralmente se menciona, na virada da terceira para a quarta década do século, a célebre 'crise' de 1929: uma depressão no movimento monetário do capita-

---

34 SALDANHA, *História das Ideias...*, *cit.*, p. 283.

35 LUCAS, *Conteúdo social...*, *cit.*, p. 23.

36 REALE, *Nova Fase...*, *cit*, p. 110.

37 PAIM, *Evolução Histórica do Liberalismo*, *cit.*, p. 73.

124| JOSÉ LUIZ BORGES HORTA

lismo, particularmente revelado no jogo da bolsa de Nova Yorque, depressão ligada ao excesso de produção e com repercussões por todos os quadrantes do mundo por onde se entendiam as teias do comércio. A essas repercussões se ligam o sistema de Keynes, a política intervencionista de Roosevelt — advinda e caracterizada em meio a um crescente e por muito tempo discutido intervencionismo estatal — e outras coisas mais, na ordem interna e na externa. Nesta se situaria a crise dos negócios exteriores nos negócios dos países economicamente dependentes, como o Brasil, que vivia, em parte, de fornecimentos de café".[38]

Os Estados Unidos adentram a era do Estado Social sob o pulso firme de Franklin Delano Roosevelt, responsável pela mais sóbria revolução econômica do século xx, de grande impacto social, político e jurídico, como aliás anota Verdú: "Há um momento na evolução constitucional dos Estados Unidos de singular importância. Trata-se da atividade da Suprema Corte em 1935-36, oposta à legislação do *New Deal* mediante uma série de sentenças que invalidam as leis mais importantes daquele plano".[39]

Não sem graves questões constitucionais, a via norte-americana afirmou-se democrática, enquanto em outros países, como o Brasil, o ingresso no Estado social deu-se pela força: Tivemos Vargas, não Antônio Carlos.[40]

Estabelecia-se um novo modo de agir;[41] e o Estado social, "abandonando premissas de neutralidade e individualismo chama para si a intervenção direta nos processos socioeconômicos e, ainda que se mantenha fiel ao primado do direito, o realiza a partir de princípios heterônomos frente à autonomia caracterizada pelo Estado liberal de Direito".[42]

---

38 SALDANHA, *História das Ideias...*, *cit.*, p. 289.

39 VERDÚ, *La lucha...*, *cit.*, p. 49.

40 Refletimos anteriormente acerca da questão em HORTA, José Luiz Borges. *Direito Constitucional da Educação*. Belo Horizonte: Decálogo, 2007, p. 62 *et circa*; e HORTA, José Luiz Borges História, Constituições e Reconstitucionalização do Brasil. *Revista Brasileira de Estudos Políticos*, Belo Horizonte, Universidade Federal de Minas Gerais, n. 94, jul.-dez. 2006, p. 133 *et circa*. Minas Gerais deve a si mesma um repensar sobre Antônio Carlos.

41 Para uma análise comparada do fenômeno do Estado social à ibérica, *v.* MARTINHO, Francisco Carlos Palomanes; PINTO, António Costa (orgs.). *O Corporativismo em Português*: Estado, política e sociedade no salazarismo e no varguismo. Rio de Janeiro: Civilização Brasileira, 2007. O mundo ibérico é saborosamente contemplado em CHACON, Vamireh. *A Grande Ibéria*: convergências e divergências de uma tendência. São Paulo, Brasília: EdUnesp, Paralelo 15, 2005.

42 PEREZ LUÑO, *Derechos Humanos...*, *cit.*, p. 223.

HISTÓRIA DO ESTADO DE DIREITO |125

Antônio Carlos Wolkmer arrola os principais fatores sociológicos que implicaram na construção do Estado social de Direito: "Mais especificamente sobre a peculiaridade desse processo histórico, devem-se considerar as profundas modificações sociais e econômicas ocorridas na Europa e no Ocidente: em parte, devido à amplitude dos conflitos sociais e ao consequente alargamento da 'questão social'; ao crescimento de reivindicações das massas urbanas trabalhadoras, associadas, em determinado momento, às representações socialistas e anarcossindicalistas; à contribuição da Igreja Católica na afirmação de uma doutrina de justiça social; e, de outra parte, aos novos rumos do desenvolvimento do capitalismo industrial e financeiro; aos efeitos da Grande Guerra de 1914-18 e ao decisivo impacto ideológico da Revolução Russa de 1917".[43]

De fato, no entanto, também o Estado social de Direito recebe as bênçãos da burguesia (que em alguns casos, como o brasileiro, chega a receber significativos aportes de recursos públicos na consolidação de seu poderio econômico): "Quem fez a verdadeira questão social e provocou a segunda grande revolução política da idade moderna não foi a monarquia absoluta, nem as elites feudais, nem tampouco os titulares da nobreza privilegiada, removida com Revolução Francesa, mais precisamente a burguesia mesmo, que primeiro se serviu do direito natural para pôr abaixo o absolutismo e depois se valeu do direito positivo para manter de pé e incólume com os Códigos e com as Constituições promulgadas uma hegemonia de que não tencionava abdicar e da qual somente se desfez, com alguma lentidão, depois que o martelo ideológico lhe golpeou a filosofia do poder e o farisaísmo de suas declarações de direitos. Compeliu assim a forma de Estado que adotava — a do chamado Estado liberal — a um recuo estratégico, cuja resultante foram as largas revisões e modificações introduzidas tanto nas órbitas formais como materiais da nova realidade constitucional".[44]

Com o enfoque na sociedade, e o fortalecimento de associações tais como sindicatos, a democracia toma novo fôlego, e consolida-se como *democracia de partidos*: "Pouco a pouco, os corpos eleitorais se expandiram, sob a pressão dos próprios princípios democráticos. Não tardou que surgissem os partidos políticos, feição nova que tomaram as agremiações partidárias, preocupados em informar a opinião pública, contribuindo poderosamente para o desenvolvimento da democracia, dando-lhe uma

---

43 WOLKMER, Antônio Carlos. Para um Paradigma do Constitucionalismo Ocidental. *Revista Brasileira de Estudos Políticos*, Belo Horizonte, Universidade Federal de Minas Gerais, n. 62, jan. 1986, p. 47.

44 BONAVIDES, *Teoria do Estado, cit.*, p. 224.

organização de base e fazendo com que o sufrágio tendesse a ser verdadeiramente universal. No interesse de fixar uma opinião, que desse raiz popular às atividades partidárias, os partidos políticos começaram a constituir-se em verdadeira infra-estrutura dos regimes políticos, tamanho o controle que começaram a exercer sôbre o Governo".[45]

Pablo Lucas Verdú, enfim, reafirma o contexto jurídico-econômico do Estado social: "Parece ser o Estado social de Direito a meta que pretende alcançar a democracia em seu esforço de apresentar-se com veste jurídica, no seu propósito de legalizar as situações correspondentes à sociedade neocapitalista".[46]

---

45 LUCAS, *Conteúdo social...*, *cit.*, p. 20-1.

46 VERDÚ, *La lucha...*, *cit.*, p. 95.

10. Fundamentos axiológicos

O Estado de Direito construiu-se, como visto, no entorno da ideia de liberdade; o impasse do século XIX, e do início do século XX, era torná-lo concreto, garantindo real liberdade aos homens: "O problema do Estado de Direito consiste em criar uma situação de bem-estar geral que garanta o desenvolvimento da pessoa humana e respeite o ordenamento jurídico".[1]

O Estado social será, no entanto, produto de grande efervescência de ideias, nas mais das vezes contraditórias (como contraditórios são os diversos tipos de Estado social, uns mais, outros menos Estados de Direito), mas sempre girando no entorno da noção de *igualdade*.

A igualdade contemporânea, no entanto, não pode confundir-se com a igualdade clássica. Joaquim Carlos Salgado identifica a igualdade formal[2] como princípio informador da ideia de justiça já nos antigos; com o advento da Modernidade, a ela somou-se a liberdade (cujo ponto culminante é Kant).

Salgado registra, em Hegel, o acréscimo de mais um valor à ideia de justiça: o valor *trabalho*, tomado como "processo pelo qual o homem se torna livre".[3] Com a irrupção do trabalho no plano jusfilosófico, a liberdade e a igualdade passariam por notáveis transformações: "A ideia de justiça em Hegel, cujo elemento central é sempre a liberdade, traz um dado novo a incorporar nesse valor supremo do direito. Em Kant,

---

1 Verdú, *La lucha...*, *cit.*, p. 92.

2 Salgado, *A Ideia de Justiça em Kant*, *cit.*, p. 23-70.

3 Salgado, *A Ideia de Justiça em Hegel*, *cit.*, p. 465.

a liberdade e a igualdade constituíram os valores de conteúdo dessa ideia. Hegel traz como novo o valor trabalho e a forma com que a liberdade, o trabalho e a igualdade vão ser tratados: a *perspectiva dialética*".[4]

Na celebrada *dialética do senhor do escravo*, transparece o potencial libertador do trabalho: "É na mediação do trabalho que o escravo encontrará um instrumento da retomada da sua consciência como ser livre e, portanto, igual ao senhor, enquanto se dá conta da alienação do seu trabalho".[5]

Igualmente, é alçado o trabalhador à condição de agente da história: "É em Hegel que, pela primeira vez, de forma contundente, aparece a valorização do trabalho escravo e da própria posição do escravo como motor da história na luta pela sua libertação".[6]

O trabalho, que vincula espiritualmente o homem e o mundo, aparece como um momento ou uma manifestação da consciência;[7] registra Salgado: "O trabalho é então o processo de formação do homem e de transformação da natureza".[8]

O trabalho, em Hegel, é assim libertador: "Ao mesmo tempo em que é forma de atendimento das necessidades do homem, é forma de humanização da natureza e libertação do homem da suas determinações externas".[9]

Hegel aparece, assim, como o fundador jusfilosófico do Estado social; o século XIX, com sua profusão de ideologias, seria solo fértil para o vicejar de novas concepções, via de regra, como veremos, igualitárias: "O século dezenove foi o berço da maioria do *ismos* contemporâneos, propiciados de certo modo pelo próprio liberalismo com sua fundamental abertura para o debate e a dissidência [...] Marxistas e positivistas, evolucionistas e cristãos, todos se acordavam no tocante a considerar o mundo em crise: crise do mundo burguês, ou do espírito metafísico, ou da civilização, conforme o enfoque. [...] A própria sociologia nasceu [...] como ciência da crise".[10]

---

4 SALGADO, *A Ideia de Justiça em Hegel, cit.*, p. 450.

5 SALGADO, *A Ideia de Justiça em Hegel, cit.*, p. 450.

6 SALGADO, Os Direitos Fundamentais, *op. cit.*, p. 40-1.

7 ABBAGNANO, *Dicionário de Filosofia, cit.*, p. 965.

8 SALGADO, *A Ideia de Justiça em Hegel, cit.*, p. 454.

9 SALGADO, *A Ideia de Justiça em Hegel, cit.*, p. 452.

10 SALDANHA, O chamado "Estado Social", *op. cit.*, p. 61.

Em verdade, no entanto, as aspirações igualitárias jamais foram incompatíveis com o Estado de Direito, e antes já faziam, de algum modo (e até no lema revolucionário francês), parte do Estado liberal: "O Estado liberal transporta [...] o germe de sua própria destruição, pois êle não pode apagar a memória de sua própria luta, não pode eliminar os princípios que justificaram a sua ascensão".[11]

Nas palavras de João Mangabeira,[12] homem-chave na Constituinte brasileira de 1933, tratava-se de ir além do Estado liberal e de sua igualdade formal: "A igualdade perante a lei não basta para resolver as contradições criadas pela produção capitalista. O essencial é igual oportunidade para a consecução dos objetivos da pessoa humana. E para igual oportunidade é preciso igual condição".[13]

Tomam corpo os ideais socialistas, alimentados em duras críticas ao Estado liberal: "Ao liberalismo, reprovavam os socialistas relegar o lado social do homem e de seus problemas; reprovavam sobretudo satisfazer-se com soluções formais, inclusive com liberdades formais e igualdades formais, que deixavam espaço para a pressão concreta e para a desigualdade material, correspondentes à distinção entre pobres e ricos — pouco levada em conta no credo liberal. Acusavam o capitalismo de injusto e acusavam a burguesia de egoísta. Na ótica destas acusações, a doutrina liberal seria apenas uma expressão do capitalismo e das classes abastadas".[14]

Nelson Saldanha registra as novas perspectivas trazidas pelo socialismo: "De certo modo, o socialismo veio trazer uma nova ética: ou antes, os diversos socialismos (efetivamente diversificados durante o século XIX) trouxeram novas formulações éticas, fundadas sobre a consideração do igualitarismo e da dimensão social dos homens [...] Em vez do puro racionalismo, o destaque da condição concreta dos homens; em vez da valorização dos méritos individuais, a estimação do coletivo".[15]

---

11 LUCAS, *Conteúdo social...*, *cit.*, p. 23.

12 Sobre Mangabeira, *v.* VIEIRA, Margarida Luiza de Matos. João Mangabeira: o Direito e a Política. *Revista do Curso de Direito da Univale*, Governador Valadares, a. IV, n. 7, p. 99-103, jan.-jul. 2001; Gustin, Miracy Barbosa de Sousa. VIEIRA, Margarida Luiza de Matos. *Semeando Democracia*: a trajetória do socialismo democrático no Brasil. Contagem: Palesa, 1995, *passim*.

13 MANGABEIRA, João, *apud* LUCAS, *Conteúdo social...*, *cit.*, p. 29.

14 SALDANHA, O chamado "Estado Social", *op. cit.*, p. 59.

15 SALDANHA, O chamado "Estado Social", *op. cit.*, p. 57-8. Sobre o Socialismo, *v.* CHACON, *História...*, *cit.*

130 | José Luiz Borges Horta

A rigor, no entanto, o movimento socialista é tão plural e multifacetado quanto o próprio liberalismo: "Os socialismos românticos — depois de Engels chamados de utópicos — renovavam o tema da justiça e o da igualdade, que deveria afetar a vida de todos e de cada um. Estamos utilizando o plural 'socialismos' porque [...] várias posições cabem sobre este rótulo. Depois de Marx e Engels se tornou habitual distinguir o socialismo deles, 'científico' e dialético, do socialismo utópico, nome designativo de todos socialismos não marxistas; mas havia, como se sabe, componentes utópicos e até messiânicos na escatologia histórica do marxismo".[16]

O marxismo, para Fraga Iribarne, seria o desaguadouro de diversas concepções que o precedem, como a antiquíssima utopia comunista, o materialismo histórico, a luta de classes, a teoria das crises econômicas necessariamente recorrentes no capitalismo, a afirmação da transcendência do surgimento do quarto estado ou classe operária, a ditadura do proletariado, a teoria do valor trabalho.[17]

É certo que, em Marx, a obsessão revolucionária já transparecia na célebre *11ª Tese* sobre Feuerbach: "xi – Os filósofos se limitaram a *interpretar* o mundo de diferentes maneiras; o que importa é *transformá-lo*".[18]

O horror à abstração metafísica (e algum filósofo de raízes marxianas teria dito que a metafísica começara quando Platão desistira da política para dedicar-se à filosofia, e terminara quando Marx desistira da filosofia para dedicar-se à política) obriga Marx (e Engels) a se preocuparem com o mundo concreto: "A nenhum destes filósofos ocorreu perguntar qual era a conexão entre a filosofia alemã e a realidade alemã, a conexão entre a sua crítica e o seu próprio meio material".[19]

Manuel Fraga Iribarne parafraseia Donoso Cortés, acerca do caráter fortemen-

---

16 Saldanha, O chamado "Estado Social", *op. cit.*, p. 58.

17 Fraga Iribarne, Manuel. *La Crisis del Estado*; estudios de teoria del estado contemporaneo. Madrid: Aguillar, 1958, p. 87. Talvez fosse mais apropriada a expressão no plural *marxismos*, dado o amplo plexo de divergências e correntes que marcam a história do marxismo. Giacomo Marramao oferece um panorama das vertentes do marxismo frente aos debates políticos e à luz das transformações da Europa no início do século xx: Marramao, Giacomo. *O Político e as Transformações*; crítica do capitalismo e ideologias da crise entre os anos vinte e trinta. Trad. Antonio Roberto Bertelli. Belo Horizonte: Oficina de Livros, 1990.

18 Marx, Karl, Engels, Friedrich. *A Ideologia Alemã*: Feuerbach. Trad. José Carlos Bruni, Marco Aurélio Nogueira. 2. ed. São Paulo: Livraria Editora Ciências Humanas, 1979, p. 14.

19 Marx, Engels, *A Ideologia Alemã*, *cit.*, p. 26.

te dogmático do movimento comunista: "uns novos teólogos andam anunciando uma nova teologia pelo mundo".[20]

Djacir Menezes, *e.g.*, em longo estudo dedicada à filosofia política soviética, aponta a ausência de independência dos estudos hegelianos naquele país, uma vez que marcados, evidentemente, pelo marxismo: "Já trazem as indicações do que devem pensar. São como esses turistas que viajam com o guia à mão, marcando-lhes onde devem soltar as exclamações admirativas e quantos minutos devem pasmar para uma obra de arte. Não são capazes de alongar a vista por cima das prescrições do materialismo histórico e discernir aspectos ainda esquecidos ou injustamente menosprezados. Coisa curiosa: não aproveitam o exemplo de independência, que Marx e Engels lhes deram".[21]

É fato, no entanto, que o marxismo-leninismo atuou como caixa de ressonância dos socialismos, exigindo radicais mudanças: "Debaixo das pressões sociais e ideológicas do marxismo, o Estado liberal não sucumbiu nem desapareceu: transformou-se. Deu lugar ao Estado social".[22]

Todavia, nem só à ortodoxia marxista deve-se o Estado social (muito antes pelo contrário): na esquerda ideológica, verificam-se "duas grandes correntes em relação aos direitos humanos fundamentais. Uma, que tem em Marx e Engels seus mais caracterizados expoentes, desenvolve uma profunda revisão crítica do direito fundamentais próprios do estado burguês, ao colocar em relevo seu caráter abstrato, formal, e de classe. [...] A segunda corrente vem representada por aqueles setores do movimento operário tendentes a afirmar de forma jurídica as reivindicações da classe trabalhadora, através de uma integração reformista deste movimento no aparato do Estado. Tal ideia foi proporcionada pela social-democracia no marco das sessões de congressos da chamada Segunda Internacional. A influência na práxis política do movimento social-democrata foi decisiva para a evolução em sentido 'social' dos direitos fundamentais e marcou o trânsito do Estado liberal ao Estado social de Direito".[23]

O Estado social, assim, seria legatário do socialismo, mas também do liberalismo e da democracia: "O Estado social de Direito [...] representa uma conquista política

---

20 Fraga Iribarne, *La Crisis del Estado, cit.*, p. 107.

21 Menezes, Djacir. *Hegel e a filosofia soviética*. Rio de Janeiro: Zahar, 1959, p. 14.

22 Bonavides, *Do Estado Liberal..., cit.*, p. 22.

23 Perez Luño, *Derechos Humanos..., cit.*, p. 122.

do socialismo democrático [...] ao impor ao Estado a realização de determinados fins materiais, que contribuam para uma reforma social e economicamente justa, em termos de justiça social, das condições de convivência. [...] Se aceita [...] um abandono do dogma do *laissez-faire* em favor de um intervencionismo dos poderes públicos no processo econômico tendente a um incremento constante da produção, que permita a garantir o pleno emprego e o aumento dos proventos do trabalho".[24]

Esta lição de ecletismo marca o Ocidente desde que, em Weimar, a Alemanha produziu a Constituição do compromisso. Segundo Rita Thalmann, a Assembleia Nacional Constituinte reúne, em Weimar, à esquerda, 165 constituintes sociais-democratas (SPD) e 22 independentes (USPD); ao centro, 166 cadeiras, ocupadas por 91 católicos (Zentrum) e 75 democratas (DPP); e apenas 63 vagas à direita: 44 aos nacionalistas (DNVP) e 19 aos populistas (DVP).[25]

A ideologia de Weimar, afinal expressa na Constituição, "resulta de um acomodamento entre os três partidos da 'coalizão de Weimar': o *socialismo reformista* da SPD, o *liberalismo burguês* do Partido Democrático (DDP) e o *catolicismo político* do Zentrum".[26]

Especificamente quanto ao socialismo da SPD, majoritário, Thalmann registra[27] que fundamenta-se nas teses revisionistas de Eduard Bernstein, cuja obra principal, aliás, intitula-se *As suposições do Socialismo e as proposições da Social-Democracia*.

O ideal weimariano, no entanto, receberia diversas interpretações pelo mundo, mais ou menos democráticas; Gilberto Bercovici registra com grande acuidade a atualidade do debate em Weimar, desenvolvendo o sempre instigante tema do estado de exceção.[28]

Já Bonavides, por exemplo, identifica quatro categorias pleiteando considerarem-se Estados sociais, a saber o Estado social conservador, o Estado de justiça social, o Estado de transição ao socialismo, e mesmo o Estado das ditaduras.[29]

---

24 PEREZ LUÑO, *Derechos Humanos...*, *cit.*, p. 223-4.

25 THALMANN, Rita. *A República de Weimar*. Trad. Álvaro Cabral. Rio de Janeiro: Zahar, 1988, p. 21.

26 THALMANN, *A República de Weimar*, *cit.*, p. 54.

27 THALMANN, *A República de Weimar*, *cit.*, p. 54.

28 BERCOVICI, Gilberto. *Constituição e estado de exceção permanente*: atualidade de Weimar. Rio de Janeiro: Azougue Editorial, 2004. O tema da exceção constitucional instiga CARDOSO, Paulo Roberto. *Soberania e exceção em Carl Schmitt*. Belo Horizonte: Faculdade de Direito da UFMG, 2009 (Dissertação, Mestrado em Direito).

29 BONAVIDES, *Teoria do Estado*, *cit.*, p. 228-32.

Francisco Campos, fautor de todas as ditaduras brasileiras do século XX, considerava-se um democrata: não um adepto da *democracia formal*, mas um artífice da *democracia substantiva*: "A theoria do Estado liberal reivindica para si a exclusividade do pensamento democratico, fazendo crer que, si um regimen politico não consagrar os principios liberaes, ha de ser fatalmente uma autocracia, uma dictadura, um regimen absolutista. Mas isto é falso. Do molde feito pelo liberalismo sahiram, até hoje, apenas democracias deformadas. Para evitar-se a dictadura, abriu-se a porta aos males muito peores da demagogia, da lucta de partidos e da lucta de classes [...] Si a democracia fosse o liberalismo, teriamos de combatel-a, para assim combater o communismo e o stalinismo [...] O Estado liberal não conseguiu instaurar um verdadeiro regimen democratico, pois serviu apenas a que uma classe, um partido, um reduzido grupo de individuos explorassem as vantagens do poder, em prejuizo da collectividade. O suffragio universal, a representação directa, o voto secreto e proporcional, a duração rapida do mandato presidencial foram meios improprios, senão funestos aos ideaes democraticos".[30]

O escandalizante desprezo pelas virtudes da democracia formal aparece, contraditoriamente, como uma ode ao povo: "O ideal democratico nada tem que vêr com a machina, os artifícios ou os expedientes da democracia formal. Para reivindicar o ideal democratico é, ao revez, necessario quebrar a machina democratica, restituindo a liberdade e a espontaneidade aos movimentos de opinião [...] As revoluções do seculo XX têm, quasi todas, o mesmo sentido: romper as resistencias da machina democrática para dar livre curso ao ideal democratico".[31]

O desprezo à forma, no entanto, não é marca característica do Estado social de Direito, mas macula indelevelmente os regimes socialistas e nazifascistas que lhe são contemporâneos, e que, como já dissemos, não consideramos Estados sociais, porquanto não sejam Estados de Direito. A crítica às autocracias capitalistas é rigorosamente equivalente à destinada às socialistas, por exemplo quando encetadas por Fraga Iribarne: "É lógico que o Estado soviético em nada se pareça com a concepção ocidental do Estado. Os piores defeitos deste se convertem em características declaradas daquele: o Estado não é a institucionalização do poder para o bem comum,

---

30 CAMPOS, *O Estado Nacional, cit.*, p. 74-5.

31 CAMPOS, *O Estado Nacional, cit.*, p. 79.

134| José Luiz Borges Horta

mas apenas uma máquina de guerra contra aqueles que não aceitam a vontade do Partido. [...] [E cita Gastón Jèze:] o regime soviético se resume nisso: a violência a serviço dos interesses de uma classe".[32]

A matriz democrática do *sozialer Rechtstaat*[33] é, no entanto, mais que evidente: "A revolução [...] do Estado social [...] irrompeu silenciosa e irreprimível [...], com o socialismo ou sem o socialismo. Mas necessariamente é a revolução pluralista, democrática, que não derrama sangue nem acende labaredas, inspirada menos na referência indivíduo do que no valor pessoa humana [...] Ocorre sob a égide da liberdade que tanto há de ser material como também formal".[34]

Para a consolidação dos ideais do Estado social, contribui ainda o espírito norte-americano: "Não se pode [...] minimizar a influência que teve no âmbito das democracias ocidentais renascidas sob a égide dos Estados Unidos a declaração das quatro liberdades proclamadas pelo presidente Roosevelt, em 6 de janeiro de 1941, antes mesmo de os Estados Unidos entrarem na guerra. Essas quatro liberdades são, como é bem sabido, a liberdade de expressão, a liberdade de culto, a liberdade do medo, a liberdade das necessidades".[35]

Fábio Lucas contrapõe o Estado liberal e o Estado social: "A democracia política do século XIX representou a libertação da burguesia; instaurou uma democracia formal; bateu-se pela liberdade irrestrita do cidadão; tinha o caráter individualista; correspondeu aos postulados do liberalismo; e evoluiu para forma de 'Estado parasita'. A democracia social do século XX representa a emancipação do proletariado; quer instaurar uma democracia real; defende a igualdade dos homens; tem cunho coletivista; corresponde aos princípios do socialismo; tende a evoluir para o 'Estado providência'. Houve um deslocamento de posições: as liberdades não são meios de resistir ao Estado. O Estado é que cria as condições de liberdade: *o Estado é Libertador*".[36]

---

32 Fraga Iribarne, *La Crisis del Estado, cit.*, p. 106 [Cita Jèze, Gaston. Prólogo. In. Mirkine-Guetzévitch, Boris. *La théorie générale de l'Etat soviétique.* Paris, 1928, p. 1].

33 Pablo Lucas Verdú ressalta a inspiração helleriana da expressão consagrada: "A expressão 'Estado social de Direito' se deve ao deputado social-democrata Carlo Schmid, o qual se inspirou em Hermann Heller" [Verdú, *La lucha..., cit.*, p. 81].

34 Bonavides, *Teoria do Estado, cit.*, p. 225.

35 Bobbio, *Teoria Geral da Política, cit.*, p. 506.

36 Lucas, *Conteúdo social..., cit.*, p. 36 [grifos nossos].

O Estado do compromisso ético-democrático com as massas triunfa, movido por ideais éticos de diferentes matizes: "Quando, por influência dos socialistas e cristãos-sociais, se veio a entender o Estado como a providência dos mal sucedidos, começou-se a abandonar a fórmula setecentista do Estado de Direito".[37]

A nova roupagem do Estado, dotado de instrumentos jurídicos de ação social e econômica, é fruto, enfim, de um grande ecletismo axiológico, que tem no Estado social a resultante de vetores distintos e peculiares: "No constitucionalismo de entre-guerras ocorre a confluência de tendências socialistas, liberais, cristãs, com influências nas Constituições, onde já começam a surgir as técnicas planificadoras. [...] Sente-se a necessidade da constitucionalização das realidades econômico-sociais".[38]

A caminho da liberdade, o homem vive sua aventura igualitária.

---

37 FERREIRA FILHO, *Estado de Direito...*, *cit.*, p. 40.

38 BARACHO, *Teoria geral do constitucionalismo*, *op. cit.*, p. 41.

11. Estrutura jurídica

Miguel Reale identifica como tema central da segunda fase do Direito Moderno, que ocupa a primeira metade do século xx, a "socialização do Direito".[1]

Ora, como vimos, o processo de introdução de valores socializantes no Estado de Direito passa por uma profunda revisão no papel que este Estado vai representar junto à sociedade: não se pensa mais em afastar o Estado, mas sim em trazê-lo para o quotidiano. Emerge o Estado *intervencionista*, assim apresentado por Nelson Saldanha: "Não deixa de ser viável interpretar como uma tríade dialética os 3 estágios (podem dizer-se os três *momentos*) do Estado moderno. Num primeiro estágio (que contudo já constituía uma 'contradição' em face da ordem medieval), o poder se concentra e se afirma por cima das instâncias que anteriormente teriam podido controlá-lo, como os parlamentos por exemplo. No segundo, ele nega a concentração, divide-se em poderes e se submete a uma regulamentação jurídica escrita, que inclusive o faz conviver com os direitos inatos do súditos. No terceiro ele retoma a tendência a concentrar-se, nega a limitação social que o impediria de interferir na vida concreta do súditos, e submete a vida destes a uma série cerrada de programações e regulamentações".[2]

Há um profundo sentido ético na intervenção do Estado de Direito na vida "privada": a proteção do mais fraco frente aos graves males do mercado. Nem toda intervenção estatal é ética; no entanto, "tanto se tem chamado de social ao estado de tipo democrático, que mantém eleições e partidos e mantém livre a opinião, como o estado

---

1 Reale, *Nova Fase...*, *cit.*, p. 91.

2 Saldanha, O chamado "Estado Social", *op. cit.*, p. 56.

de feitio ditatorial, senão totalitário, que suspende direitos e é governado por uma oligarquia. [...] Os principais denominadores comuns correspondem ao traço intervencionista e à atenção dada ao trabalho e aos problemas sociais".[3]

Constitui, a nosso juízo, grave impropriedade considerar Estado social a quaisquer formações intervencionistas e *trabalhistas*, como no senso comum que Nelson Saldanha desnuda e denuncia. A história do Estado de Direito não se presta a tais deformações. Formações estatais autocráticas são definitivamente incompatíveis com o Estado de Direito.

Existem, é claro, grandes pontos de contacto entre os Estados sociais, os Estados autoritários e os Estados socialistas, todos eles decorrentes da própria conjuntura histórica do início do século xx: uma conjuntura de fortalecimento mundial das formações estatais, com evidente rejeição ao abstencionismo oitocentista; vejamos o que, à época, dissera Reale: "Ao estudar o Estado Liberal, fiz vêr as consequencias funestas da *limitação da soberania*, pela não ingerencia dos poderes publicos nas espheras economicas. Notei, ainda, que essa mutilação da vontade estatal redundou no sacrificio lento da autoridade, que foi se diluindo entre grupos politicos e grupos economicos, perdido para sempre o sentimento da responsabilidade. As Nações sem soberania real, contentaram-se com uma independencia illusoria. Na realidade, assistiam impassiveis á violação do principio fundamental que reserva ao Estado a exclusividade das funcções juridicas".[4]

Este fortalecimento da soberania estatal lastreava-se na reflexão hegeliana, conforme Perez Luño: "Hegel opõe à ideia democrática de soberania popular, que, a seu entender, repousa em imagem confusa e vazia do povo, uma soberania estatal que concebe o povo como totalidade orgânica que se realiza na pessoa do monarca".[5]

A soberania popular, de influxo rousseaniano, que Paulo Bonavides lembra constituir-se como soma das distintas frações de soberania que pertencem a cada indivíduo,[6] é, cada vez mais, atributo do poder: "Chega-se a afirmação de que o titular da soberania é o Estado, o que começaria a ser aceito na segunda metade do século

---

3 SALDANHA, O chamado "Estado Social", *op. cit.*, p. 69-70.

4 REALE, *O Estado Moderno*, *cit.*, p. 173.

5 PEREZ LUÑO, *Derechos Humanos...*, *cit.*, p. 221.

6 BONAVIDES, *Ciência Política*, *cit.*, p. 130.

passado [xix] e ganharia grande prestígio no século atual [xx]. Se a soberania é um direito, seu titular só pode ser uma pessoa jurídica".[7]

Com o fortalecimento do Estado, adveio uma hipertrofia do Poder Executivo:[8] "Esta generalizada ampliação do *poder executivo*, fenômeno que tem sido estudado sobre vários prismas, coloca em crise o conceito clássico da *separação dos poderes*, e com ele a própria noção de *Estado de Direito*. O Estado de Direito no sentido liberal supunha uma situação política onde o legislativo ao menos se igualasse ao executivo, bem como um judiciário forte e livre. Certos autores [...], como Ernest Forsthoff, têm posto este problema [...] Adverte Forsthoff que o *Estado Social* e o *Estado de Direito* (no sentido clássico deste) não são coisas facilmente conjugáveis: o Estado de Direito repousa sobre o predomínio da lei, e da constituição como lei, enquanto que o Estado Social corresponde a fins sociais específicos, que vão além do âmbito formal da constituição".[9]

Em especial os regimes autoritários valeram-se de todos os instrumentos de domínio social; comenta Celso Lafer: "No plano do Direito, uma das maneiras de se assegurar o primado do movimento [totalitário] foi o *amorfismo jurídico* [...] Esta subversão do Direito do Estado, que deixa de ser, em consonância com os procedimentos e técnicas do constitucionalismo moderno, um mecanismo para controlar o poder e, destarte, uma qualidade do governo, viu-se aprofundada pelo importância de instituições não disciplinadas por normas, como o partido e a polícia".[10]

É característica da época o ceticismo com as tradições formalistas, como percebemos em Francisco Campos: "O mundo político fora construido á imagem do mundo forense [...] O systema democratico-liberal fundava-se, com effeito, no presupposto de que as decisões politicas são obtidas mediante processos racionaes de deliberação e de que a dialectica politica não é um estado dynamico de forças mas de tensão puramente ideologica, capaz de resolver-se no encontro de idéas, como si se tratasse de uma pugna forense".[11]

Não obstante, em geral persistem os esquemas formais do Estado liberal, ainda que preenchidos por diferentes valores: "Ao combater (ou ao 'pôr de lado') os pressu-

---

7 Dallari, *Elementos...*, *cit.*, p. 70.

8 Sobre o tema, Baracho, José Alfredo de Oliveira. Teoria do Governo. *Revista Brasileira de Estudos Políticos*, Belo Horizonte, Universidade Federal de Minas Gerais, n. 66, p 47-136, jan. 1988.

9 Saldanha, O chamado "Estado Social", *op. cit.*, p. 73.

10 Lafer, *A Reconstrução...*, *cit.*, p. 95.

11 Campos, *O Estado Nacional*, *cit.*, p. 17.

140 | JOSÉ LUIZ BORGES HORTA

postos doutrinários e históricos do Estado liberal, o Estado dito social vem mantendo alguns dos lineamentos fundamentais exigidos por ele: a técnica legislativa, a ordem constitucional, a separação de poderes".[12]

Nos Estados autoritários vigora o cinismo frente ao Direito (René David aponta a persistência do princípio da legalidade no direito soviético![13]): "O totalitarismo, por isso mesmo, não cria uma nova forma de legalidade, substitutiva de uma legalidade anterior: aniquila-a. A legitimidade totalitária, explica Hannah Arendt, desafia a legalidade procurando aniquilá-la ao executar a lei da História (stalinismo) ou da Natureza (nazismo), sem convertê-las em critérios de certo e errado que possam nortear a conduta individual".[14]

Paralelamente à crise ética característica dos extremos do século XX, a valorização do trabalhador estimula o "aparecimento de nova e fecunda disciplina jurídica, o *Direito do Trabalho*",[15] enquanto apresenta enorme desenvolvimento o Direito Administrativo, universalizado, no dizer de Reale: "Até mesmo as regras das relações privada adquiriam o cunho e a força distintiva das provisões administrativas, nada tendo os indivíduos de próprio a não ser como consequência de uma concessão do Estado".[16]

Do ponto de vista da evolução do pensamento jurídico, desde a Jurisprudência dos Interesses registra-se a atenção do Direito aos dados concretos: "Se indico a primeira década do século XX como início da segunda fase do Direito Moderno, faço-o por considerá-lo então já mais pronunciado, muito embora pudesse data-lo a partir dos escritos do 2º Jhering [...] Na realidade, foi Jhering o primeiro grande jurista a sentir vivamente a insuficiência do formalismo jurídico que informara a Jurisprudência Conceitual".[17]

Esta característica é ainda mais clara em François Gény, com seu *Méthode d'interprétation et sources en droit privé positif*, de 1899, "admirável compreensão do

---

12 SALDANHA, O chamado "Estado Social", *op. cit.*, p. 68.

13 DAVID, René. *Os grandes sistemas do direito contemporâneo*. Trad. Hermínio a. Carvalho. São Paulo: Martins Fontes, 1986, p. 188 *et. seq*. Há uma interessante obra de KELSEN, relativamente desconhecida, em que se elucidam diversos aspectos da teoria jurídica marxista: KELSEN, Hans. *Teoría Comunista del Derecho y del Estado*. Trad. Alfredo J. Weiss. Buenos Aires: Emecé, 1957.

14 LAFER, *A Reconstrução...*, *cit.*, p. 97.

15 REALE, *Nova Fase...*, *cit.*, p. 103.

16 REALE, *Nova Fase...*, *cit.*, p. 110. Também o Direito Financeiro e Tributário ganha relevo e importância.

17 REALE, *Nova Fase...*, *cit.*, p. 102.

HISTÓRIA DO ESTADO DE DIREITO |141

direito como uma composição complementar de *dado* (*donné*) e *construído* (*construit*), naquele reunindo fatores materiais e espirituais".[18]

Interessante anotar que o ecletismo axiológico já assinalado aponta também para um ecletismo em sede de Teoria do Direito, já que o Estado social convive com o discurso kelseniano (de que falaremos, ao tratarmos de suas célebres polêmicas com Carl Schmitt), cuja matriz formalista Ari Marcelo Solon identifica já em Laband (1900): "A tarefa científica da dogmática, dentro de um direito positivo determinado, consiste em analisar as formas jurídicas, reconduzir as noções particulares aos princípios mais gerais e deduzir destes princípios as consequências que implicam. Tudo isto, abstração feita da exploração das regras do direito positivo, do conhecimento aprofundado e do entendimento completo da matéria tratada — é um trabalho de um espírito puramente lógico".[19]

Surge, com Santi Romano, a *teoria do ordenamento jurídico*,[20] corolário do imperativo fortalecimento do Estado, ainda que, ao espírito contraditório da época, também permitisse afirmar que "*ao estatalismo jurídico sucedia o pluralismo dos ordenamentos jurídicos*":[21] "Do ponto de vista teórico, é importante assinalar ainda o fato de que em 1918 o jurista italiano Santi Romano estabeleceu em obra marcante o conceito de *ordenamento jurídico*, que passou a influir largamente sobre o pensamento jurídico-político".[22]

Ainda típico da contradição *barroca* da época (dissemos, ao início deste trabalho, *dionisíaca*), aparecem diversas correntes jurídicas que, muito embora conflitantes, possuem em comum a reação ao formalismo e, de certo modo, ao próprio Estado; trata-se, como quer Reale, de "poderoso movimento antiformalista das mais diversas feições e objetivos, coincidindo todos, porém, em repudiar o Direito como criação do Estado".[23]

---

18 REALE, *Nova Fase...*, *cit.*, p. 105.

19 LABAND, Paul. *Droit de L'Empire Allemand*. Trad. C. Gandilhon. Paris: Giard & Brierè, 1900, p. 9, *apud* SOLON, *Teoria da Soberania...*, *cit.*, p. 43.

20 SANTI ROMANO, *El Ordenamiento Juridico*. Trad. Sebastián Martin-Retortillo, Lorenzo Martin-Retortillo. Madrid: Instituto de Estudios Políticos, 1968. (Aliás, um interessante estudo de Santi Romano, se bem que centrado em seu institucionalismo, é o de Saldanha, Nelson Nogueira. Santi Romano: para um exame de sua obra e de seu pensamento. *Revista Brasileira de Estudos Políticos*, Belo Horizonte, Universidade Federal de Minas Gerais, n. 81, p. 29-43, jul. 1995).

21 REALE, *Nova Fase...*, *cit.*, p. 107.

22 SALDANHA, O chamado "Estado Social", *op. cit.*, p. 68.

23 REALE, *Nova Fase...*, *cit.*, p. 105.

José Luiz Borges Horta

No caminho antiformalista, Reale registra: a Jurisprudência de Interesses, Krause, Gurvitch, Ëhrlich, Kantorowicz, Duguit, os realismos norte-americano e escandinavo,[24] o institucionalismo de Hauriou e Santi Romano e mesmo os axiologistas Radbruch e Maritain.[25]

O Estado social acaba, assim, por conceber a norma jurídica (num viés claramente sociologizante, de futuro impacto para os estudos jus-sociológicos) como "*uma espécie de norma social*, cujo estudo lógico-normativo ou proposicional, não obstante a sua relevância, não bastava para nos dar o seu real significado".[26]

---

24 Este é tema de especial predileção de Mônica Sette Lopes; *cf.* LOPES, Mônica Sette. O realismo jurídico: o discurso jurídico e a apreensão pontual da realidade. *Revista da Faculdade de Direito*, Belo Horizonte, Universidade Federal de Minas Gerais, v. 45, p. 297-338, jul.-dez. 2004.

25 REALE, *Nova Fase...*, *cit.*, p. 106.

26 REALE, *Nova Fase...*, *cit.*, p. 107.

11.1 O Constitucionalismo social

Weimar, como dito, funciona como um grande divisor de águas no constitucionalismo: "A Constituição da República de Weimar foi (disso não resta dúvida) o ponto de maior influxo no contexto do Constitucionalismo ocidental contemporâneo: uma espécie de marco inicial do próprio Constitucionalismo social".[1]

A partir de então, já não mais se tratarão as constituições como declarações formais de direitos e mecanismos de limitação do poder; pelo contrário, inserem-se nas *constituições sociais* toda sorte de intervencionismos, fortalecendo o Estado e permitindo-lhe, à moda planificadora, intervir no domínio socioeconômico: "O constitucionalismo clássico sofre profundas modificações no século xx, com o *constitucionalismo social*, antecipado pela Constituição do México de 1917 e pela Constituição de Weimar de 1919, que incorporaram em seus textos direitos sociais e econômicos".[2]

Evidentemente, tratou-se de estudar as constituições sob novos enfoques, compreendendo tanto a faceta formal, como o plano material: "No início desse século [xx], o movimento constitucional passou por diversas transformações. As forças sociais atuaram com grande vitalidade para essas modificações. Ressalta Xifra Heras que, a partir de 1919, surgiu no direito constitucional a tendência para abraçar o conjunto da vida social. Passaram a estender-se as normas jurídicas não apenas a todo mecanismo político, mas às relações econômicas e sociais. A ampliação do conteúdo dos textos constitucionais tem levado a diversas investigações acerca da noção de Constituição, apesar da permanência de temas básicos para sua conceituação. Certos publicistas distinguem a Constituição em sentido *material* e em sentido *formal*".[3]

A dualidade forma-matéria transparece de modo evidente na polêmica travada, na Colônia dos anos 30, entre Carl Schmitt[4] e Hans Kelsen, autores de evidentes diver-

---

1 Wolkmer, Para um paradigma..., *op. cit.*, p. 49.

2 Baracho, Teoria geral do constitucionalismo, *op. cit.*, p. 30.

3 Baracho, Teoria geral do constitucionalismo, *op. cit.*, p. 44.

4 Sobre Carl Schmitt, recomendamos: Macedo Júnior, Ronaldo Porto. *Carl Schmitt e a fundamentação do Direito*. São Paulo: Max Limonad, 2001.

144 | José Luiz Borges Horta

gências no tocante ao Estado de Direito: "No começo do século vinte, o Estado de Direito (como realidade, como forma política) foi combatido por Carl Schmitt, que nele apontava um equívoco burguês, correlato da 'despolitização' do Estado e da idealização da lei. Paralelamente a expressão Estado de Direito (*Rechtstaat*) foi recusada por Kelsen como redundante, posto que ter conexão com direito é próprio de todo Estado, o Estado e o Direito vistos por um prisma jurídico-formal".[5]

No tocante à constituição, reproduz-se a querela: "Pela mesma época, alguns autores discutiram em termos novos o conceito de *constituição*, entre os quais Hans Kelsen, que lhe deu contudo um sentido extremamente jurídico-formal. Contra este sentido colocaram-se várias publicistas como Carl Schmitt, partidário de um conceito político de constituição, Hermann Heller, com um conceito integrativo, e outros".[6]

No entorno de tais debates, o constitucionalismo social produz um novo campo de enfoques, batizado por Schmitt: a Teoria da Constituição.[7]

De nossa parte, pensamos que o cânone que herdamos dos pensadores que construiram este novo campo de estudos permite a apreensão das perspectivas e contradições do constitucionalismo social. Em autores como Carl Schmitt, a disciplina era

---

5 SALDANHA, *Filosofia do Direito, cit.*, p. 94-5.

6 SALDANHA, O chamado "Estado Social", *op. cit.*, p 68-9.

7 A polêmica quanto à disciplina, no entanto, persiste até os nossos tempos, uma vez que, como já escrevemos, a Teoria da Constituição permanece em busca de seu *status* epistemológico de disciplina autônoma; *cf.* HORTA, José Luiz Borges. Epistemologia e Vigor da Teoria do Estado. *O Sino do Samuel*, Belo Horizonte, Faculdade de Direito da UFMG, a. III, n. 24, p. 10, junho de 1997. Uma visão bastante distinta, e talvez mesmo complementar, é a de MARCELO CATTONI, que vem se dedicando, à sua moda, ao tema há uma década; *cf.* CATTONI DE OLIVEIRA, Marcelo Andrade. Teoria Discursiva da Constituição. *O Sino do Samuel*, Belo Horizonte, Faculdade de Direito da UFMG, a. III, n. 23, p. 04, maio de 1997 (posteriormente reestruturado como capítulo em CATTONI DE OLIVEIRA, Marcelo Andrade. *Direito Processual Constitucional*. Belo Horizonte: Mandamentos, 2001). Mais recentemente, *v.* CATTONI DE OLIVEIRA, Marcelo Andrade. Para uma Teoria do Direito como Teoria Discursiva da Constituição. *In*: CATTONI DE OLIVEIRA, Marcelo Andrade. *Direito, Política e Filosofia*; contribuições para uma teoria discursiva da constituição democrática no marco do patriotismo constitucional. Rio de Janeiro: Lumen Juris, 2007, p. 127-153. Publicamos em volume especial da *Revista Brasileira de Direito Constitucional*, dedicado à temática da Teoria da Constituição, nossas ideias acerca da disciplina, de resto aqui retomadas; *v.* HORTA, José Luiz Borges. Teoria da Constituição: contornos epistemológicos. *Revista Brasileira de Direito Constitucional*, São Paulo, Escola Superior de Direito Constitucional, n. 6, p. 346-357, jul.-dez.2005. Sobre a Teoria do Estado, há a interessante contribuição de Gilberto Bercovici: BERCOVICI, Gilberto. As possibilidades de uma Teoria do Estado. *Revista da Faculdade de Direito*, Belo Horizonte, Universidade Federal de Minas Gerais, n. 49, p. 99-120, jul.-dez. 2006.

nada mais que uma Sociologia constitucional; já na tradição kelseniana, não poderia ser mais que uma teoria da norma constitucional. Finalmente, Herman Heller integraria as duas vertentes, propondo um conceito de constituição muito mais adequado à perfeita construção da disciplina, como veremos.

O grande esteio de uma leitura constitucional demarcada pela realidade fática, ansiosa pela ruptura com o formalismo jurídico, e antecipadora de uma boa parte das tensões presenciadas pelo século xx, é a rica advertência de Ferdinand Lassalle, apresentada já em 1863 a lideranças intelectuais e sindicais e posteriormente publicada.[8] Ali, o autor cunha a famosa hipótese da constituição como uma mera *folha de papel*, que tanto influenciaria os pensadores que, em especial na Alemanha, o seguiriam:[9] Referimo-nos à obra de três grandes pensadores germânicos, Carl Schmitt, Rudolf Smend e Karl Loewenstein, a qual, sem sombra de dúvidas, é tremendamente representativa de seu tempo, de suas angústias e dos grandes abalos do princípio do século.

Schmitt, a rigor com a obra *Verfassungslehre* (1928)[10] o grande proponente da disciplina, é sem dúvida um autor datado, imerso no totalitarismo do primeiro pós-guerra, ao qual emprestou sua capacidade intelectiva, participando destacadamente na construção de seu arcabouço teórico. Registra Ari Marcelo Solon: "Qualquer que tenha sido a posição política de Schmitt, (a única certeza é que era um antiliberal, adversário da democracia parlamentar e portador de uma visão imperial das relações internacionais), ele não só é um grande teórico do direito, mas também um formulador de conceitos construídos com estilo literário arrebatador e cativante".[11]

Sua reflexão, densa e admirável, é permanentemente permeada pelos seus anseios autoritários de justificação do Estado-Força.[12] A identificação da soberania com a *decisão* no momento de absoluta exceção — "O soberano é aquele que decide sobre

---

8 Lassale, Ferdinand. *A Essência da Constituição*. Trad. Walter Stönner. Rio de Janeiro: Liber Juris, 1985.

9 E mesmo no Brasil. Aliás, o instigante Barroso, Luís Roberto. Princípios Constitucionais Brasileiros (ou de como o papel aceita tudo). *Themis*, Curitiba, n. 07 (nova fase), p. 17-39, out. 1991.

10 Schmitt, Carl. *Teoría de la constitution*. Madrid: Revista de Derecho Privado, 1927.

11 Solon, *Teoria da Soberania...*, *cit.*, p. 15.

12 A feliz expressão é de Châtelet, François, Duhamel, Olivier, Pisier-Kouchner, Éveline. *História das Ideias Políticas*. Trad. Carlos Nelson Coutinho. 2. ed. Rio de Janeiro: Zahar, 1990, p. 236-69.

146 | JOSÉ LUIZ BORGES HORTA

o estado de exceção"[13] — traduz uma visão pragmática da política, lastreada numa soberania eminentemente fática, tomada "não [juridicamente ou estruturalmente] como monopólio da sanção ou dominação, mas como o monopólio da decisão".[14]

Cabral de Moncada, aliás, trabalha o conceito de político em Schmitt a partir do par de categorias amigo-inimigo, onde o político não é ético, como a política não é moral.[15] Tudo é, apenas, fato: "A preocupação de Schmitt com objetividade do poder político coloca-o entre os juristas que, rejeitando o isolamento da ordem jurídica da realidade social, se concentram nas particularidades 'reais' do Estado".[16]

Por um lado, é patente que o autor escreve com os olhos postos na meta jurídica de esvaziar e enfraquecer a constituição-emblema do Estado Social de Direito, a Constituição de Weimar de 1919, buscando não a inclusão das minorias, mas o seu absoluto aniquilamento dentro da capciosa urdidura da homogeneidade social; por outro, é inegável que o constitucionalismo social deve a Schmitt, e ao seu "afã polêmico e pendor radicalizante", a compreensão de diversas de suas características; recentemente, verifica-se uma renovação nos estudos schmittianos: "A volta a Schmitt — se é isto o que vem ocorrendo — tem alguns aspectos metodológicos relevantes. Não cremos haver nela maiores conotações políticas, senão talvez em alguns casos. Ela vale, inclusive, como compensação diante do excesso de atenção dado, desde as décadas vinte e trinta (as mesmas em que surgem os primeiros escritos importantes de Schmitt), às teorias de Kelsen e ao impenitente formalismo de sua 'escola' e seus aliados".[17]

---

13 SCHMITT, Carl. *Politische Theologie*: vier Kapitel zur Lehre von der Souveränität. Berlin: Duncker & Humblot, 1985, p. 11, *apud* SOLON, *Teoria da Soberania...*, *cit.*, p. 79.

14 SCHMITT, Carl. *Politische Theologie*: vier Kapitel zur Lehre von der Souveränität. Berlin: Duncker & Humblot, 1985, p. 19, *apud* Solon, *Teoria da Soberania...*, *cit.*, p. 90.

15 MONCADA, L. Cabral de. Do conceito..., *op. cit.*, p. 14-7.

16 SOLON, *Teoria da Soberania...*, *cit.*, p. 87. Alysson Leandro Mascaro, fiel a seus marcos ideológicos, constrói um interessante paralelo: MASCARO, Alysson Leandro. Pachukanis e Schmitt – a política para além da legalidade. *In*: *Filosofia do Direito e Filosofia Política*: a justiça é possível. São Paulo: Atlas, 2003, p. 115-36.

17 SALDANHA, Nelson. Hegel, Weber, Schmitt. A propósito de algumas publicações recentes. *Revista Brasileira de Estudos Políticos*, Belo Horizonte, Universidade Federal de Minas Gerais, n. 84, jan. 1997, p. 31. Uma excelente reflexão sobre Schmitt é a construída em SALGADO, Joaquim Carlos. Apresentação; Carl Schmitt e o Estado Democrático de Direito. *In*: SCHMITT, Carl. *Legalidade e Legitimidade*. Trad. Tito Lívio Cruz Romão. Belo Horizonte: Del Rey, 2007, p. vii-xxx.

HISTÓRIA DO ESTADO DE DIREITO |147

Excessos, no entanto, são nítidos; já nos referimos a Ernst Forsthoff, discípulo de Schmitt, que considera "impossível conceber um 'Estado social de Direito'; [...] para ele, a inclusão do 'social' na definição do Estado de Direito supõe uma distorção inadmissível do ponto de vista jurídico".[18]

Já Rudolf Smend, que a ele resiste de pronto, publicando no mesmo ano de 1928 a sua *Verfassung und Verfassungsrecht*,[19] por sua vez, é um autor de maior comprometimento com o Estado social de Direito, buscando soluções democráticas e profundamente preocupado com o risco da redução do indivíduo a objeto ou vítima do poder estatal. É perceptível que Smend escreve da trincheira oposta à de Schmitt, expressando significativa tentativa de resistência ao totalitarismo então em marcha.

Diferente é a contextualização de Loewenstein. Professor na América do Norte, ele recebe plúrimas influências em sua doutrina.[20] Em primeiríssimo lugar, é sem dúvida um autor da moderna politologia norte-americana; aliás, a primeira versão de sua obra é publicada no ano de 1956 em inglês, e nitidamente versando sobre a *Political Science*. Somente alguns anos depois (1959) é que Loewenstein resgataria a expressão consagrada por Schmitt, ao verter a obra para o alemão, preferindo intitulá-la *Verfassungslehre*.[21] Do ponto de vista ideológico, o mesmo Loewenstein que assiste ao alvorecer da Guerra Fria assiste à progressiva consolidação dos mecanismos de Direito Internacional; ocidental, opta inequivocamente pela tradição do Estado social de Direito, contrapondo ao autoritarismo o constitucionalismo. Democracia e constituição, em sua doutrina, são faces de uma mesma moeda. E a perfeita taxionomia dos sistemas políticos será ensejada através, sobretudo, da acurada análise do Poder e do número de seus detentores (daí, muitos visualizarem na essência de suas indagações a construção de uma Teoria do Poder).

Autores de compromissos políticos e ideológicos radicalmente distintos, Schmitt, Smend e Loewenstein possuem inúmeras diferenças em termos de Teoria do Estado: em variadas questões tomarão posturas discrepantes, tanto frente à teoria dos poderes e funções do estado, quanto à teoria da representação, aí incluídas as reflexões atinentes aos sistemas eleitorais e partidários.

---

18 PEREZ LUÑO, *Derechos Humanos...*, *cit.*, p. 225. [Perez Luño cita FORSTHOFF, Ernst. *Rechtstaat im Wandel*; verfassungsrechtliche abhandlungen 1954-1973. 2. ed. München: C. H. Beck, 1976, p. 65 *et. seq.*].

19 SMEND, Rudolf. *Verfassung und Verfassungsrrecht*. München und Leipzig: Duncker und Humboldt, 1928.

20 Inclusive de Hermann Heller, que o antecede cronologicamente.

21 LOEWENSTEIN, Karl. *Teoría de la constitution*. 2. ed. Barcelona: Ariel, 1970.

148| JOSÉ LUIZ BORGES HORTA

Podem, contudo, ser reconhecidos como os fundadores da Teoria da Constituição (ou, melhor diríamos, da Teoria *sociológica* da Constituição). E isto porque, apesar dos incontáveis dissensos, num ponto os três possuíam manifesto acordo: na concepção, inspirada em Lassalle, da Constituição como um *fato sociológico*. Vejamos:

- em Schmitt, temos a noção de *lebend Verfassung*,[22] decisão conjunta de um povo politicamente unido e culturalmente homogêneo;
- em Smend, temos um Estado em contínua renovação, como num plebiscito de cada dia (a influência de Renan é ululante), efetivando uma dinâmica constitucional de integração norma-realidade;
- finalmente, em Loewenstein temos a busca do sentido real da Constituição, a rigor sintetizada na teoria do *sentimento constitucional*.[23]

Para tais autores, a posição epistemológica dos estudos de Teoria da Constituição não seria, portanto, controversa. Até por suas fortes inclinações sociológicas (no caso de Loewenstein, mais que patentes), ambos concebiam a Teoria da Constituição do ponto de vista sociológico, senão mesmo como uma *Sociologia Constitucional*.

Distinta, sob notáveis aspectos, será a construção de Hans Kelsen. É fato, como lembra Orlando Carvalho, que "o grande jurista de Viena conseguiu abalar os alicerces da ciência tradicional, obrigando os cultores da Teoria Geral do Estado à retomada de posições";[24] entretanto, muitas vezes esta tomada de posições lhe foi, como não poderia deixar de ser, marcadamente desfavorável.[25]

---

22 Incorporada e muito aperfeiçoada pelos norte-americanos na doutrina da *living Constitution*.

23 *Cf.* LOEWENSTEIN, *Teoria de la Constitución*, *cit.*, p. 200. *V.* HORTA, Raul Machado. *Direito Constitucional*. 4. ed. Belo Horizonte: Del Rey, 2003, p. 99-100.

24 CARVALHO, Orlando Magalhães. *Caracterização da Teoria Geral do Estado*. Belo Horizonte: Kriterion, 1951, p. 85.

25 Elza Maria Miranda Afonso reproduz testemunho de Luís Recaséns Siches, segundo o qual, em visita ao México, em abril de 1960, KELSEN teria se assustado com a presença de um auditório lotado para ouvi-lo. Foi advertido, entretanto, de que apenas um terço dos presentes concordava integralmente com sua ótica, enquanto um terço era radicalmente contra, e um terço, composto de discípulos críticos, concordava em parte, divergindo em parte. Teria o jurista, então, afirmado integrar este último grupo. [AFONSO, *O Positivismo...*, *cit.*, p. 269-70; ELZA MIRANDA AFONSO cita RECASÉNS SICHES, Luís. Balance de la Teoría Pura del Derecho. *Boletin Mexicano de Derecho Comparado*, Mexico, UNAM, a. VII, n. 19, enero-abril 1974, p. 116]. O fato elucida uma leitura muito comum nos

HISTÓRIA DO ESTADO DE DIREITO |149

O sistema lógico entabulado pelo mestre de Viena contrapõe-se com grande nitidez às concepções dos sociologistas que antecedem e sucedem Kelsen. Com propriedade, anota Paulo Bonavides: "Um dos traços marcantes do positivismo jurídico-estatal, de feição formalista, [...] conduzido às últimas consequências por Kelsen, [...] é abreviar as reflexões sobre a Constituição para reduzi-la a uma classificação legalista, fixada unicamente sobre o seu exame e emprego como lei técnica de organização do poder e exteriorização formal de direitos".[26]

Em Kelsen, se o Estado nada mais é que o sistema jurídico a ele pertinente (gerando o enorme equívoco de, assim como Schmitt propõe um Estado sem Direito, propor um Direito sem Estado), e a constituição sobretudo o "escalão de direito mais elevado", ou a "norma que regula a produção"[27] de outras normas, construir uma Teoria da Constituição implica em construir uma disciplina meramente normativa, pura de fatos ou valores, aferrada ao ponto de vista da norma.[28]

---

nossos dias: KELSEN teria evoluído significativamente, dos textos austríacos das décadas de 1920 e 1930 aos textos norte-americanos das décadas de 1940 e seguintes. Haveria, portanto, perceptíveis diferenças entre a *Allgemeine Staatslehre* de 1925, obra de grande impacto entre os filósofos germânicos do Estado, e a *General Theory of Law and State*, publicada em Berkeley em 1945, e já ela "bafejada" pela convivência de Kelsen com o sistema jurídico do *Common Law*; do mesmo modo, os teóricos do Direito identificam sensíveis controvérsias entre a *Reine Rechtslehre* de 1934, no Brasil lida e relida como sua obra máxima (ainda que na versão de 1960), e a *Allgemeine Theorie der Normen*, publicada postumamente em 1979. [No caso, por exemplo, da norma fundamental, sugerimos as pertinentes indagações de MAGALHÃES, José Luiz Quadros de. Poder constituinte e a norma fundamental de Hans Kelsen. *Revista de Informação Legislativa*, Brasília, a. 27, n. 105, jan./mar. 1990, p. 121 *et seq*, e ainda a enriquecedora polêmica entre Elza Miranda Afonso e Alexandre Travessoni, de que nos dá conta o próprio contendor: TRAVESSONI-GOMES, *O fundamento..., cit.*, p. 152-3]. Das obras traduzidas para o português, e de fácil acesso, *v.* as três últimas: KELSEN, Hans. *Teoria Geral do Direito e do Estado*. Trad. Luís Carlos Borges. São Paulo: Martins Fontes, 1992; KELSEN, Hans. *Teoria Pura do Direito*. 6. ed. Trad. João Baptista Machado. Coimbra: Arménio Amado, 1984; e KELSEN, Hans. *Teoria Geral das Normas*. Trad. José Florentino Duarte. Porto Alegre: Fabris, 1986. Vale o registro de Andityas Matos: "Apesar da teoria pura do direito ter sido a obra mais polêmica, conhecida, admirada e criticada de Kelsen, de forma nenhuma representa a totalidade de seu pensamento, já que grande parte de suas pesquisas foi dedicada ao problema da justiça" (MATOS, Andityas Soares de Moura Costa. *Filosofia do Direito e Justiça*; na obra de Hans Kelsen. Belo Horizonte: Del Rey, 2005, p. 05). MATOS esforça-se em conferir respeitabilidade jusfilosófica a KELSEN, e mergulha em suas concepções, extraindo fundamentos e elementos de sua concepção relativista da justiça. Também debruça-se sobre Kelsen o jovem jusfilósofo carioca ADRIAN SGARBI; *cf.* SGARBI, Adrian. *Hans Kelsen*; ensaios introdutórios. V. I. Rio de Janeiro: Lumen Juris, 2007.

26 BONAVIDES, *Curso de Direito Constitucional, cit.*, p. 148.

27 KELSEN, *Teoria Pura do Direito, cit.*, p. 310.

28 A tese kelseniana, aí sintetizada, leva não sem justiça a alcunha de *Normativismo Jurídico*.

JOSÉ LUIZ BORGES HORTA

A limitada concepção de constituição de Kelsen, ainda que matizada na *Teoria Geral do Direito e do Estado* em relação à *Teoria Pura do Direito*, é uma evidente afronta à hoje universalizada e amplamente aceita *teoria material da constituição*,[29] consagrada em Heller, que estrutura forte resistência ao formalismo kelseniano.

A propósito, na lição de Erich Kaufmann, integrada ao pensamento de Bonavides, registra-se com grande acuidade que o "formalismo normológico de Kelsen consiste numa fuga à realidade, [...] fuga para ver-se livre da acabrunhante e esmagadora variedade infinita que se acha contida na realidade".[30]

A segui-lo imoderadamente, acatando sua Teoria *normativa* da Constituição, jamais sequer cogitaríamos daquele que José Afonso da Silva afirma ser o "drama das Constituições voltadas para o povo: cumprir-se e realizar-se, na prática, como se propõe nas normas".[31]

A contribuição de Kelsen,[32] entretanto e como se verá, pode nos ser extremamente útil na configuração do constitucionalismo social, em especial em virtude de seu confronto com Schmitt: "A polêmica Kelsen-Schmitt nos anos 30 em Colônia constitui um dos momentos decisivos da reação que o formalismo provoca na Alemanha, produzindo um divisor de águas na teoria do século xx".[33]

Sobre a polêmica, anota Nelson Saldanha: "Como antípoda do de Kelsen, sobretudo na teoria constitucional, ficou o pensamento de Schmitt centrado sobre a ideia do Direito como ordem concreta e vinculada à política. O kelsenismo ficou como ponto de referência do formalismo, e o 'decisionismo' de Schmitt (denominação que ele próprio veio a rever) como marco do antiformalismo. Para ambos os casos, graus e variantes.[34]

Mário Quintão resume os pontos centrais de divergência: "A concepção Schmittiana, alicerçada no decisionismo, parte da premissa de que uma constituição é decisão conjunta de um povo sobre o modo de sua existência política, apresentando-se

---

29 Aliás, BONAVIDES, *Curso de Direito Constitucional*, cit., p. 147 *et. seq.*

30 BONAVIDES, *Curso de Direito Constitucional*, cit., p. 150.

31 SILVA, *Curso...*, cit., p. 733.

32 Em outra perspectiva, tivemos a oportunidade de atentar para aspectos menos dogmáticos do kelsenianismo: HORTA, José Luiz Borges. Reflexões em torno da Democracia Filosófica em Hans Kelsen. *Revista do Curso de Direito da Univale*, Governador Valadares, Univale, a. III, n. 6, p. 31-41, jul.-dez 2000.

33 BONAVIDES, *Curso de Direito Constitucional*, cit., p. 148.

34 SALDANHA, *Teoria do Direito...*, cit., p. 126.

válida quando emana de um poder constituinte (no sentido de força ou autoridade) e estabelece-se por sua vontade.

Por sua vez, o normativismo, insculpido no Estado liberal de direito, determina que tudo é previsível e calculável, isto é, em situações de equilíbrio bastam as normas. A decisão consiste, então, no elemento fundamental da ordem jurídica, pois cria, mantém e aplica a norma".[35]

Em recente estudo, Ari Marcelo Solon analisa o legado dos dois contendores, numa perspectiva de síntese, aliás inspirada em Tércio Sampaio: "A tese de uma convergência metodológica entre o elemento decisório e o normativo nos quadros da Teoria Geral do Direito [...] é antecipada no Brasil pelos trabalhos de Tércio Sampaio Ferraz Jr.".[36]

O embate pode ser flagrantemente identificado, *e.g.*, na divergência no entorno do *guardião da Constituição*: para Schmitt, o chefe de Estado; para Kelsen, o Tribunal Constitucional.[37]

A perspectiva de Solon é, todavia, a busca de pontos de convergência entre os autores.

Nenhum autor traduziu melhor a profunda divisão entre o normativismo kelseniano e o decisionismo schmittiano que Herman Heller,[38] autor síntese da Teoria da Constituição, e, como lembra Bercovici, participa do debate weimariano "como um dos poucos e leais defensores da Constituição e da República"[39] — Bercovici lembra, aliás, que "a teoria da soberania de Heller é uma teoria da soberania da democracia".[40]

Inserido nas grandes polêmicas de seu tempo, Heller não desdourou do Estado Social, tendo sido, no comentário de Gisela Bester, "um dos poucos constitucionalis-

---

35 Quintão Soares, *Teoria do Estado, cit.*, p. 266.

36 Solon, *Teoria da Soberania..., cit.*, p.187. O cuidadoso estudo de Solon elucida aspectos relevantes da polêmica, tendo como fio condutor a temática da soberania; em especial, aspectos biobibliográficos sobre a contenda podem ser pesquisados às p. 101-53.

37 Solon, *Teoria da Soberania..., cit.*, p. 106-8.

38 Heller não só os compreendeu em seu verdadeiro sentido como, com sua obra *Staastslehre* (1934), por sinal inacabada e publicada postumamente, contribuiu para a decisiva superação de ambos. Conquanto exista tradução em língua portuguesa, utilizamos a versão em castelhano: Heller, Hermann. *Teoría del Estado*. Trad. Luis Tobío. México: Fondo de Cultura Económica, 1992. Para o estudo da matéria, sugere-se o capítulo pertinente a *La constitución del estado*, p. 267-98.

39 Bercovici, *Constituição e estado de exceção permanente, cit.*, p. 23.

40 Bercovici, *Soberania e Constituição, cit.*, p. 23.

152 | José Luiz Borges Horta

tas que aceitou e defendeu a Constituição de Weimar".[41] É nosso autor quem alerta os incautos: "Quando se fala, e com razão, da crise atual da Teoria do Estado, não se deve ver nela um fenômeno de decadência, mas ao contrário".[42]

Segundo Baracho, Hermann Heller propõe um conceito dialético-plenário de poder constituinte: "Heller procurou demonstrar a conexão indissolúvel entre o mundo real e o mundo cultural. A existencialidade, a normatividade e o poder constituinte não se acham, certamente, em oposição, mas condicionam se reciprocamente. Um poder constituinte que não esteja vinculado aos setores de decisiva influência para a estrutura de poder, por meio de princípios jurídicos comuns, não tem poder nem autoridade e, por conseguinte, também não tem existência. Essa metodologia de Heller marca as diferenças entre suas concepções e as de Hans Kelsen e Carl Schmitt".[43]

Ao definir a constituição, Heller vai considerá-la como uma realidade social, presente em toda sociedade política, e que, no Estado, possuirá três dimensões:

1) a constituição *não normada*, mas que entretanto encontra-se normalizada (pelo próprio ambiente sociocultural, que condiciona a ação do homem de diversos pontos de vista, como o econômico, o histórico, o social);

2) a constituição *normada extrajuridicamente*, que inclui não somente as normas sociais de costume, moral, religião, como também os chamados princípios éticos, as únicas normas realmente conhecidas e vivas no espírito da comunidade;

3) a constituição *normada juridicamente*.

A constituição estatal, assim, é um soma de normalidade e normatividade (jurídica e extrajurídica), e não, como em Schmitt, manifesta normalidade, ou pura normatividade jurídica, como em Kelsen.

A preocupação de integrar normalidade e normatividade manifesta-se por inúmeras dualidades que Heller transcende: assim, a constituição possui a dimensão de efetividade que tanto estimulava Schmitt, mas também a de validade que Kelsen deifi-

---

41 Bester, Gisela Maria. A concepção de Constituição de Hermann Heller – integração normativa e sociológica – e sua possível contribuição à Teoria da Interpretação Constitucional. *Revista da Faculdade de Direito*, Belo Horizonte, Universidade Federal de Minas Gerais, n. 36, 1999, p. 238.

42 Heller, *Teoría del Estado, cit.*, p. 46.

43 Baracho, Teoria geral do constitucionalismo, *op. cit.*, p. 24. Para o debate entre Schmitt e Heller, v. Bercovici, As possibilidades de uma Teoria do Estado, *op. cit.*

cava; é ser, mas também dever-ser; é dinâmica, mas também estática; trafega no plano da existencialidade, mas também no da idealidade. Se há força normativa no normal fático, também há força normalizadora no normativo:[44] "Toda criação de normas é, por isto e antes de tudo, uma tentativa de produzir, mediante uma normatividade criada conscientemente, uma normalidade da conduta com ela concorde".[45]

Em última análise, ao Estado sem Direito de Schmitt, e ao Direito sem Estado de Kelsen, Heller contrapõe um Estado com Direito — um Estado de Direito, na mais renovada tradição. Tanto Kelsen, com sua norma fundamental, desprovida de poder e válida logicamente, quanto Schmitt, com seu poder sem norma, carente de validade, desdouram a dialética da realidade estatal. Normatividade e existencialidade, assim, não são noções opostas, mas reciprocamente condicionadas.

Em lição que nos chega intacta, pontifica Heller: "A ciência interpretativa do Direito Constitucional não só pode como também deve formular, partindo da situação jurídica total, ao lado do conceito de Constituição formal, um conceito de Constituição material em sentido estrito".[46]

No mundo radicalizado política e juridicamente em que vivia,[47] é preciso registrar que o próprio Heller vai posicionar-se como um cientista da realidade; daí, não poder falar numa Teoria geral do Estado, universal e atemporal, mas sim numa Teoria do Estado específica para a vida estatal que nos rodeia.[48] A nosso juízo, pensamos mesmo que Heller considerava-se quase um sociólogo do Estado, tal como seus predecessores antiformalistas; sua obra, entretanto, de imenso impacto, na verdade contribuiu para compreender as verdadeiras dimensões do que o germanismo chamaria de *Staatswissenschaften*: as ciências do Estado. "Ciências" que devem estudar fenômenos como o Estado e a Constituição não somente como normas, mas também como fatos e ainda, como talvez veremos, valores.[49]

---

44 HELLER, *Teoría del Estado, cit.*, p. 270.

45 HELLER, *Teoría del Estado, cit.*, p. 277.

46 HELLER, *Teoría del Estado, cit.*, p. 295.

47 Até sua morte no exílio em 1933.

48 HELLER, *Teoría del Estado, cit.*, p. 19.

49 A Faculdade de Direito da UFMG acaba de propor uma inovação de grande impacto na educação brasileira: a criação, no âmbito do Reuni (Programa de Apoio a Planos de Reestruturação e Expansão das Universidades Federais, lançado pelo Governo Federal em 2007), do seu *Bacharelado em Ciências do Estado*.

154| José Luiz Borges Horta

Perez Luño conecta a Heller a recente obra de constitucionalistas como W. Kägi, Konrad Hesse, Wolfgang Abendroth.[50]

A gênese sociológica da Teoria da Constituição explica, ainda que não justifique, o influxo sociologista que contamina as indagações de alguns dos seus contemporâneos cultores. No passado, foram Sociólogos do Direito Constitucional que apresentaram ao mundo jurídico a proposta da Teoria da Constituição como disciplina específica, autônoma frente à *Algemeine Staatslehre* de seus predecessores; nada mais natural que sua contribuição pudesse ser sintetizada na expressão Teoria *sociológica* da Constituição, onde teríamos o estudo dos sentidos formal e material da Constituição, da própria efetividade constitucional, além da meditação em torno da teoria do poder constituinte, tema central da disciplina.[51]

Tal dimensão, contudo, não nos basta, como não passou despercebido ao rigor de Baracho. Seria preciso, ainda, tratar de inúmeros temas sob um ponto de vista estritamente normativo, como pretenderia Hans Kelsen. Assim, a uma por nós chamada Teoria *dogmática*[52] da Constituição caberia o denso filão de temáticas mais estritamente jurídicas, tais como: a tipologia das constituições, o poder constituinte de reforma da constituição formal, a fertilíssima teoria das normas constitucionais, e os temas referentes ao Direito Processual Constitucional (aí, incluído o controle de constitucionalidade).

(Talvez, ainda que não no marco do constitucionalismo social, pudéssemos antever uma Teoria *axiológica* da Constituição, como na lição de Baracho: "Uma Teoria da Constituição para o nosso tempo deve assentar-se no sistema de valores fundamentais da Constituição, partindo do pressuposto de que não são imutáveis".[53])

A partir dos exames vestibulares de 2009, é oferecida a formação nesse interessante espectro, nas amplas dimensões por ele exigidas, das Ciências à Filosofia do Estado. Aliás, a UFMG tem buscado a vanguarda na área, com a oferta sistemática de estudos em sede de *Filosofia do Estado* em seu Programa de Pós-Graduação (*cf.* www.pos.direito.ufmg.br). Talvez uma boa chave para compreender as razões últimas que nos motivam possa ser encontrada em Horta, José Luiz Borges. *Ratio Juris, Ratio Potestatis*: breve abordagem da missão e das perspectivas acadêmicas da Filosofia do Direito e do Estado. *Revista da Faculdade de Direito*, Belo Horizonte, Universidade Federal de Minas Gerais, n. 49, p. 145-160, jul.-dez. 2006.

50 Perez Luño, *Derechos Humanos..*, cit., p. 226-7.

51 *Cf.* Baracho, José Alfredo de Oliveira. Teoria da Constituição. *Revista Brasileira de Estudos Políticos*, Belo Horizonte, Universidade Federal de Minas Gerais, n. 47, jul. 1978, p. 16.

52 Caso se prefira, uma Teoria *jurídica* da Constituição, ou uma Teoria *normativa* da Constituição.

53 Baracho, Teoria da Constituição, *op. cit.*, p. 47.

HISTÓRIA DO ESTADO DE DIREITO |155

O legado dos grandes pensadores do constitucionalismo social, enfim, aponta para uma maior complexificação das constituições; ao lado da *Constituição do Poder* e da *Constituição da Liberdade*, integradas na clássica *Constituição Política*, ganha vulto, na nova *Constituição Social*, a chamada *Constituição Econômica*:[54] "A Constituição política se completa na Constituição social. O Estado Liberal de Direito transfigura-se no Estado Social de Direito".[55]

Para Washington Albino, a constituição econômica "integra-se na ideologia definida na Constituição em apreço e a partir desta são estabelecidas as bases para a política econômica a ser traduzida na legislação infraconstitucional".[56]

Tal "passagem de um Constitucionalismo Político para um outro Constitucionalismo de tipo Social"[57] impõe a "constitucionalização de setores da ordem jurídica econômica";[58] comenta Bonavides: "A clara opção constitucional de alguns sistemas pluralistas por um Estado social tem levado a fazer da ordem econômica e social se não o mais importante capítulo da Constituição, pelo menos aquele onde se escreve a verdadeira essência e finalidade de um novo modelo de Estado".[59]

É o que, em outras palavras, registra Baracho: "As constituições que vieram após a Primeira Guerra Mundial refletem as novas exigências, não ficam apenas preocupadas com a estrutura política do Estado, mas salientam o direito e dever do Estado em reconhecer e garantir a nova estrutura exigida pela sociedade. Aos direitos absolutos da declaração de 1789 contrapõem-se limitações, decorrentes das superiores exigências da coletividade. Aos princípios que consagram a atitude abstencionista do Estado impõe-se o do art. 151 da Constituição de Weimar: A vida econômica deve ser organizada conforme os princípios da justiça, objetivando garantir a todos uma existência digna".[60]

---

54 BARACHO, Teoria Geral das Constituições Escritas, *op. cit.*, p. 62. Gilberto Bercovici desenvolve a Constituição Econômica da matriz do Estado social, a Constituição alemã de Weimar: BERCOVICI, *Constituição e estado de exceção permanente*, cit., p. 39-50.

55 HORTA, Constituição e Direitos Sociais, *op. cit.*, p. 54-5.

56 ALBINO DE SOUZA, Washington Peluso. *Estudos de Direito Econômico*. V. 3: Constituição Econômica. Belo Horizonte: Movimento Editorial da Faculdade de Direito da UFMG, 2000, p. 18. Recomendamos, ainda, o clássico ALBINO DE SOUZA, Washington Peluso. *Do Econômico nas Constituições Vigentes*. 2 v. Belo Horizonte: Revista Brasileira de Estudos Políticos, 1961.

57 WOLKMER, Para um paradigma..., *op. cit.*, p. 45.

58 BARACHO, Teoria Geral das Constituições Escritas, *op. cit.*, p. 62.

59 BONAVIDES, *Teoria do Estado, cit.*, p. 223.

60 BARACHO, Teoria geral do constitucionalismo, *op. cit.*, p. 46.

É neste contexto que se afirma a noção de *constituição dirigente,*[61] proposta pelo constitucionalista português Gomes Canotilho.[62] Ferreira Filho, comentando Canotilho e tal tese, anota que "a Constituição se torna antes de tudo, uma 'lei material' a preordenar fins, objetivos, até meios, num sentido rigidamente estabelecido. Não uma 'lei processual', um *'instrument of government'* a definir competências, regular processos, estabelecer limites".[63]

---

61 Uma excelente reflexão sobre a teoria da Constituição dirigente, evidenciadora de seu papel de despolitização da Constituição, minimizando-se o Estado e a política, encontra-se em SOUZA NETO, Cláudio Pereira de; BERCOVICI, Gilberto; MORAES FILHO, José Filomeno; LIMA, Martônio Mont'Alverne B. *Teoria da Constituição*; estudos sobre o lugar da política no direito constitucional. Rio de Janeiro: Lumen Júris, 2003.

62 *Cf.* CANOTILHO, José Joaquim Gomes. *Constituição dirigente e vinculação do legislador.* 2. ed. Coimbra: Coimbra, 2001.

63 FERREIRA FILHO, *Estado de Direito..., cit.,* p. 89. Ferreira Filho cita o clássico CANOTILHO, José Joaquim Gomes. *Constituição dirigente e vinculação do legislador.* Coimbra: Coimbra, 1982, p.157].

11.2 A SEGUNDA GERAÇÃO DE DIREITOS FUNDAMENTAIS

A INTERVENÇÃO DO ESTADO NO DOMÍNIO SOCIAL traduziu-se, prioritariamente, na consagração de uma nova categoria de direitos: "Os direitos da segunda geração [...] dominam o século XX do mesmo modo como os direitos do primeira geração dominaram o século passado. São os direitos sociais, culturais e econômicos bem como os direitos coletivos ou de coletividades, introduzidos no constitucionalismo das distintas formas de Estado social, depois que germinaram por obra da ideologia e da reflexão antiliberal deste século. Nasceram abraçados ao princípio da igualdade, do qual não se podem separar, pois fazê-lo equivaleria a desmembrá-los da razão de ser que os ampara e estimula".[1]

É que, como lembra Perez Luño, "as lutas sociais do século XIX [...] evidenciaram a necessidade de completar o catálogo dos direitos e liberdades da primeira geração com uma segunda geração de direitos: os direitos econômicos sociais e culturais. Esse direitos alcançaram sua paulatina consagração jurídica e política na substituição do Estado liberal de Direito pelo Estado social de Direito".[2]

Tratava-se de uma nova perspectiva, animada em instâncias significativas de libertação do homem: "A questão agora não é conquistar a liberdade do trabalhador no sentido de libertação da escravatura ou simplesmente no sentido formal político e jurídico, mas buscar as possibilidades de sua justa participação na riqueza social. Essa ideia, que constitui um projeto da sociedade contemporânea, é o que se concebe como justiça social, segundo a qual a riqueza social, material e espiritual, deve ser repartida de acordo com um princípio de igualdade proporcional, pelo qual cada um recebe conforme o seu mérito, avaliado pelo critério do trabalho (entendido como toda atividade útil e devida à sociedade) desenvolvido na produção da riqueza social, sem se esquecer de que o mérito de quem não pode trabalhar está ínsito na dignidade da pessoa".[3]

---

1 BONAVIDES, *Curso de Direito Constitucional, cit.*, p. 518.

2 PEREZ LUÑO, *Derechos Humanos..., cit.*, p. 524.

3 SALGADO, Os Direitos Fundamentais, *op. cit.*, p. 42.

158| JOSÉ LUIZ BORGES HORTA

A matriz axiológica dos direitos sociais encontra-se nos ideais românticos do século XIX: "A primeira geração de direitos viu-se igualmente complementada historicamente pelo legado do socialismo, vale dizer, pelas reivindicações dos desprivilegiados ao direito de participar do 'bem-estar social'".[4]

Ainda uma vez, a construção weimariana é alçada à condição de modelo jurídico: "Havia [...] entre os alemães uma predisposição para a afirmação dos direitos fundamentais em sentido muito amplo, o que ainda mais se acentuou com a constatação das dificuldades da grande massa trabalhadora e de sua absoluta impossibilidade de conquistar e assegurar com meios próprios uma situação razoável. Tudo isso fez com que o Livro II da Constituição de Weimar fosse inteiramente dedicado aos 'Direitos e Deveres Fundamentais do Cidadão Alemão', contendo três capítulos referentes, respectivamente, a 'Pessoas Individuais', 'Vida Social' e 'Religião e Associações Religiosas'. Essa Constituição exerceu grande influência no constitucionalismo moderno, sobretudo pela ênfase dada aos direitos fundamentais".[5]

Emergem, ao cabo de severas críticas ao formalismo liberal, direitos sociais, econômicos e culturais considerados como direitos fundamentais do homem,[6] concebidos exatamente para assegurarem a real efetivação das liberdades originárias: "Os direitos de crédito, denominados direitos econômico-sociais e culturais, podem ser encarados como direitos que tornam reais direitos formais".[7]

São direitos em regra oponíveis ao Estado (daí falar-se em crédito, dos indivíduos contra o poder), que passa a ser responsável por prestações positivas; seu titular já não é o indivíduo isolado, mas o partícipe de um meio social concreto, dentro do qual terá de igualar-se, ao menos em oportunidades, aos seus semelhantes: "Os direitos fundamentais [...] se verão afetados [...] em sua titularidade, ao deixar de ser sujeito dos direitos sociais o homem abstrato em sua dimensão individual e passar a sê-lo o homem situado no contexto das circunstâncias reais, concretas e comunitárias".[8]

---

4 LAFER, *A Reconstrução...*, *cit.*, p. 127.

5 DALLARI, *Elementos...*, *cit.*, p. 178.

6 MATTA-MACHADO, *Contribuição...*, *cit.*, p. 121.

7 LAFER, *A Reconstrução...*, *cit.*, p. 127.

8 PEREZ LUÑO, *Derechos Humanos...*, *cit.*, p. 121.

Dotados de grande apelo, mas responsáveis por vultosos gastos, os direitos sociais foram situados em plano meramente político, sendo recente a noção de *direitos públicos subjetivos*, que ensejariam inclusive medidas judiciais para sua garantia: "Passaram por um ciclo de baixa normatividade ou tiveram eficácia duvidosa, em virtude de sua própria natureza de direitos que exigem do Estado determinadas prestações materiais [...] Foram eles remetidos à chamada esfera programática".[9]

Na síntese de José Afonso da Silva, "podemos dizer que os *direitos sociais*, como dimensão dos direitos fundamentais do homem, são prestações positivas estatais, enunciadas em normas constitucionais, que possibilitam melhores condições de vida aos mais fracos, direitos que tendem a realizar a igualização de situações sociais desiguais. São, portanto, direitos que se conexionam com o direito de igualdade. Valem como pressupostos do gozo dos direitos individuais na medida em criam condições materiais mais propícias ao auferimento da igualdade real, o que, por sua vez, proporciona condição mais compatível com o exercício efetivo da liberdade".[10]

Uma vez que, de certo modo, "o centro convergente dos direitos sociais é o trabalho",[11] é especialmente caro ao Estado social construir algo como uma rede de proteção ao trabalhador; daí, falar-se em direitos sociais como direitos do trabalhador: "Do mesmo modo que a ideia de direitos individuais e sua consagração constitucional se dá com o aparecimento do Estado liberal, a dos direitos sociais, propugnados pelo socialistas do século passado, ocorre com o surgimento do Estado social, que só é possível pela valorização do trabalho criada pelo desenvolvimento industrial. Os direitos sociais estão, portanto, ligados ao conceito de trabalho e, mais rigorosamente, ao de trabalhador. O estado social é o que declara, como sua finalidade central, a realização da justiça social e, por isso, dos direitos sociais".[12]

Sua perspectiva, no entanto, é mais ampla: "Os assim chamados direitos de segunda geração, previstos pelo *welfare state*, são direitos de crédito do indivíduo em relação à coletividade. Tais direitos — como o direito ao trabalho, à saúde, à educação — têm como sujeito passivo o Estado".[13]

---

9 BONAVIDES, *Curso de Direito Constitucional, cit.*, p. 518.

10 SILVA, *Curso...*, *cit.*, p. 258.

11 SALGADO, Os Direitos Fundamentais, *op. cit.*, p. 18.

12 SALGADO, Os Direitos Fundamentais, *op.*, *cit.*, p. 40.

13 LAFER, *A Reconstrução...*, *cit.*, p. 127.

160| JOSÉ LUIZ BORGES HORTA

Quer sob a forma genérica *direitos sociais*, quer sob a forma expandida *direitos econômicos, sociais e culturais*,[14] os doutrinadores vêm divergindo no tocante à enumeração dos direitos.

José Afonso da Silva, por exemplo, propõe falar-se em direitos do homem *produtor* (o direito ao trabalho e demais direitos conexos) e direitos do homem *consumidor* (saúde, seguridade, educação, assistência etc.).[15]

A formulação mais tradicional reconhece, com Salgado,[16] a tríplice leitura de Bobbio, para quem, "sintetizando, os direitos sociais fundamentais são estes três: à instrução, ao trabalho, à saúde".[17]

José Luiz Quadros de Magalhães apresenta um catálogo mais extenso: trabalho, seguridade (previdência, saúde e assistência), educação, cultura, lazer, segurança, transporte e habitação.[18] Manoel Gonçalves Ferreira Filho refere-se ainda ao desporto e ao turismo.[19]

É importante anotar que, muito embora esses direitos permaneçam, em boa parte, inefetivos, a consciência da sua importância é construção mais que secular. Em nossa dissertação de mestrado, constatamos que já na Constituição brasileira de 1824 comparece, para nosso gáudio, o princípio da gratuidade do ensino.[20]

Com o advento do Estado social de Direito, o Ocidente atinge uma grande maturidade em relação a tais direitos, e em especial ao direito à educação.

Salgado registra que "Pontes de Miranda foi um dos primeiros juristas a tratar seriamente do direito à educação na sociedade contemporânea, como direito humano concreto; desenvolve a sua tese propondo uma solução política (socialista): a escola única, obrigatória e gratuita, com previsão constitucional dos meios para realizá-lo".[21]

---

14 ÍLDER MIRANDA-COSTA trabalha a categoria de *direitos culturais* como parte dos direitos de terceira geração, como veremos; *cf.* MIRANDA-COSTA, Ílder. *Religiosidade, cultura e direito*: do percurso da transcendência e da liberdade ao patrimônio cultural ocidental. Belo Horizonte: Faculdade de Direito da UFMG, 2007, p. 437 *et seq.* (Mestrado, Filosofia do Direito).

15 SILVA, *Curso...*, *cit.*, p. 259 *et seq.*

16 SALGADO, Os Direitos Fundamentais, *op. cit.*, p. 43-56.

17 BOBBIO, *Teoria Geral da Política*, *cit.*, p. 507.

18 MAGALHÃES, *Direitos Humanos...*, *cit.*, p. 153 *et seq.*

19 FERREIRA FILHO, *Direitos Humanos...*, *cit.*, p. 50.

20 HORTA, *Direito Constitucional da Educação*, *cit.*, p. 44-5.

21 SALGADO, Joaquim Carlos. *Pontes de Miranda e o Direito à Educação*. João Pessoa: III Congresso Bra-

À época, ouçamos Harold Laski: "Definiu-se a cidadania como a contribuição da reflexão consciente de cada um ao acervo comum do bem-estar público. Deduz-se disso que o cidadão tem direito a desfrutar de uma educação que o capacite às tarefas da cidadania. Deve-se-lhe prover os conhecimentos necessários para compreender a vida".[22]

Vale mencionar a lição de antigo catedrático de Filosofia do Direito desta *Casa de Afonso Pena*: "Os novos direitos constituem, por assim dizer, a substancia da declaração constitucional de direitos. Não se trata mais de uma declaração negativa da liberdade, que não dava outro direito ao individuo senão o de não ser incommodado pelo Estado. O individuo tem direito a serviços e bens, e o Estado o dever de assegurar, garantir e promover o gozo desses serviços e desses bens: o direito á actividade creadora; o direito ao trabalho; o direito a um padrão razoável de vida; o direito á segurança contra os azares e os infortunios da vida — o desemprego, o accidente, a doença, a velhice; o direito a condições de vida sã, creando ao Estado o dever de administrar a hygiene publica, e, sobre todos, o direito á educação, sem cujo exercicio não é possível tornar accessivel a todos o gozo dos demais bens da civilização e da cultura. O direito á educação é, assim, o mais importante dos novos direitos".[23]

No que tange às diferenças, já registradas, na ênfase dada aos direitos sociais pelos regimes socialistas, anota Perez Luño: "O processo de positivação dos direitos sociais adquiriu caracteres próprios no marco dos países socialistas. Nestes sistemas jurídicos os direitos sociais adquiriram uma importância predominante ao serem considerados [...] garantia do exercício de todos os direitos".[24]

Existe, no entanto, uma total exacerbação dos direitos sociais nos regimes de exceção socialista, de tal forma a (e eis o exemplo cubano, inconteste sucesso educacio-

---

sileiro de Filosofia do Direito, 1988, p. 3 (Comunicado). [SALGADO cita, dentre outra obras, PONTES DE MIRANDA. *Os cinco novos direitos do homem*. Rio de Janeiro: Alba, 1933, e PONTES DE MIRANDA. *Direitos à Educação*. Rio de Janeiro: Alba, 1933].

22 LASKI, *El Estado Moderno, cit.*, p. 129.

23 CAMPOS, *O Estado Nacional, cit.*, p. 55. Francisco Luís da Silva Campos (1891-1968) disputou na Faculdade de Direito (hoje da UFMG), em 1916, a cátedra de uma seção de disciplinas (Filosofia do Direito, Direito Romano, Ciência das Finanças e Economia Política), e em 1917 foi novamente aprovado para a cátedra de Direito Público Constitucional. Mais tarde foi Ministro de Estado da Educação (1930-1932), e promoveu a Reforma Francisco Campos, que criou a Pós-Graduação no Brasil.

24 PEREZ LUÑO, *Derechos Humanos..., cit.*, p. 123.

162 | José Luiz Borges Horta

nal e em termos de saúde) mesmo enfraquecer as liberdades originárias; Celso Lafer apresenta, sobre o tema, pertinente reflexão: "Da representação americana deriva o horizonte da visão liberal clássica, que a prática da História demonstrou não resolver o problema social e político da desigualdade [...] Da representação francesa, deriva o horizonte de um poder onipotente e constantemente ativo, que no limite leva ao Terror. [...] É com base nestas distintas representações que Luc Ferry e Alain Renaut acentuam o obnubilamento constitutivo da tradição socialista em relação ao alcance democrático dos direitos de primeira geração e a reticência congênita da tradição liberal em relação às exigências democráticas de justiça social, promovidas pela iniciativa estatal por meio dos direitos de segunda geração".[25]

O desafio dos estudiosos, e também dos governos, parece ser precisamente o de conjugar as gerações de direitos: "Na classificação dos cientistas políticos, os direitos individuais são direitos da primeira geração, fundados no primado da liberdade, enquanto os direitos sociais são os direitos da segunda geração, edificados sobre a primazia da igualdade. Não obstante essas características individualizadoras, há um vínculo de aproximação entre um e outro, tornando inseparáveis categorias do constitucionalismo contemporâneo os direitos individuais e os direitos sociais".[26]

Não há que falar-se em contradição entre indivíduo e comunidade, como lembrava Matta-Machado: "A velha antinomia (nascida, aliás, duma série de malentendidos) entre individualismo e coletivismo já não existia em 1918. A partir de então, o direito constitucional democrático reconhecia os novos direitos sociais, que não se apresentam mais como um sinal exclusivo de uma filosofia política determinada".[27]

Weimar, afinal, pretendia-se um polo de integração (jamais de contraposição) de direitos: "A constituição de Weimar foi durante muito tempo o documento inspirador de todas as tentativas de conciliar os direitos individuais e sociais no marco do Estado social de Direito".[28]

De fato, com Cançado Trindade, pode-se afirmar: "As distintas categorias de direitos formam um todo indissolúvel e [...] não raro a vigência de determinados direitos

---

25 LAFER, *A Reconstrução...*, *cit.*, p. 130.

26 HORTA, Constituição e Direitos Sociais, *op. cit.*, p. 51.

27 MIRKINE-GUETZÉVITCH, Boris. *L'ONU et la doctrine moderne des droits de l'homme*. Paris: A. Pedone, 1951, p. 194-5, *apud* MATTA-MACHADO, *Contribuição...*, *cit.*, p. 108.

28 PEREZ LUÑO, *Derechos Humanos...*, *cit.*, p. 122.

econômicos, sociais e culturais constitui o pressuposto para o gozo efetivo de certos direitos clássicos de liberdade (civis e políticos)".[29]

Evidentemente, os direitos são permanentemente permeados pela História, e como dito, permanecem em marcha, revigorando-se e aprimorando-se. Assim é que as liberdades políticas, de primeira geração, com o advento do Estado social de Direito ampliaram-se sensivelmente (e a extensão do voto às mulheres no entorno dos anos 30 é um dado significativo): "A Teoria liberal da Constituição, aceitando os novos contornos de significado social e econômico, partiu para elaborações constitucionais que reagiram à democracia individualista, com o objetivo de atingir as novas formas participativas, pluralistas e sociais, ampliando o teor dos textos fundamentais".[30]

---

29 TRINDADE, Antônio Augusto Cançado. *A Proteção Internacional dos Direitos Humanos*: fundamentos jurídicos e instrumentos básicos. São Paulo: Saraiva, 1991, p. 56.

30 BARACHO, Teoria Geral das Constituições Escritas, *op. cit.*, p. 67.

12. A ERA DA MATERIALIZAÇÃO

A PREOCUPAÇÃO COM A DIGNIDADE DO HOMEM impulsiona transformações estruturais no Estado de Direito. A nova dimensão do Estado Ético é fundamentada no valor igualdade, central ao Estado social de Direito. Na trilha aberta em Weimar, o Estado se rejuvenesce: "As constituições alemãs abundam em expressões ricas em aspectos éticos: dignidade humana, direitos sagrados e invioláveis, respeito à lei moral, família, matrimônio etc. Tudo isso converte o *sozialer Rechtstaat* em Estado material de direito, pois tais afirmações culturais e éticas de um *Kulturstaat*, que além do mais, professa o dogmatismo democrático, são incompatíveis com o relativismo e formalismo do Estado liberal de Direito".[1]

O homem do século XX esforça-se pela ultrapassagem das desigualdades sociais, criando um Estado forte, capaz de vencer a astúcia do mercado e de superar suas limitações: "Entende Manoel García-Pelayo que, em termos gerais, o Estado social significa, historicamente, a preocupação de adaptação do Estado tradicional ou Estado liberal burguês às condições sociais da civilização industrial e pós-industrial, tendo em vista as novas possibilidades técnicas e econômicas, que demandem procedimentos atualizados para enfrentar as transformações que vêm ocorrendo, nos últimos anos. Ao considerar o Estado social, como Estado distribuidor, salienta sua conversão em empresário, mediante a estatização das empresas, seja por meio de atuação com o capital privado, em empresas de economia mista, seja, dirigindo-as diretamente. A direção e regulação da vida econômica nacional, através do Estado, supõe para García-Pelayo a transformação

---

1 VERDÚ, *La lucha...*, *cit.*, p. 83.

de um Estado predominantemente legislativo, centrado na legislação, com preocupações com a ordem geral e abstrata, para um Estado administrativo ou prestacionista".[2]

O novo Estado é fruto do anseio de efetivação, não de mera declaração; é cada vez mais substancial e cada vez menos formal; ao menos em parte, vivifica-se no mundo do *ser*, emancipando-se do *dever ser*: "O novo Estado de Direito [...] é mais o Estado da legitimidade do que propriamente da legalidade em sua versão clássica".[3]

É, no entanto, sob novas e mais adequadas roupagens, a consubstanciação do sonho do Estado de Direito: "Sem renunciar às garantias jurídicas do Estado de Direito, o Estado social de Direito supôs ainda a garantia material dos postulados liberais formais conclamados pelo Estado liberal de Direito, o que exigiu profundas mudanças nas suas técnicas operativas".[4]

Até onde ele pôde ser universalizado, no entanto, é o tema que examinaremos a seguir.

---

2 BARACHO, Teoria geral do constitucionalismo, *op. cit.*, p. 61 [Baracho cita GARCÍA-PELAYO, Manuel. *Las Transformaciones des Estado Contemporáneo*. 2. ed. Madrid: Alianza Universidad, 1980].

3 BONAVIDES, *Curso de Direito Constitucional*, *cit.*, p. 14.

4 PEREZ LUÑO, *Derechos Humanos...*, *cit.*, p. 226.

CAPITULO IV

O Estado Democrático

COUR D'AMOURS
Amor volat undique
captus est libidine.
Iuvenes, iunvencule
coniunguntur merito.
Siqua sine socio,
caret omni gaudio

["CORTE DE AMORES
O amor voa por toda parte,
prisioneiro do desejo.
Rapazes, raparigas
unem-se como devem.
Se a jovem não tem parceiro,
desaparece-lhe toda a alegria"]

[*Carmina burana*]

13. Fundamentos sociológicos

O SÉCULO XX QUE EMERGE DO SEGUNDO PÓS-GUERRA é o século do medo, do risco e da desesperança: "A presença da catástrofe traumatizou nossos dias. Se o século XX teve seu início marcado pelas hostilidades da guerra de 1914, o Terceiro Milênio anunciou-se prematuramente em Hiroshima e Nagasaki. Sensação difusa, do risco larvado, insegurança que espreita em todos os instantes".[1]

Após as loucuras insanas e grotescas do antissemitismo, o fantasma das irresponsáveis bombas atômicas de TRUMAN pairou sob o século, apavorando gerações; a proporção do crescimento global dos gastos militares faria com que Eisenhower afirmasse, ao final de seu governo, em 1961, que o mundo é governado pelo complexo industrial-militar.[2]

O Estado, em permanente estado de beligerância, era cada vez mais caro, garantindo um desenvolvimento sem precedentes da indústria bélica; as potências emergentes de Yalta, após retalharem a Europa em zonas de influência, disputam palmo a

---

1 DINIZ, Arthur José Almeida. A crise de nossos dias. *Revista da Faculdade de Direito*, Belo Horizonte, Universidade Federal de Minas Gerais, a. XXVII, n. 21, maio 1979, p. 308.

2 As expressões originais integraram o discurso de despedida do General EISENHOWER da Presidência da República dos Estados Unidos da América do Norte, em 17.01.1961, e pode ser facilmente consultado em: EISENHOWER, Dwight David. Farewell adress. *In*: <http://en.wikisource.org/wiki/Eisenhower%27s_farewell_address>, acesso em 20.01.2008; *verbis*: "In the councils of government, we must guard against the acquisition of unwarranted influence, whether sought or unsought, by the military-industrial complex. The potential for the disastrous rise of misplaced power exists and will persist. We must never let the weight of this combination endanger our liberties or democratic processes. We should take nothing for granted. Only an alert and knowledgeable citizenry can compel the proper meshing of the huge industrial and military machinery of defense with our peaceful methods and goals, so that security and liberty may prosper together".

170 | JOSÉ LUIZ BORGES HORTA

palmo do Ocidente: "A 'guerra fria' pode ser considerada como um sistema de conflitos decorrente de dois polos de irradiação, constituídos pelos dois centros de poder: Washington e Moscou".[3]

Ao tempo em que, do ponto de vista formal, concedia-se independência às colônias europeias mundo afora, destruindo de vez o império onde o Sol jamais se punha, a velha influência europeia (sobretudo britânica e francesa) cede vez ao alinhamento coativo dos países ou com a potência de Hollywood ou com o ouro de Moscou. É o colonialismo ideológico, que garante mercados às potências centrais do Primeiro Mundo, capitalista, e do Segundo Mundo, socialista. O *gentleman* é vencido pelo *cowboy*, o *gauche* pelo *tovarich*. Novos bárbaros dividem o mundo.

Os gigantes do Norte enveredam em gastos militares sem qualquer precedente: a cada passo dado por Washington, custeado pelo êxito econômico e pela habilidade financeira em extorquir os Estados de sua zona de influência, mediante uma política externa usurária que garroteava os endividados, Moscou revidava, condenando o sucesso da experiência socialista.

Com Reagan, e sua *guerra nas estrelas*, Gorbatchov afinal capitulou. Com transparência (e. f. *glasnost*), pretendeu reestruturar (*perestroika*) a União Soviética. Décadas de opressão o impediram.

Em 1989, cai o Muro de Berlim, que dividira a antiga capital germânica entre russos e ocidentais: "A História mundial recente mostra a bancarrota política dos estados totalitários caracterizados pelo extremo centralismo e sufocamento das liberdades individuais e de expressão, sobre a falsa fachada de garantidores de uma igualdade social. A queda do muro de Berlim foi o marco mais concreto de que os regimes atentatórios aos direitos fundamentais, e por isso opressores, não estão encontrando legitimidade para se manterem. Ainda em 1970, o Sindicato Solidariedade enfrenta o governo polonês, tornando-se proscrito até 1988, e inaugurando, assim, a resistência nos países do leste. A existência de castas políticas concentradoras de grande poder oligárquico é também uma das causas de insatisfação popular, e a soberania, cuja sede é o próprio povo, tornou-se (ainda que em menor grau, em vários países, inclusive o nosso) instrumento de favorecimento privado, em detrimento de prejuízos públicos".[4]

---

3 DINIZ, A crise de nossos dias, *op. cit.*, p. 317.

4 SOARES, Fabiana de Menezes. *Direito Administrativo de Participação*: cidadania, direito, estado, município. Belo Horizonte: Del Rey, 1997, p. 113-4.

A vitória financeira do Ocidente é cantada como o fim da história: "Dissolvido o socialismo do partido único e da ditadura, decretou-se, por igual, o fim da economia dirigida assim como o termo das ideologias que lhe serviam de sustentação. Nunca se louvou tanto a economia de mercado do capitalismo quanto agora, apregoando-se virtudes que lhes seriam ínsitas".[5]

O ocaso do socialismo real é o triunfo da livre iniciativa e do lucro, renovando velhas fórmulas de conquista de mercados ("nem por um momento devemos pensar que a ideologia mercantilista tenha sido abandonada em nossos dias"[6]): "Se substituirmos a grandeza do Estado pelo conceito de lucro, estaremos falando uma linguagem atual. Substituindo as ideologias religiosas dos séculos xv, xvi e xvii pela ideologia do mercado e a idolatria do lucro, teremos atualizado nossos estudos neste final de milênio".[7] A burocracia financeira internacional, outrora atuante no Terceiro Mundo, desfila ágil pelo planeta: "Da fome de lucros surge a incapacidade de uma verdadeira convivência internacional. E a lógica do lucro é implacável".[8]

Compromete-se o futuro, consumindo recursos naturais sem qualquer limite; polui-se o ambiente das gerações vindouras: "As firmas multinacionais (e.f. *global corporations*) preparam-se para colonizar não mais o planeta, pois esse já foi programado, explorado e enxovalhado... desejam colonizar o futuro. Os grandes dirigentes das firmas globais tentam jogar as cartadas definitivas para as gerações futuras".[9]

Há pressa em estabelecer a *pax americana*: "Muitas vezes, a tão elogiada globalização se reduz a mero disfarce de novo imperialismo, gerado pelo domínio e a posse dos mais avançados processos técnicos de produção e distribuição das riquezas por parte dos países na vanguarda da civilização cibernética".[10] Já em 1989 a fera afia as garras: "O consenso de Washington não foi fruto de uma conspiração do fmi/Banco Mundial com o governo norte-americano. Com o esfacelamento final da União Soviética e a imposição absoluta da hegemonia norte-americana, o

---

5 Bonavides, *Do Estado Liberal...*, *cit.*, p. 20.

6 Diniz, *Novos Paradigmas...*, *cit.*, p. 86.

7 Diniz, *Novos Paradigmas...*, *cit.*, p. 92.

8 Diniz, *Novos Paradigmas...*, *cit.*, p. 127.

9 Diniz, A crise de nossos dias, *op. cit.*, p. 328.

10 Reale, Miguel. *O Estado Democrático de Direito e o Conflito das Ideologias*. São Paulo: Saraiva, 1998, p. 75.

Consenso de Washington não foi nada mais do que a sistematização e a generalização de uma receita já testada e praticada muito precocemente na América Latina, no Chile do general Pinochet, e, em termos mundiais, nos Estados Unidos e Grã-Bretanha pelos governos Reagan e Thatcher. Como se sabe, a expressão Consenso de Washington surgiu num encontro organizado em Washington, em novembro de 1989 [...] O economista John Williamson — que foi uma espécie de relator do encontro, cunhou o termo 'Consenso de Washington' e, posteriormente, editou os principais trabalhos ali apresentados — não por acaso já havia integrado o Departamento de Economia da PUC/Rio (1978-1981)".[11]

Há um discurso da nova economia; Rosemiro Pereira Leal, em obra pitoresca, analisa categorias tão inusitadas como Estado Mercadológico, Sistema Econômico Mundial, Sistema Monetário Mundial e Mundo da Ciência Não Serviçal, dentre outras.[12]

Como outrora, a abertura total dos portos é um imperativo; a soberania, como se verá, é reduzida a um conceito paradoxal; assevera Bonavides: "O principal temor suscitado pelas multinacionais prende-se ao ponto de vista político, no proclamado fim da *soberania*, a extinção do Estado Nacional, a substituição desse ator no palco da história por novos protagonistas que, despreconcebidamente, estariam preparando o advento de uma convivência universal debaixo de novos imperativos econômicos".[13]

Juliana Neuenschwander Magalhães descreve a descrença nos Estados soberanos: "A primeira razão pela qual o conceito de soberania vem sendo questionado diz respeito ao que se convencionou chamar de 'globalização'. Aqui, é a chamada 'soberania externa', ou política, que está submetido às pressões evolutivas provenientes de uma sociedade que, cada vez mais, se afirma como sociedade do mundo. Sob o rótulo de 'globalização' indica-se o processo pelo qual a transnacionalização dos mercados acabou por pressionar a política em direção a uma nova forma de organização que ultrapassa a ideia de soberania dos Estados. Assim, o da perspectiva externa, as 'pressões evolutivas' que colocam em embaraço o conceito de

---

11 GOMES, Luiz Marcos. *Os Homens do Presidente*. São Paulo: Viramundo, 2000, p. 9 [Há extreita conexão, como se verá, entre os formuladores globais e o atual comando da economia brasileira].

12 V. LEAL, Rosemiro Pereira. *Soberania e Mercado Mundial*. São Paulo: Editora de Direito, 1996, *passim*.

13 BONAVIDES, Paulo. As Multinacionais e a Desnacionalização do Estado e da Soberania. *In*: *Reflexões*: política e direito. 2. ed. Rio de Janeiro: Forense, 1978, p. 338, *apud* LEAL, *Soberania e Mercado Mundial, cit.*, p. 90.

soberania dizem respeito ao mercado globalizado que faz com que as necessidades econômicas acabem por impulsionar o sistema político a se organizar, também, em direção a formas globalizadas".[14]

Em contrapartida, Reale alerta que "a *globalização* tende a eliminar a interferência do Estado na economia tornada transnacional":[15] "O desaparecimento do Estado não interessa às nações emergentes, as quais somente lograrão preservar o que lhes é próprio, assim no campo da cultura como no de suas reservas naturais, se o Estado Nacional continuar a desempenhar um papel essencial de moderador, no entrechoque das reivindicações internacionais [...] Há, ademais, um '*imperialismo difuso*' que afronta até mesmo as instituições estatais mais poderosas. [...] São fatos como esses que robustecem a tese da imprescindibilidade dos Estados Nacionais".[16]

Arthur Diniz, que denuncia dívida, pilhagem e terrorismo de estado,[17] adverte contra saídas extremas: "A receita contra este estado de coisas jamais se encontraria numa revolta passional. Esta atitude implicaria em mais um argumento rendoso para o pujante tráfico de armas e resolveria, de modo extraordinariamente atrativo, o problema do desemprego. A luta deverá ser travada a nível jurídico e no foro privilegiado da Organização das Nações Unidas".[18]

A globalização, hoje, é um poderoso fato histórico, podendo tanto gerar posturas colaboracionistas, quanto democráticas resistências;[19] é um jogo desleal, no entanto: "A globalização é ainda um jogo sem regras; uma partida disputada sem arbitragem, onde só os gigantes, os grandes quadros da economia mundial, auferem as maiores vantagens e padecem os menores sacrifícios".[20]

---

14 MAGALHÃES, Juliana Neuenschwander. O paradoxo da soberania popular: o reentrar da exclusão na inclusão. *Revista de Direito Comparado*, Belo Horizonte, Universidade Federal de Minas Gerais, v. 2, n. 2, mar. 1998, p. 363.

15 REALE, *O Estado Democrático de Direito...*, *cit.*, p. 39.

16 REALE, *O Estado Democrático de Direito...*, *cit.*, p. 75-6.

17 DINIZ, *Novos Paradigmas...*, *cit.*, p. 169.

18 DINIZ, *Novos Paradigmas...*, *cit.*, p. 168.

19 Joaquim Carlos Salgado desenvolve juridicamente o tema da globalização, em termos de uma resistência aplicada ao Direito em seu SALGADO, Joaquim Carlos. Globalização e Justiça Universal Concreta. *Revista Brasileira de Estudos Políticos*, Belo Horizonte, n. 89, p. 47-62, jan./jun. 2004.

20 BONAVIDES, Paulo. *Do país constitucional ao país neocolonial*: a derrubada da Constituição e a recolonização pelo golpe de Estado institucional. São Paulo: Malheiros, 1999, p. 139.

174| José Luiz Borges Horta

A reação, no entanto, terá de ser impedida; o Estado, assim, é cantado como o vilão dos povos, e enfraquecido com todos os argumentos possíveis; seu tamanho e sobretudo seu custo terão de diminuir, necessariamente. (Para tanto, nunca os povos em desenvolvimento transferiram tantos recursos aos cofres internacionais; as somas, no caso brasileiro, chegam a envolver centenas de bilhões de dólares, quando na década de 1980 bastaria cem bilhões para pagar toda a dívida do Brasil[21]). Não pode haver espaço, nem recursos, para o enfrentamento da globalização; espolia-se o Estado: "A *crise financeira* — ou de financiamento — do Estado parece estar por trás de todas, ou da maioria, das críticas que se fazem a ele e das propostas de sua revisão".[22]

O mito do Estado caro (entre nós, *e.g.*, há uma expressão de almanaque: custo Brasil) e o horror ao funcionalismo público são repetidos à exaustão; é a velha crítica ao Estado social: "A dilatação do executivo [...] começou depois a desdobrar-se e a fazer expandir o fenômeno da *burocracia*. A burocracia, tendência de todas as grandes organizações históricas em sua fase final, começou a ser denunciada desde certo tempo, quando também começaram as reclamações contra a hipertrofia do poder executivo e a impressionante multiplicação dos serviços públicos".[23]

No Brasil, evidentemente, impunham-se correções aos excessos, sobretudo decorrentes da cultura presidencialista; mas o ataque à imagem do serviço público é ardilosamente falacioso. Podemos, com Antônio Carlos Wolkmer, reconhecer alguns dos principais vícios do Estado social: a tendência à *estatolatria*, à preponderância do Executivo, com a hipertrofia do poder, a progressiva burocratização da administração pública, a forte presença e controle estatal no âmbito da política previdenciária e sindical.[24]

Bem lembra Menelick de Carvalho Netto a raiz libertária da reserva contra o Estado: "Com o final da Segunda Guerra Mundial, o modelo do Estado Social já co-

---

21 O celebrado jornalista Sebastião Nery oferece dados estarrecedores, inclusive acerca do custo, em termos de aumento da dívida interna, gerados pelas aquisição de dólares para cacifar as reservas brasileiras e anunciar a retórica liquidação da dívida externa brasileira; segundo Nery, a dívida interna brasileira atinge em 2008 a inacreditável cifra de 790 (setecentos e noventa) bilhões de dólares: NERY, Sebastião. Os donos dos ovos. *Tribuna da Imprensa*, Rio de Janeiro, sábado e domingo, 22 e 23 de março de 2008, in <www.tribuna.inf.br/coluna.asp?coluna=nery>, acesso em 23 mar. 2008.

22 MORAIS, José Luiz Bolzan de. Estado Democrático de Direito e Neoliberalismo no Brasil. Algumas interrogações. *Sequência*, Florianópolis, Universidade Federal de Santa Catarina, a. 15, n. 29, dez. 1994, p. 49.

23 SALDANHA, O chamado "Estado Social", *op. cit.*, p. 69.

24 WOLKMER, *Elementos para uma crítica...*, *cit.*, p. 26.

HISTÓRIA DO ESTADO DE DIREITO |175

meça a ser questionado, conjuntamente com os abusos perpetrados nos campos de concentração e com a explosão das bombas atômicas de Hiroshima e Nagasaki, bem como pelo movimento *hippie* da década de sessenta".[25] Envereda o autor, no entanto, pelo caminho *estatofóbico*: "No entanto, é no início da década de setenta que a crise do paradigma do Estado Social manifesta-se em toda a sua dimensão. A própria crise econômica no bojo da qual ainda nos encontramos coloca em xeque a racionalidade objetivista dos tecnocratas e do planejamento econômico, bem como a oposição antitética entre a técnica e a política. O estado interventor transforma-se em empresa acima de outras empresas".[26]

O horror à presença do Estado na economia não tem fundamento lógico, como bem comenta Salgado: "Grave decisão política encaminhada pelo aparelho burotecnocrata foi a da falácia da privatização emocional e generalizada. Falácia por que não encontra fundamentação lógica. Se a empresa estatal é viável, então o administrador tem de administrá-la bem, a menos que não tenha competência para fazê-lo; se não é viável, nenhum particular a comprará. Então, socorre-se de uma falsa generalização: o Estado é mau administrador. No entanto, vários licitantes nas privatizações [brasileiras] são estatais de outros países. Além da falácia, ocorre ainda uma ação política não ética. Aliena-se um gigantesco patrimônio construído durante décadas, sem consultar o seu titular e apenas com avaliações formais".[27]

(Em laureada tese, produzida ao final dos anos 80 na França, Pedro Paulo de Almeida Dutra dedicara-se à noção de empresa estatal, e em especial aos mecanismos de controle sobre elas, entre os quais enfatiza a instituição de um grande controle político pelo poder legislativo.[28] Não teria sido um caminho?)

---

25 CARVALHO NETTO, Menelick de. Requisitos pragmáticos da interpretação jurídica sob o paradigma do estado democrático de direito. *Revista de Direito Comparado*, Belo Horizonte, Universidade Federal de Minas Gerais, v. 3, maio 1999, p. 481 [o artigo foi simultaneamente publicado como nota técnica, com sutis diferenças: CARVALHO NETTO, Menelick de. O requisito essencial da imparcialidade para a decisão constitucionalmente adequada de um caso concreto no paradigma constitucional do estado democrático de direito. *Direito Público*, Belo Horizonte, Procuradoria Geral do Estado de Minas Gerais, v. 1, n. 1, jan.-jun. 1999, p. 108].

26 CARVALHO NETTO, Requisitos..., *op. cit*, p. 481 [e CARVALHO NETTO, O requisito..., *op. cit*., p. 108].

27 SALGADO, O Estado Ético..., *op. cit.*, p. 64

28 DUTRA, Pedro Paulo de Almeida. *Controle de Empresas Estatais*: uma proposta de mudança. São Paulo: Saraiva, 1990, p. 181.

176| José Luiz Borges Horta

A indústria nacional (no caso brasileiro, sempre dependente do estímulo do Estado) é também vítima: "Ora, o mercado nacional, em virtude das vertiginosas alterações que ocorrem nos inventos eletrônicos, subvertendo-os tanto em sua estrutura (*hardware*) como em seu programa de execução (*software*), ficou exposto a forças internacionais irresistíveis que tornaram ilusória qualquer forma de competição, determinando a parceria, quando não a absorção de grandes empresas tradicionais brasileiras por poderosos blocos transnacionais, sem ser viável o recurso à salvaguarda pelo Estado dos valores nacionais. A evanescência do Estado, não devido à 'socialização dos meios de produção', peça mestra da pregação marxista, mas sim à constituição de múltiplos e gigantescos organismos econômicos de ordem planetária, eis a novidade do neocapitalismo, caracterizada pelo advento de formas plurais de domínio econômico-financeiro, à margem das soberanias políticas. Se há os que tecem loas a esse processo ao mesmo tempo plural e globalizante, que nos libertaria dos males do nacionalismo, já se notam, por toda parte, sinais de reação que apontam para dois caminhos complementares: a formação de mercados regionais [...] e o da mudança cautelar no sistemas legislativos".[29]

A evolução do Estado, que poderia ter sido forjada em termos humanitários, é substituída pela sua simples destruição: "Fenômenos claramente contrários [à realização material das aspirações e necessidades reais da sociedade] (centralismo de estado, marcadas desigualdades sociais e econômicas, sociedades multinacionais e grandes monopólios típicos do neocapitalismo, a manipulação da opinião pública através da mídia) motivaram tarde o esforço doutrinal [...] tendente a potenciar a virtualidade do princípio democrático no seio do Estado social de Direito [...] Essas posturas teóricas não postulavam a conformação de um Estado democrático de Direito como alternativa ao Estado social, senão que [...] insistiram na íntima e necessária conexão dos princípios democrático e social com o Estado de Direito".[30]

O trabalhador perde direitos, se não aumentar a contento a produtividade: "O trabalhador é descartado quando não necessário ou quando diminui o lucro; a empresa é do capitalista, não da unidade dialética do trabalho e do capital. A palavra mágica com que se opera essa transformação é o *econômico*. Mágica porque o econômico é

---

29 Reale, *O Estado Democrático de Direito...*, cit., p. 78-9.

30 Perez Luño, *Derechos Humanos...*, cit., p. 229.

HISTÓRIA DO ESTADO DE DIREITO |177

apenas uma ficção, pois o real é a técnica de produzir coisas na natureza, que depois são transformadas em mercadorias pela magia do econômico".[31]

A voracidade do mercado atenta contra liberdade humana: "Os direitos humanos de proteção do trabalhador são, portanto, fundamentalmente anticapitalistas, e, por isso mesmo, só puderam prosperar a partir do momento histórico em que os donos do capital foram obrigados a se compor com os trabalhadores. Não é de admirar, assim, que a transformação radical das condições de produção no final do século XX, tornando cada vez mais dispensável a contribuição da força de trabalho e privilegiando o lucro especulativo, tenha enfraquecido gravemente o respeito a esses direitos pelo mundo afora".[32]

Como registra, para lamento da história, o *Plano Diretor da Reforma do Estado* brasileiro, "a redefinição do papel do Estado é um tema de alcance universal nos anos 90".[33]

A guerra ao Estado de Direito dá-se em três frentes de batalha: a ofensiva ao próprio Estado, o ataque ao Ordenamento Jurídico e o esfacelamento federativo. Vejamos cada um desses fenômenos.

O *antiestatalismo* é, de longe, o movimento mais bem articulado. Animado por verdadeira *estatofobia*, e por todo tipo de demagogia, vale-se de teorias como a de Jürgen Habermas,[34] e de práticas como as de Luiz Carlos Bresser Pereira.

Nelson Saldanha possui um interessante estudo antropológico[35] sobre a diferente apropriação, na cultura, dos espaços privados e públicos. Na imagem do *jardim* e da *praça*, traduz o privado e o público. Entre um e outro, parecem os neoliberais propor uma esfera intermediária; na perspectiva inspirada por Nelson Saldanha, talvez se referissem às *feiras livres*, realizadas no espaço coletivo, mas sem qualquer controle do Estado (e, claro, gerando apropriação privada de bens e recursos: lucro).

---

31 SALGADO, O Estado Ético..., *op. cit.*, p. 55.

32 COMPARATO, *A Afirmação...*, *cit.*, p. 42.

33 BRASIL. *Plano Diretor da Reforma do Estado*. Brasília: Câmara da Reforma do Estado, 1995, p. 14.

34 O sociólogo — ou talvez filósofo social — Jürgen Habermas possui grande penetração numa certa academia que se supõe de esquerda. Suas principais obras políticas são seminais para o neoliberalismo dos anos 1990: a tese *Strukturwandel der Öffentlichkeit* (*Mudança estrutural na esfera pública*, de 1962), o ensaio *Theorie des kommunikativen Handelns* (*Teoria da Ação Comunicativa*, de 1981), e ainda *Faktizität und Geltung: Beitrage zur diskurstheorie des rechts und des demokratischen rechtsstaats* (*Faticidade e validade: Contribuições para uma teoria do discurso aplicada ao direito e ao Estado democrático de Direito*, de 1992).

35 SALDANHA, Nelson Nogueira. *O Jardim e a Praça*: o privado e o público na vida social e histórica. São Paulo: Edusp, 1993.

Em tese de livre-docência, Habermas propõe reconhecer-se uma *esfera pública*, que não se confundiria nem com o mercado, nem com o Estado.[36]

Menelick de Carvalho Netto apresenta uma justificativa ideológica, insistindo em suas críticas ao Estado: "A relação entre o público e privado é novamente colocada em xeque. Associações da sociedade civil passam a representar o interesse público contra o Estado privatizado ou omisso".[37]

A lógica peculiar da pseudopublicização é informada pelo tradicional *princípio da subsidiariedade*, ao qual, já em 1967, José Pedro Galvão de Souza se referia, lembrando sua origem religiosa.[38] Explica Baracho: "Oriundo da doutrina social da Igreja, no século XX, o princípio de subsidiariedade preconiza que é injusto e ilícito adjudicar a uma sociedade maior o que é capaz de fazer, com eficácia, a uma sociedade menor".[39] Assim, não há que preocupar-se o Estado, se a sociedade pode fazer: "O princípio de subsidiariedade aplica-se em numerosos domínios, seja no administrativo ou no econômico. [...] Compreende, também, a limitação da intervenção de órgão ou coletividade superior. Pode ser interpretado ou utilizado como argumento para conter ou restringir a intervenção do Estado".[40]

Em conferência intitulada *Reengenharia do Estado*, Baracho descreve o fenômeno:[41] Estado subsidiário, princípio da eficiência, qualidade, produtividade e avaliação no setor público. Não basta tornar a atuação estatal mero complemento do que a sociedade deve realizar por si; é preciso estabelecer padrões técnicos de funcionamento do aparelho estatal.

(A subsidiariedade, no campo do federalismo, reduz a União em prol dos estados, e os estados em prol dos municípios; o fenômeno da *municipalização*, assim, é em tudo legatário do processo de desmonte do Estado de Direito, como veremos.)

---

36 HABERMAS, Jürgen. *Mudança estrutural na esfera pública*, apud SOUZA, Jessé. *A Modernização Seletiva*: uma reinterpretação do dilema brasileiro. Brasília: Editora UnB, 2000, p. 59-60.

37 CARVALHO NETTO, Requisitos..., *op. cit*, p. 481 [e CARVALHO NETTO, O requisito..., *op. cit.*, p. 108].

38 SOUSA, José Pedro Galvão. *Iniciação à Teoria do Estado*: roteiro de princípios. São Paulo: Bushatsky, 1967, p. 113-120.

39 BARACHO, José Alfredo de Oliveira. *O Princípio de Subsidiariedade*: conceito e evolução. Belo Horizonte: Movimento Editorial da Faculdade de Direito da UFMG, 1995, p. 75.

40 BARACHO, O *Princípio de Subsidiariedade*, *cit.*, p. 45.

41 BARACHO, José Alfredo de Oliveira. *Reengenharia do Estado*. Rio de Janeiro: Universidade Gama Filho, 1995. (Aula inaugural).

A diluição do Estado na sociedade, diminuindo seu impacto sobre o campo social e o campo econômico, dá-se de vários modos: "Desregulamentação é o processo de redução do controle regulatório do Estado sobre a economia, deixando-a sobre a influência mais forte das forças de mercado. Temos, então, que a desestatização é a conjugação da privatização e da desregulamentação. Ela tem o objetivo de diminuir o tamanho do Estado no domínio econômico".[42]

Luís Roberto Barroso, aliás, aponta como recentes transformações substantivas da ordem econômica brasileira: a *extinção de determinadas restrições ao capital estrangeiro*, a *flexibilização dos monopólios estatais* e a *privatização*.[43]

Em Luiz Moreira, descobrimos que a sociologia habermasiana fundamenta-se em uma suposta contradição entre os direitos humanos (aqui, paraestatais) e a soberania popular (que poderia não reconhecê-los).[44] Habermas parte deste suposto conflito e pretende compô-lo no Direito tomado como "emanação da vontade discursiva dos cidadãos":[45] "O Direito dança entre facticidade e validade, vindo a constituir-se como instituição que obtém sua legitimidade à medida que expressa a vontade discursiva dos cidadãos".[46]

Ora, a compreensão habermasiana do Estado democrático de Direito como "instituição jurídico-espacial condicionante de permanente legitimação processual de validade do ordenamento jurídico por um povo ativo na realização da integração social",[47] para nós não passa de um vago apelo ideológico à participação popular num Estado, como visto, muito mais que enfraquecido.

A rigor, o apelo é dirigido à cidadania no sentido de que ela assuma *fora do Estado* a responsabilidade pelo equacionamento dos problemas sociais; é a *deserção do Estado de Direito*, em prol de conceitos demagogicamente construídos.

---

42 SAMPAIO JÚNIOR, Rodolpho Barreto. A intervenção e a privatização sob uma ótica jurídico-econômica. *Revista do Instituto Carlos Campos*, Belo Horizonte, Universidade Federal de Minas Gerais, a. I, v. 1, n. 1, nov. 1995, p. 232.

43 BARROSO, Luís Roberto. *Temas de Direito Constitucional*. Rio de Janeiro: Renovar, 2001, p. 20-1. Um bom roteiro para a compreensão dos meandros do processo de destruição do pacto econômico estabelecido em 1988 é BORGES, Alexandre Walmott. *A Ordem Econômico Financeira da Constituição & os Monopólios*; análise das alterações com as reformas de 1995 a 1999. Curitiba: Juruá, 2002.

44 MOREIRA, Luiz. *Fundamentação do Direito em Habermas*. 2. ed. Belo Horizonte: Mandamentos, 2002, p. 161.

45 MOREIRA, *Fundamentação...*, *cit.*, p. 165.

46 MOREIRA, *Fundamentação...*, *cit.*, p. 147.

47 *Cf.* LEAL, Rosemiro Pereira. Prefácio da 2ª edição. *In*: MOREIRA, *Fundamentação...*, *cit.*, p. 17.

180 | José Luiz Borges Horta

Ao sabor da opinião pública deve conduzir-se a juridicidade, já que o ponto central da sociologia habermasiana (*teoria discursiva do direito*) parece ser um *princípio do discurso deontologicamente neutro*,[48] em relação à moral e ao direito.[49] No debate travado segundo a *racionalidade comunicativa* romanticamente prevalecerá o melhor argumento, do qual "jorrará" a normatividade.[50] (Sócrates e Cristo teriam sido vitimados pela *racionalidade estratégica*?)

Parece-nos que a "gênese lógica de direitos"[51] de que textualmente fala Habermas, no marco da teoria discursiva, seria a *caixa de Pandora*[52] do Estado democrático de Direito; se aberta, poderia trazer todas as misérias ao mundo: ao revés, defendemos uma gênese *histórica* de direitos, marcada, sem dúvida, pela dialética e pela razão, mas parte de um destino irrefutável e independente dos humores da opinião pública, e bem assim dos discursos de assembleia (racionais, como querem, ou demagógicos e retóricos, como sói ocorrer).

Veja-se o festival de tolices: "Habermas nos fala de uma construção informal de associações horizontais de cidadãos que, num estágio posterior, torna-se uma associação vertical no momento em que há uma organização estatal".[53]

Um interessante e nada preocupante tema, mas de certo modo conexo com as angústias habermasianas, é o do impacto das novas tecnologias sobre o Direito: "Se a primeira e a segunda fase do Direito Moderno correspondem, respectivamente, ao *vapor* e à *eletricidade* como fonte de energia, podemos correlacionar à *energia atômica* e à *eletrônica* uma nova fase da experiência jurídica, ainda em processamento [...] Não resta dúvida, porém, que os computadores ou elaboradores eletrônicos, assim como os supercondutores, vieram subverter as coordenadas da experiência humana em geral".[54]

---

48 Moreira, *Fundamentação...*, *cit.*, p. 138.

49 Moreira, *Fundamentação...*, *cit.*, p. 166.

50 Moreira, *Fundamentação...*, *cit.*, p. 166.

51 Habermas, Jürgen. *Direito e Democracia*: entre facticidade e validade. T. I. Trad. Flávio Beno Siebeneichler. Rio de Janeiro: Tempo Brasileiro, 1997, p. 158, *apud* Moreira, *Fundamentação...*, *cit.*, p. 166.

52 *V.* Villas-Bôas, Márcia. *Olimpo*; a saga dos deuses. São Paulo: Siciliano, 1995, p. 63 *et circa*.

53 Soares, *Direito Administrativo...*, *cit.*, p. 125.

54 Reale, *Nova Fase...*, *cit.*, p. 113.

História do Estado de Direito | 181

Com Mário Losano, Reale reconhece o advento da Juscibernética: "O *mapeamento normativo*, que os computadores possibilitam, será de grande alcance para a elucidação das conexões e conflitos (*ruídos*) no sistema geral das normas e seus subsistemas".[55] Fabiana de Menezes Soares, aliás, estuda o impacto, na Teoria do Direito e na Técnica Jurídica, das novas tecnologias da informação, e as novas possibilidades de participação política delas decorrentes.[56]

Excelentes exemplos têm sido dados, em tempos recentes, pelo Judiciário brasileiro. Avança o processo de digitalização dos dados jurisprudenciais, a um ponto em que o juridicionado acessa, de modo imediato, dados referentes aos processos em que é parte. Esse procedimento, que traz o cidadão para o claro acompanhamento de seus pleitos, soma-se ao perfil democrático e transparente que se espera do Poder. Digno de imenso orgulho, em escala mundial, é o processo eleitoral no Brasil, todo ele comandado pelo Judiciário em eleições informatizadas, claras e transparentes (nem sempre podemos nos orgulhar dos candidatos, dos eleitos ou dos eleitores, mas o Judiciário eleitoral é notável).

Recomenda-se não incorrer, no entanto, em exageros: "Já agora a grande pergunta é se na era da Informática não deveria ser estendida às ONGS [...] o poder de iniciativa de leis".[57] É mister, enfim, afastar tais "meras suposições fantasiosas, a pretexto de imprevisíveis revoluções da Informática capazes subverter os processos de representação política, tornando desprezível a distinção entre presidencialismo e parlamentarismo em virtude da pressão avassaladora da opinião pública numa civilização cibernética".[58]

De qualquer modo, o impacto concreto de tais teorias pode ser examinado, sob o aspecto do reconhecimento da *esfera pública* habermasiana, já no Brasil, cujos recentes governos Fernando Henrique Cardoso e Luís Inácio Lula da Silva.[59]

---

55 Reale, *Nova Fase...*, cit., p. 115. Arthur Kaufmann, de sua parte, não crê numa época cibernética; *cf.* Kaufmann, Arthur. *La Filosofia del Derecho en la posmodernidad*. Trad. Luis Villar Borda. Santa Fé de Bogotá: Temis, 1998, p. 4-5.

56 Soares, Fabiana de Menezes. *Teoria da Legislação*; formação e conhecimento da Lei na idade tecnológica. Porto Alegre: Fabris, 2004.

57 Reale, *O Estado Democrático de Direito...*, cit., p. 93.

58 Reale, *O Estado Democrático de Direito...*, cit., p. 95.

59 Para fins ideológicos, em 2010 o Brasil estará vivendo há dezesseis anos sob um interminável governo guiado a partir dos interesses consubstanciados nos pactos entre capitães de indústria e sindicatos paulistas.

182| JOSÉ LUIZ BORGES HORTA

Anota Fernando Henrique Cardoso: "A reforma do Estado passou a ser instrumento indispensável para consolidar a estabilização e assegurar o crescimento sustentado da economia".[60]

Analisemos três aspectos do caso brasileiro, todos eles de franca inspiração em Bresser Pereira, formulador da reforma: um texto do próprio autor, com o habermasiano título *O público não estatal*, o *Plano Diretor da Reforma do Estado*, produzido na gestão de Bresser como Ministro da Administração e Reforma do Estado, e finalmente a interessante proposta[61] das *Organizações da Sociedade Civil de Interesse Público* (OSCIP), hoje ponto fulcral da destruição do Estado brasileiro.

Bresser Pereira,[62] à melhor moda habermasiana, evita "confundirmos a esfera pública com a estatal". Parte do ponto de vista de que "existe um amplo espaço de expansão para o setor público não estatal nas sociedades contemporâneas", através da noção de "organizações públicas não-estatais [...] uma forma de propriedade mais adequada para uma série de atividades, como a educação superior, a pesquisa científica, a saúde, e a cultura, que envolvem direitos humanos fundamentais".

A íntima conexão entre o pensamento indubitavelmente neoliberal de Bresser e o pretenso pensamento progressista de setores de nossa esquerda (talvez, inspirada em Habermas) é evidente: há inclusive uma obra coletiva tratando do "potencial democratizador da esfera pública não estatal", intitulada *O Público Não Estatal na Reforma do Estado*,[63] cujo temário contempla organizações não governamentais e inovações na democracia participativa, incluindo o (sucesso de marketing) orçamento participativo.

Bresser acredita, como Habermas, no aprimoramento do "controle da sociedade civil sobre o Estado": "Uma forma, entretanto, que vai se tornando cada dia mais importante é o controle social direto da sociedade sobre as atividades públicas, que, ao contrário do que muitas vezes se supõe, são mais amplas do que as ações estatais. Conforme observou com muita propriedade Tarso Genro, em um artigo nessa página

---

60 BRASIL. *Plano Diretor...*, *cit.*, p. 9.

61 *V.* Lei federal n. 9.790, de 23 de março de 1999.

62 Nos próximos parágrafos, citamos: PEREIRA, Luiz Carlos Bresser. O público não estatal. Folha de S. Paulo, São Paulo, 13.08.1995, *in*: <*www.bresserpereira.org.br/articles/756tarso.htm*>, 16 fev. 2002.

63 PEREIRA, Luiz Carlos Bresser, GRAU, Nuria Cunill (org.). O Público Não Estatal na Reforma do Estado. Rio de Janeiro: Fundação Getúlio Vargas, 1999, *apud*: <*www.bresserpereira.org.br/books/8livro.htm*>, 16 fev. 2002.

História do Estado de Direito | 183

(18.7), o mundo globalizado da terceira revolução tecnológica exige que se pense em 'uma nova identidade para o 'público', que se confunde cada vez menos com o estatal... ao não compreender esses fatos estruturais, abdicamos de propor alternativas de controle público não estatal (externo, de natureza social) como respostas de fundo ao privatismo triunfante". É espantosa a escolha de Sofia: privatismo *versus* não estatalismo!

Propõe, *e.g.*, que o processo de desestatização das universidades federais seja o pioneiro da nova mentalidade; lamenta não serem compreendidos: "Esta incompreensão suicida está presente, no momento brasileiro, na reação de *setores estatizantes das universidades federais, que se mostram incapazes de distinguir o público não estatal do privado*. O que se propõe é uma autonomia radicalmente maior para as universidades em troca de uma maior responsabilidade de seus dirigentes e de um maior controle social pelas comunidades diretamente atendidas por elas. E que se transformem, voluntariamente, em organizações públicas não estatais de um tipo especial: as 'organizações sociais'. Através desse mecanismo, será possível garantir o financiamento atual da União às universidades, e, ao mesmo tempo, obter, através de uma parceria com a sociedade, recursos adicionais para o ensino e a pesquisa. Essa incompreensão é suicida porque constrange a universidade a se manter administrativamente manietada, ineficiente e cara. Em consequência, a universidade pública não logrará recuperar o apoio social que justifique um maior financiamento por parte do Estado. E assim continuará a perder espaço, dia a dia, para o ensino superior estritamente privado, ou seja, para entidades universitárias com fins lucrativos explícitos ou velados. [...] Por outro lado, o apoio da sociedade civil só tenderá a aumentar, dada a maior parceria com a sociedade e o controle social direto através dos conselhos de administração — dois princípios que estão no cerne do conceito das organizações públicas não estatais" [grifos nossos, *carapuça* aceita].

A posição de Bresser é claríssima: não se trata de autonomia universitária, mas de *heteronomia*; o controle social seria majorado, restando-nos definir que sociedade civil (contribuinte e investidora) é esta que tomará assento nos órgãos de deliberação superior das Universidades.

Não nos opomos a ouvir a comunidade, mas este processo, *ad absurdum*, implica várias dúvidas: 1. Qual é a base territorial de uma Universidade como a UFMG, com *campi* em Belo Horizonte e Montes Claros, e gerações de alunos que deslocam-se de longínquos Estados (e até do exterior) para nela formarem-se? Qual é a base territorial

184| José Luiz Borges Horta

de uma Universidade cuja pesquisa atinge (ou pode atingir) populações dos quatro cantos da Terra? Belo Horizonte, Minas, Brasil? 2. A sociedade "produtiva", caso invista na Universidade, respondendo por aportes significativos de recurso, não deveria ter assento nos comitês de pesquisa? 3. E os sindicatos, e corporações profissionais; qual a base territorial adequada para garantir a indicação de conselheiros universitários? Porque a Ordem dos Advogados do Brasil, veneranda, não teria assentos junto à Egrégia Congregação da Faculdade de Direito? 4. E, finalmente, quanto às organizações não governamentais: até onde elas não devem, com toda justiça, pleitear acesso às deliberações acadêmicas? As inteligentes e respeitáveis organizações anarquistas e *punks*, com suas gírias e anseios libertários, não deveriam também se integrar às comissões permanentes de vestibular?

Registre-se que nada há, em nossas indagações, que indique sermos contrários à democratização institucional das Universidades; a comunidade participante, no entanto, só esporadicamente pode ser integrada pelo universo extra muros, sob pena de a Universidade pública perder-se no mais estéril dos assembleísmos, prestando mais um serviço às cada vez mais bem gerenciadas instituições privadas. Controle externo, somente será aceitável se exercido pelas Cortes de Contas estatais, no estrito limite de suas competências. *A Academia é uma comunidade de pares, aos quais incumbe, autonomamente, dirigi-la.*

Os modismos desestatizantes, no entanto, trabalham com perspectivas diferentes. Podemos ler no Plano Diretor da Reforma do Estado uma conceituação de todo o processo: "Reformar o estado significa transferir para o setor privado as atividades que podem ser controladas pelo mercado. Daí a generalização dos processos de privatização de empresas estatais. Neste plano, entretanto, salientaremos um outro processo tão importante quanto, e que, entretanto, não está tão claro: a descentralização para o setor público não estatal da execução de serviços que não envolvem o exercício do poder de Estado, mas devem ser subsidiados pelo Estado, como é o caso dos serviços de educação, saúde, cultura e pesquisa científica. Chamaremos esse processo de 'publicização'".[64]

(Veja-se que a escolha torna-se cada vez mais surreal: contra a privatização, a suposta publicização. E entre a má fé e a tolice, segue o jogo do mercado).

A questão parece ter especial impacto no que tange ao patrimônio público: "Ainda que vulgarmente se considerem apenas duas formas [de propriedade], a PROPRIE-

---

64 Brasil. *Plano Diretor...*, cit., p. 17-8.

HISTÓRIA DO ESTADO DE DIREITO |185

DADE ESTATAL e a PROPRIEDADE PRIVADA, existe no capitalismo contemporâneo uma terceira forma, intermediária, extremamente relevante: a PROPRIEDADE PÚBLICA NÃO ESTATAL, constituída pelas organizações sem fins lucrativos, que não são propriedade de nenhum indivíduo ou grupo e estão orientadas diretamente para o atendimento do interesse público".[65]

Ora, o Plano Diretor em tela identifica, no aparelho do Estado, quatro setores:[66] o *núcleo estratégico*, que "corresponde ao governo, em sentido lato. É o setor que define as leis e as políticas públicas, e cobra o seu cumprimento"; as *atividades exclusivas*, "setor em que são prestados serviços que só o Estado pode realizar", via de regra "regulamentar, fiscalizar, fomentar"; os *serviços não exclusivos*, que "envolvem direitos humanos fundamentais, como os da educação e da saúde"; e a *produção de bens e serviços para o mercado*. Os dois primeiros, de atribuições meramente reguladoras, jurídico-formais, permanecem de propriedade estatal, enquanto os serviços "não exclusivos" passam para a propriedade pública não estatal, e os demais para a propriedade privada.[67]

É a minimização do Estado, cingido, como se vê, ao plano da juridicidade (já que a sociedade civil e a esfera pública assumem as prestações positivas — com polpudos recursos estatais, claro).

Augusto Franco, operador da Comunidade Solidária, estimula o regime de desestatização pela via de organizações da sociedade civil de interesse público. (Seriam as OSCIP novas roupagens das associações civis filantrópicas?) Protesta ante a incompreensão: "Não é difícil entender as razões pelas quais ainda estamos engatinhando nesse terreno. A primeira razão diz respeito à cultura estatista que predomina no chamado aparelho de Estado. A Lei 9790 [de 23 de março de 1999] reconhece como tendo caráter público organizações não estatais. Isso é um escândalo para boa parte dos dirigentes e funcionários governamentais, que ainda pensam que o Estado não só detém por direito, como deve continuar mantendo de fato em suas mãos, eternamente, o monopólio do público. Nos extremos desse campo de concepção, uma parte, felizmente pequena, dos dirigentes governamentais atuais, encara tudo isso como uma forma de burlar o fisco. Para tais dirigentes, essa conversa de Terceiro

---

65 BRASIL. *Plano Diretor...*, *cit.*, p. 54.

66 BRASIL. *Plano Diretor...*, *cit.*, p. 52-3.

67 BRASIL. *Plano Diretor...*, *cit.*, p. 56-9.

186| José Luiz Borges Horta

Setor, de Sociedade Civil, não passa de maquiagem para empresas que não querem pagar impostos".[68] (Anote-se que, em todo o Brasil, os proprietários das ONGS mais eficientes vivem com exuberantes sinais de riqueza.)

Em verdade, as OSCIP são credenciadas pelo Ministério da Justiça e habilitadas a firmarem termos de parceria junto aos entes estatais, cabendo às Cortes de Contas e ao Ministério Público fiscalizar a "utilização de recursos ou bens de origem pública pela organização parceira";[69] não é questão, portanto, de fraudar o Tesouro, mas de dele locupletar-se...

Lamenta Franco: "Parte dessas organizações da sociedade civil [...] não estão vislumbrando seu papel estratégico no novo tipo de sociedade que está surgindo, no qual Estado, Mercado e Sociedade Civil compõem três esferas relativamente autônomas da realidade social".[70]

Triste do sistema em que o mercado e a sociedade possuam autonomia frente ao Estado; é ele o vaticínio dos neoliberais.

Vale registrar, por absolutamente pertinente e oportuno para a elucidação do caso brasileiro, o trabalho de Luiz Marcos Gomes, que, em estudo fundamental para a compreensão da crise governamental brasileira, produz levantamento procurando "identificar os principais componentes de pelo menos dois grupos distintos que disputam a hegemonia no governo, disputa concentrada em torno dos principais postos da área econômica: o chamado grupo de financistas-banqueiros da PUC/Rio e o grupo do PSDB paulista que gravita sobretudo em torno de José Serra".[71]

Já nos referimos à direta conexão da PUC-Rio com o Consenso de Washington: "O grupo que hoje detém o controle da área econômico-financeira do país — expresso nas figuras de Pedro Malan e Armínio Fraga — é extremamente bem articulado com o mercado financeiro internacional e com organismos como o Banco Mundial, o FMI e o Tesouro dos Estados Unidos".[72]

---

68 FRANCO, Augusto de. Prefácio. *In*: FERRAREZZI, Elisabete (org.). OSCIP — *Organização da Sociedade Civil de Interesse Público*; a Lei 9.790/99 como alternativa para o terceiro setor. Brasília: Comunidade Solidária, 2000, p. 13.

69 Art. 12 da Lei federal n. 9.790, de 23 de março de 1999.

70 FRANCO, Prefácio, *op. cit.*, p. 14.

71 GOMES, *Os Homens do Presidente*, cit., p. 8.

72 GOMES, *Os Homens do Presidente*, cit., p. 8-9.

HISTÓRIA DO ESTADO DE DIREITO |187

É interessante indagar de sua formação intelectual: "Um outro traço marcante do grupo da PUC/Rio é que praticamente todos os seus integrantes fizeram doutorado nos Estados Unidos, em Harvard (Francisco Lopes, Gustavo Franco, Edward Amadeu), no MIT (Pérsio Arida, André Lara Resende), em Berkeley (Pedro Malan), em Yale (Edmar Bacha) e em Princeton (Armínio Fraga). É esse o grupo que tem hoje maior influência na política econômica do governo FHC e que se espalhou por inúmeros bancos nacionais e internacionais que atuam no país e que participaram ou participam intensamente dos negócios gerados pelo 'ajuste' econômico, entre eles a privatização de estatais".[73]

É espantosa a proporção de operadores do mercado financeiro no governo brasileiro: "De 57 personalidades influentes pesquisadas que [...] tiveram papel de destaque na construção e implementação do projeto que ele [FHC] encarna, trinta delas (mais da metade) são banqueiros ou financistas".[74]

É de se ressaltar que, segundo o levantamento de Gomes, os demais 27 incluem 16 políticos e seis empresários; por outro lado, no grupo do PSDB paulista, a maioria arrasadora tem nítidas vinculações com empresas privadas, inclusive bancos, como depreende-se dos *curricula* de José Roberto Mendonça de Barros, Luiz Carlos Mendonça de Barros e Luiz Carlos Bresser Pereira, dentre outros.[75]

A reação à vaga neoliberal é, no entanto, ainda tíbia. Poucos autores, sobretudo em matéria de Direito Econômico, vêm se empenhando na articulação de ideias em contraposição ao discurso hegemônico; é o caso da pena severa e astuta de Gilberto Bercovici.[76]

Em aspectos menos debatidos, identificamos também uma rejeição à ideia de juridicidade, assim como uma muito peculiar lógica federalista.

O ceticismo frente ao Estado gera a descrença no Direito, e em especial no papel ordenador do Ordenamento Jurídico; não tardam os arautos de pluralismos já superados no ingresso da Modernidade.

---

73 GOMES, *Os Homens do Presidente, cit.*, p. 10.

74 GOMES, *Os Homens do Presidente, cit.*, p. 75.

75 *Cf.* GOMES, *Os Homens do Presidente, cit.*, p. 81.

76 *V.* BERCOVICI, Gilberto. *Constituição Econômica e Desenvolvimento*; uma leitura a partir da Constituição de 1988. São Paulo: Malheiros, 2005, especialmente em suas críticas à reforma administrativa neoliberal, às p. 81-5. BERCOVICI mantém frequente empenho na defesa do papel do Estado frente ao desenvolvimento eeconômico, evidenciado ao menos desde sua tese de doutorado na Universidade de São Paulo: BERCOVICI, Gilberto. *Desigualdades regionais, Estado e Constituição*. São Paulo: Max Limonad, 2003.

188 | José Luiz Borges Horta

Referimo-nos, *e.g.*, ao sociólogo Boaventura de Sousa Santos, que, segundo José Eduardo Elias Romão,[77] propõe a existência de (infinitas) *minirracionalidades*, de caráter normativo, a cuja coexistência, pacífica ou não, denomina pluralismo jurídico.[78]

Repare-se que a desestatização é evidente e coerentemente aceita, ainda que com reservas ao neoliberalismo que a patrocina: "Ao mesmo tempo que estes processos de desregulamentação, deslegalização e desconstitucionalização (alavancados para que o País não fique à margem da economia globalizada, ao menos é o que reza o credo neoliberal) estilhaçam a soberania do Estado-Nação, obrigam-nos a rever sua política legislativa, a reformular a estrutura de seu direito positivo e a redimensionar a jurisdição de suas instituições judiciais, tornando-o, assim, mais afeto e suscetível a pressões democráticas".[79]

A concessão de um maior âmbito de participação dos cidadãos como *atores* no processo de construção da juridicidade tem como corolário a flexibilização das normas positivas (e isto é, pasme-se!, considerado vantajoso); é o momento da *flexibilização*, tomada como uma diminuição do campo de abrangência ou de domínio do Direito.[80]

A sincera crença na sociedade civil como capaz de resistir ao mercado e aos horrores da globalização é o ópio das *esquerdas* neoliberais. Os desertores da causa do Estado de Direito correm apavorados e refugiam-se no plano local, ingenuamente acreditando nos municípios, nas organizações autônomas, nas organizações não governamentais. É a velha *luta do tostão contra o milhão*, que o populismo janista tão bem encarnava. (Já hoje cooptados, em breve estarão corrompidos pela magia consumista.)

Temos sérias dúvidas de que os municípios e as trincheiras locais possam contrapor-se à globalização.

---

77 ROMÃO, José Eduardo Elias. Pluralismo jurídico: uma pedra na funda contra o totalitarismo do mercado. *Revista do CAAP*, Belo Horizonte, Centro Acadêmico Afonso Pena, a. III, n. 4, 1998, p. 62-5 [O jovem autor, cujo romantismo ingênuo transparece já no título do artigo, cita SANTOS, Boaventura de Souza. *Pela mão de Alice*; o social e o político na pós-modernidade. São Paulo: Cortez, 1995, p. 10].

78 Evidentemente, é possível aprofundar o debate acerca do pluralismo jurídico redescobrindo obras e autores do quilate de Antônio Carlos Wolkmer; *v.* WOLKMER, Antônio Carlos. *Pluralismo Jurídico*; fundamentos de uma nova cultura no Direito. 3. ed. São Paulo: Alfa-Ômega, 2001.

79 ROMÃO, Pluralismo jurídico..., *op. cit.*, p. 69.

80 AZEVEDO NETO, Platon Teixeira de. Flexibilização do Direito do Trabalho no Brasil. *Revista do CAAP*, Belo Horizonte, Centro Acadêmico Afonso Pena, a. III, n. 4, 1998, p. 214. Há um trabalho vasto e amplo de FABRÍCIO MATOS sobre o tema: GONÇALVES, Antônio Fabrício de Matos. *Flexibilização Trabalhista*. Belo Horizonte: Mandamentos, 2004.

O apego desesperado à localidade traz ainda custos imensos para o país, desestabilizando a federação, obrigando-a a arcar com os gastos públicos de entes federativos de segunda classe. Até mesmo o controle de contas, exercido por câmaras despreparadas com apoio de Tribunais assoberbados de trabalho, é tornado ilusório, em que pese o esforço desenvolvido por nossas Côrtes de Contas.

Todo o complexo contexto fático do Estado democrático de Direito é representado na expressão *Estado poiético*, que Joaquim Carlos Salgado propõe, a partir do grego *poiein* (fazer, produzir):[81] é o Estado que rege-se pela lei econômica do superávit e do lucro: "O Estado Poiético é a ruptura no Estado Ético contemporâneo que alcançou a forma do Estado de Direito".[82] Gilberto Bercovici, em sentido semelhante, registra que "O processo de mundialização econômica está causando a redução dos espaços políticos substituindo a razão política pela técnica".[83]

A ênfase na *poiese* implica em tornar secundária a *ratio* ética do Estado de Direito: "O elemento central e essencial do Estado de Direito é postergado, pois o jurídico, o político e o social são submetidos ao econômico. O Estado poiético não tem em mira a 'produção social'. Entra em conflito com a finalidade ética do Estado de Direito, abandonando sua tarefa de realizar os direitos sociais (saúde, educação, trabalho), violando os direitos adquiridos, implantando a insegurança jurídica pela manipulação sofística dos conceitos jurídicos através mesmo de juristas com ideologia política serviente, exercendo o poder em nome de uma facção econômico-financeira".[84]

Tal facção (nossa velha conhecida, no caso brasileiro) age à margem do Direito, ocupando postos chave na construção das políticas públicas: "O grave risco do Estado poiético é a sua natureza para tender para a autocracia através da burotecnocracia. É que, depois de ter criado as premissas da catástrofe econômica, com ela ameaça para o obter mais poder".[85] Conhecemos o caminho caótico: "A lógica da burotecnocracia é perversa: depois de estabelecer as premissas da operação

---

81 Salgado, O Estado Ético..., *op. cit.*, p. 42-3.

82 Salgado, O Estado Ético..., *op. cit.*, p. 54.

83 Bercovici, *Soberania e Constituição, cit.*, p. 334.

84 Salgado, O Estado Ético..., *op. cit.*, p. 58.

85 Salgado, O Estado Ético..., *op. cit.*, p. 63.

190 | JOSÉ LUIZ BORGES HORTA

econômica, ainda que erradas, produzindo os fatos, aparência de fatos, números, profecias, argumenta com o fato poieticamente consumado (por ela produzido), com a ameaça da catástrofe, o *argumentum ad terrorem*, através do qual se sacrificam direitos, se submete a autoridade política, se instabiliza o sistema democrático, acenando com reformas constitucionais, que a possível falta de competência de administrar dentro das regras democráticas exige para remover pseudoempecilhos constitucionais. E vai-se de empiria a empiria, subjugando o político e o jurídico, até que ocorra uma reação do sistema".[86]

Paulo Bonavides, em texto recente, anuncia o ingresso do país na era dos *golpes de Estado institucionais*, perpetrados pelas forças neoliberais da globalização (o tamanho da citação simboliza a força do ataque ao Estado de Direito): "Assim, por exemplo, quando intenta — e em alguns casos já o fez — desnacionalizar a ordem econômica, despedaçar o Estado, abdicar da soberania nos acordos lesivos ao interesse nacional, promover a recessão, perseguir com emendas inconstitucionais e medidas provisórias o corpo burocrático da administração pública, cercear direitos adquiridos, arruinar o pequeno e médio empresário, esparzir o medo e o sobressalto na classe média, diminuir o crédito ao produtor rural, elevar à estratosfera a taxa de juros, esmorecer a reforma agrária, confiscar o bolso do contribuinte com novos impostos, fazer da reforma tributária um engodo e da reforma administrativa uma falácia, conduzir o trabalhador ao desespero, praticar, sistematicamente, uma política de desemprego que, levando a fome ao lar de suas vítimas, desestabiliza a ordem social, abater as autonomia estaduais e municipais, mediante mudanças na Constituição que afetam os entes federativos e só fortalecem a União, semear a descrença do povo na melhoria de sua qualidade de vida pela brutal indiferença com que trata a questão social, estabelecer o retrocesso político nas instituições republicanas com a reeleição presidencial, desestruturar o ensino público e comprimir, com indigência de meios financeiros, a autonomia universitária, abrir, sem freios, o mercado à voracidade dos capitais especulativos de procedência externa, que ameaçam de mexicanização a economia brasileira, descumprir oito artigos da Constituição que regem interesses fundamentais das Regiões, o que ocorre na medida em que sua política do Mercosul acelera os desequilíbrios regionais

---

86 SALGADO, O Estado Ético..., *op. cit.*, p. 59.

HISTÓRIA DO ESTADO DE DIREITO |191

no País e, finalmente, jungir o Brasil a uma política de sujeição externa vazada na obediência aos interesses da chamada globalização econômica".[87]

É importante anotar, em relação aos mandatos presidenciais de 2002-2010, a dualidade da política governamental brasileira. No plano internacional e estratégico, há um êxito colossal, com a ênfase em uma diplomacia no Eixo Sul-Sul, que eleva o Brasil a foros de liderança global.[88] Já no plano nacional, o Governo Federal marginaliza, oprime e escraviza brasileiros que, aferrados ao Bolsa Família, reproduzem a dominação ancestral do coronelato[89] em verdadeiro neo-pós-coronelato (a estrondosa votação obtida em sede de reeleição pelo Presidente Lula, no Nordeste, é incontrastável prova da eficiência política do expediente da Bolsa Família).

Para além das reações desumanas, conquanto provocadas, à nova ordem mundial, perpetradas pelo terrorismo fundamentalista, o futuro do Estado parece ainda despontar.

Miguel Reale, com marcante otimismo, situa sua esperança na cultura: "Há várias décadas, a soberania é entendida como poder condicionado, tal a sua natural inserção no sistema de forças internacionais, mas nem por isso se poderá falar, não obstante a crescente globalização, no Estado evanescente ou de força aparente. Enquanto houver nações distintas, com seu campo próprio de valores e interesses, será impossível abandonar o conceito de soberania".[90] Reale registra que o capitalismo vem mudando o seu enfoque, e privilegiando o conhecimento e a informação sobre a mera posse de bens materiais. Neste sentido, o fator educativo passa a ter a primazia, colocando-se a cultura e a informação nos mais altos relevos: "Ante a globalização, que pode ser massificante, cumpre ao Estado salvaguardar os valores específicos de sua cultura".[91]

---

87 BONAVIDES, *Do país...*, *cit.*, p. 139.

88 Um panorama excelente acerca do papel externo que o Brasil pretende exercer é apresentado em GUIMARÃES, Samuel Pinheiro. *Desafios brasileiros na era dos gigantes*. Rio de Janeiro: Contraponto, 2005.

89 A referência, obrigatória, é LEAL, Victor Nunes. *Coronelismo, enxada e voto*: o município e o regime representativo no Brasil. 6. ed. São Paulo: Alfa-Ômega, 1993.

90 REALE, Miguel. *Crise do Capitalismo e Crise do Estado*. São Paulo: Senac, 2000, p. 57.

91 REALE, *Crise...*, *cit.*, p. 60. Nesse sentido, é importante resgatar a tradição brasileira e suas conexões antropológicas e filosóficas com o legado ocidental, eminentemente greco-romano, mas também católico-cristão. Temos trabalhado nessa direção, na Faculdade de Direito da UFMG, particularmente com os trabalhos de Marcelo Maciel Ramos, Ílder Miranda-Costa e Saulo de Oliveira Pinto Coelho; *cf.* RAMOS, Marcelo Maciel. *Ética Grega e Cristianismo na Cultura Jurídica do Ocidente*. Belo Horizonte: Faculdade de Direito da UFMG, 2007 (Dissertação, Mestrado em Filosofia do Direito); MIRANDA-COSTA, *Religiosidade, cultura*

JOSÉ LUIZ BORGES HORTA

Na cultura e nos valores nacionais, também Arthur Diniz antevê a bonanza: "Há um ressurgimento das tradições de cada cultura como força admirável de libertação".[92] De que modo pode-se resistir ao Estado globalizado, é nosso seguinte tema.

---

e direito, cit.; PINTO COELHO, Saulo de Oliveira. *O Direito Romano na Filosofia do Direito*; Permanência e atualidade do Direito Romano enquanto elemento suprassumido na jusfilosofia brasileira contemporânea. Belo Horizonte: Faculdade de Direito da UFMG, 2008 (Dissertação, Mestrado em Filosofia do Direito).

92 DINIZ, A crise de nossos dias, *op. cit.*, p. 333.

14. Fundamentos axiológicos

Em 1945, assombrado, o mundo opta por reestruturar as relações internacionais. A criação da *Organização das Nações Unidas* foi o definitivo passo nessa direção. Em 10 de dezembro de 1948, emerge o marco definitivo de uma nova era: a *Declaração Universal dos Direitos do Homem*, que traz o novo valor central do Estado de Direito: a *Fraternidade* (ou *Solidariedade*, como preferem alguns).

Os autores utilizam os dois termos em sentido equivalente; no entanto, fraternidade tem direta conexão com o tradicional brado *Liberté, Egalité, Fraternité, ou la Mort*, forjado no alvorecer do Estado de Direito, enquanto a noção de solidariedade já terá gerado o solidarismo.[1] Solidariedade, tomada em termos jurídicos, indica corresponsabilidade, o que parece bastante conexo com o atual momento; já fraternidade parece traduzir melhor a ideia do reconhecimento do Outro como semelhante, ainda que diferente, ponto central do Estado democrático de Direito, como o concebemos. Tomamos os dois conceitos, no entanto, como faces de uma mesma moeda, e com isto aproveitamos a contribuição de ambas as perspectivas. Realçamos, assim, a sinonímia axiológica dos dois termos.

José Luiz Bolzan de Morais conecta, no entanto, a solidariedade ao Estado social em crise: "A *crise filosófica* atinge exatamente as bases sobre as quais se assenta o modelo do bem-estar. Esta crise aponta para a desagregação da base do Estado do Bem-Estar, calcada na *solidariedade*, impondo o enfraquecimento ainda maior no conteúdo tradicional dos direitos sociais, característicos deste Estado".[2]

---

1 *Cf.* Abagnano, *Dicionário de Filosofia*, *cit.*, p. 918.

2 Morais, Estado Democrático..., *op. cit.*, p. 49.

A Declaração Universal, que inaugura "uma nova era histórica: a era da cidadania mundial",[3] preferiu fraternidade: *Artigo I — Todos os homens nascem livres e iguais em dignidade e direitos. São dotados de razão e consciência e devem agir em relação uns aos outros com espírito de fraternidade.*

Anota Comparato: "Os princípios axiológicos supremos correspondem à tríade famosa da tradição republicana francesa, reafirmada no primeiro artigo da Declaração Universal dos Direitos Humanos de 1948: liberdade, igualdade e fraternidade (ou solidariedade)".[4]

Diversos autores têm compreendido a fraternidade em íntima conexão com a liberdade e a igualdade: Pedro Paulo Christovam dos Santos propõe o "equilíbrio da liberdade e da igualdade com solidariedade",[5] e a interdependência entre liberdade e solidariedade aparece já nas reflexões de Arthur Diniz.[6]

A igualdade garantira a liberdade, na ótica do Estado social; não obstante, o Estado de Direito permanecia uma realidade nacional, restrita aos países que, desenvolvidos economicamente, puderam garantir patamares de cidadania compatíveis com os vetustos ideais. A humanidade, todavia, ainda não provara o sabor da liberdade: "Um lance de olhos pela história dos últimos dez séculos revela que a liberdade nasce em berço aristocrático, cresce burguesa e, na virada do milênio, não chegou ainda à maturidade democrática. Quando, há dez anos, o pensamento conservador celebrou o *fim da história*, proclamando a vitória do modelo liberal, precisou fechar portas e janelas e trancar-se dentro do mundo acadêmico. Do contrário, teria escutado gritos pré-históricos vindos da África. Ou contemplado a prolongada agonia latino-americana. Lugares onde a história apenas começou".[7]

---

3 COMPARATO, *A Afirmação...*, *cit.*, p. 55.

4 COMPARATO, *A Afirmação...*, *cit.*, p. 50.

5 SANTOS, Pedro Paulo Christóvam dos. Teoria dos Direitos Humanos; discurso ontológico sobre os direitos humanos. *Revista Jurídica*, Ouro Preto, Universidade Federal de Ouro Preto, a. I, v. 1, n. 1, 2000, p. 90.

6 DINIZ, Arthur José Almeida. Reflexões sobre a Liberdade e a Solidariedade. *Revista da Faculdade de Direito*, Belo Horizonte, Universidade Federal de Minas Gerais, n. 38, p. 75-90, 2000. (A reflexão de ARTHUR DINIZ une um humanismo pleno de esperança a uma crítica feroz da contemporaneidade; *v.* DINIZ, Arthur José Almeida. *Reflexões sobre o Direito e a Vida*. Belo Horizonte: Movimento Editorial da Faculdade de Direito da UFMG, 2005.) Maria Inês Andrade escreveu sobre o tema da fraternidade: ANDRADE, Maria Inês Chaves de. *A fraternidade como direito fundamental*; entre o ser e o dever ser na dialética dos opostos de Hegel. Belo Horizonte: Faculdade de Direito da UFMG, 2007. (Tese, Doutorando em Filosofia do Direito).

7 BARROSO, *Temas de Direito Constitucional, cit.*, p. 77.

Essa consciência da cidadania restrita anima os sonhos de universalização de direitos, e estimula a construção de novas perspectivas para o Estado de Direito. A fraternidade exige a universalização do Estado de Direito. (Não se trata de criar um Estado *universal* de Direito, mas um Estado *universalista* de Direito; cosmopolitismo e nacionalismo[8] não podem ser contraditórios, já que é do patrimônio das culturas nacionais que se constrói o legado humano.)

Uma coleção de valores acompanham historicamente o conceito de esquerda, e o inventário desses valores é simples: liberdade, igualdade, fraternidade.[9]

Reale identifica uma universalização do saber: "Os proveitos resultantes da *globalização* (palavra hoje insubstituível, embora fosse preferível o emprego de *mundialização*, que exclui, de per si, a ideia de uma esfericidade global de convicções e comportamentos) são incontestáveis, pois nada seria mais prejudicial do que o insulamento do saber, fazendo surgir egoístas 'reservas de bens' à disposição exclusiva de determinadas nações privilegiadas. É, sem dúvida, a igualdade universal no 'teor da vida', e não apenas em direitos abstratos, uma das mais legítimas aspirações da humanidade".[10]

Nessa ótica, a compreensão da humanidade como um todo precisa ser permeada pela dignidade humana: "As palavras da temporada são globalização, eficiência e competitividade internacional. Não se derrotam fatos consumados. Mas a inevitabilidade de determinados processos não significa que se deva abdicar da reflexão crítica sobre eles e afetar-lhes o curso na medida do possível. [...] A condição humana tem compromisso com a felicidade, não com as estatísticas. O fetiche da inserção internacional não pode estar acima de tudo. Não é possível fechar os olhos à exclusão social, ao desemprego, à tristeza dos que não são competitivos porque não podem ser".[11]

O respeito ao ambiente planetário é, em tudo, parte desta nova mentalidade; Andrew Vincent reconhece a ainda imberbe ideologia do ecologismo: "Uma conclusão imediata é que o movimento ecológico e sua ideologia ainda estão em processo de formação [...] Além do mais, a ideologia ecológica tem sofrido, desde que começou a ficar

---

8 Vincent, *Ideologias Políticas Modernas*, cit., p. 272.

9 D'arcais, Paulo Flores. Servitù ideologiche o liberi valori. *In*: aavv. *il concetto di sinistra*. Milão: Bompiani, 1982, p. 45-75, *apud* Bobbio, Norberto. *Direita e Esquerda*; razões e significados de uma distinção política. Trad. Marco Aurélio Nogueira. São Paulo: Edunesp, 1995, p. 28.

10 Reale, *O Estado Democrático de Direito...*, *cit.*, p. 74.

11 Barroso, *Temas de Direito Constitucional*, cit., p. 644.

em evidência na política, há duas décadas, a tensão existente entre duas correntes de pensamento. Os anos 70 assistiram à intensificação repentina dos interesses ambientais e ao início da desilusão com o socialismo em vários lugares. O movimento verde/ecológico forneceu um refúgio ideal para socialistas e anarquistas desiludidos [...] Ao mesmo tempo, no entanto, filiados socialistas e anarquistas perceberam-se companheiros de outro tipo de vocabulário, que se concentrava na terminologia dos valores profundos, da reverência espiritual à natureza, das visões metafísicas, da frugalidade, da simplicidade, da sabedoria dos povos primitivos, da vida em harmonia com a terra e da memória popular [...] Há uma crença em que atingimos, ou estamos prestes a atingir, uma nova era, um paradigma ou um renascimento em que todas as ideologias parecerão antiquadas".[12]

É de todo pertinente a nota de Reale: "É o valor da pessoa humana que constitui o fundamento da ideologia ecológica, pois protege-se a natureza em razão dos interesses existenciais da criatura humana, desde os vitais aos estéticos. A Ecologia é a filha mais nova e sedutora da Antropologia".[13]

Na perspectiva da fraternidade humana, a igualdade é matizada pelo respeito (e até mesmo pela valorização) à *diferença*.[14]

Bobbio, que reafirma a existência de um pensamento esquerdista eminentemente igualitário, nota que "Jamais como em nossa época foram postas em discussão as três fontes principais de desigualdade: a classe, a raça e sexo".[15]

Reconhece Bobbio a reserva à igualdade: "Existe toda uma tradição de pensamento não igualitário, da qual Nietzsche é a expressão máxima, que considera o igualitarismo e seus produtos políticos, democracia e socialismo, o efeito deletério da predicação cristã".[16]

Compreendamos os argumentos nietzscheanos: "Nietzsche [...] parte do pressuposto de que os homens são por natureza desiguais (e para ele é um bem que o sejam [...]) e apenas a sociedade, com sua moral gregária, com sua religião da compaixão e da resignação, pode fazer com que se tornem iguais. A mesma corrupção que, para

---

12 VINCENT, *Ideologias Políticas Modernas*, *cit.*, p. 235-6.

13 REALE, *O Estado Democrático de Direito...*, *cit.*, p. 111.

14 Sobre o tema, o inspirado GALUPPO, Marcelo Campos. *Igualdade e Diferença*; estado democrático de direito a partir do pensamento de Habermas. Belo Horizonte: Mandamentos, 2002.

15 BOBBIO, *Direita e Esquerda*, *cit.*, p. 128.

16 BOBBIO, *Direita e Esquerda*, *cit.*, p. 78.

Rousseau, gerou a desigualdade, gerou para Nietzsche a igualdade. Onde Rousseau vê desigualdades artificiais, a serem condenadas e abolidas por contrastarem a fundamental igualdade da natureza, Nietzsche vê uma igualdade artificial, a ser execrada na medida em que tende a eliminar a benéfica desigualdade que a natureza desejou que reinasse entre os homens".[17]

Na verdade, o ideal de igualdade é grego, como já se afirmou, com base em Salgado; não obstante, parece haver algum sentido no apelo à desigualitarização. A rigor, se acreditamos na liberdade plena do homem, temos de aceitar, senão mesmo exigir, que cada um possa realizar-se integralmente, o que implica estimular diferentes desejos, vocações, perspectivas. A verdadeira libertação do homem (que só pode dar-se num contexto de igualdade de oportunidades) exige reconhecer suas especificidades; este, o tom dos movimentos libertários (*lib movements*) contemporâneos, e seus anseios de igualdade de gênero (feminismo), liberdade de orientação sexual, liberdade de vida alternativa (dos *hippies* aos *punks*).

É o que, com acerto, propõe Arthur Diniz: "Atualmente, cumpre-nos pensar uma sociedade humana global, respeitando as diferenças, diversidade na unidade, *concordant discord*, aceitando o Outro como algo diferente porém profundamente identificado à nossa própria realidade pessoal".[18]

À instância de realização plena (e universalizada) do Estado de Direito e da pessoa humana chamamos Estado democrático de Direito.

Originariamente, no entanto, a expressão possuía outro significado. A expressão Estado democrático de Direito nasceu em outubro de 1966, por ocasião da primeira edição da obra de Elías Díaz, *Estado de Derecho y Sociedad Democratica.*[19]

O específico contexto dos Estados autoritários (na Espanha, em Portugal, na América Latina) gera um anseio democrático, que Elías Díaz conecta ao novo socialismo: "O Estado democrático de Direito tem de ser hoje um estado de estrutura econômica socialista; esta é necessária à constituição atual de uma verdadeira democracia. O neocapitalismo com seu famoso Estado do bem-estar, apoiando-o todo em uma economia e uma sociedade de consumo não consegue, pode dizer-se, sequer superar a alienação das

---

17 BOBBIO, *Direita e Esquerda, cit.*, p. 107.

18 DINIZ, *Novos Paradigmas..., cit.*, p. 31.

19 *Cf.* DÍAZ, Elías. *Estado de Derecho y Sociedad Democratica.* 6. ed. Madrid: EDICUSA, 1975, p. 10.

massas, nem frear a desigualdade social, sobretudo a nível internacional. O Estado social de Direito é, na minha opinião, um Estado insuficientemente democrático".[20]

O Estado democrático de Direito foi concebido como uma reação ao Estado autoritário espanhol, e por isto pretendia-se democrático; a democracia ali pleiteada, todavia, é apenas uma perspectiva de transição para o socialismo.[21] O Estado democrático de Direito seria a via ocidental para a democracia e o socialismo,[22] um socialismo pleno de postulados humanistas, vazado em ambicioso programa transformador e emancipatório.[23]

O socialismo de Díaz parece afeto às formas democráticas em cogitação na Europa desde que Antônio Gramsci tomou lugar central no pensamento de esquerda. Anota Reale, com admiração: "A conversão da cultura em técnica de conquista do poder, eis, em suma, a poderosa ideia revolucionária que caracteriza a teoria política de Gramsci, dada a sua convicção de que quem domina a cultura domina o Estado".[24] E elogia: "O grande bolchevista italiano era, por conseguinte, um *culturalista tático*, mas um conhecedor profundo dos valores culturais, muito embora lhes conferisse um sentido instrumental na práxis política".[25]

O socialismo humanista de Díaz é destacado em Perez Luño: "Em suma, na concepção de Elias Díaz o Estado democrático de Direito se traduz em 'intento de organização jurídico-política e de realização sócio-econômica, em liberdade e com igualdade, dos melhores postulados humanistas e até mais profundamente liberais (críticos e pluralistas) do socialismo'".[26]

Construído nos marcos do pensamento político do PSOE (Partido Socialista Operário Espanhol),[27] e particularmente da transição espanhola,[28] o Estado democrático

---

20 Díaz, *Estado de Derecho...*, *cit.*, p. 173.

21 Díaz, *Estado de Derecho...*, *cit.*, p. 16.

22 Díaz, *Estado de Derecho...*, *cit.*, p. 17.

23 Perez Luño, *Derechos Humanos...*, *cit.*, p. 234.

24 Reale, *O Estado Democrático de Direito...*, *cit.*, p. 16.

25 Reale, *O Estado Democrático de Direito...*, *cit.*, p. 23.

26 Perez Luño, *Derechos Humanos...*, *cit.*, p. 230 [Perez Luño cita Díaz, Elias. *Socialismo en España*; el partido y el Estado. Madrid: Mezquita, 1982, p. 181].

27 Perez Luño, *Derechos Humanos...*, *cit.*, p. 233.

28 A transição espanhola é a mais bem-sucedida transição para a democracia de que se tem notícia, na Ibero-américa. Mais que bem-sucedida, seminal. Comemora-se em 2008 os trinta anos de dois eventos

de Direito propunha-se a transformar o mundo: "O ponto de partida, o Estado do real é [...] o Estado social (neocapitalista) de Direito, porém a meta a alcançar, o Estado possível, poderá ser para a esquerda — dentro sempre da Constituição — o Estado democrático (socialista) de Direito".[29]

Percebe-se o compromisso de Díaz com a Constituição e a juridicidade; daí, sua recusa em conceder ao Estado do *generalíssimo* Franco o *status* de Estado de Direito: "Nem todo Estado é Estado de Direito [...] O Estado de Direito é o Estado submetido ao Direito, ou melhor, o Estado cujo poder e atividade vêm regulados e controlados pela lei. O Estado de Direito consiste assim fundamentalmente no 'império da lei'".[30]

Manoel Gonçalves Ferreira Filho historia o avanço da expressão: "A expressão 'Estado Democrático de Direito' foi cunhada pelo espanhol Elías Díaz que a empregou no livro *Estado de derecho y sociedad democrática*, com o significado de Estado de transição para o socialismo. Está ela no art. 1º da Constituição brasileira de 1988, como sinal da intenção, afinal não concretizada, de alguns constituintes. Já os portugueses, no mesmo contexto, preferiram falar em Estado de Direito Democrático".[31]

Inúmeras críticas podem ser apresentadas à construção etimológica de Díaz: "Ou o conceito de democracia, tomado em senso amplo, se terá realizado no Estado liberal e no social, ou então, tomado em sentido restrito, corresponderá a exigências que incluem traços vindos de um e de outro".[32]

Nelson Saldanha sintetiza a importância do momento: "É inegável que a ideia de um Estado social, montado sobre arcabouço constitucional, enfrenta hoje sério dilemas. Nos países capitalistas, entre a concorrência brutal e o assistencialismo; entre o intervencionismo e a 'livre iniciativa'. Nos países socializados, a contradição entre a linguagem do poder e os problemas reais do povo; entre a necessidade de crítica (e de

---

da maior importância para a contemporaneidade jurídica e o Direito Comparado: os Pactos de Moncloa, datados de 27 de outubro de 1977, e a promulgação da Constituição Espanhola de 1978, sancionada pelo Rei Juan Carlos a de 27 de dezembro de 1978.

29 Diaz, Elias. *Socialismo en España*; el partido y el Estado. Madrid: Mezquita, 1982, p. 181; *apud* Perez Luño, *Derechos Humanos...*, *cit.*, p. 233.

30 Díaz, *Estado de Derecho...*, *cit.*, p. 13.

31 Ferreira Filho, *Estado de Direito...*, *cit.*, p. 63. Ferreira Filho lembra que Canotilho, constituinte pelo Partido Comunista português, confirma o uso intencionalmente socializante de tais expressões [Canotilho, *Constituição dirigente...*, *cit.*, p.476, *apud* Ferreira Filho, *Estado de Direito...*, *cit.*, p. 64].

32 Saldanha, O chamado "Estado Social", *op. cit.*, p. 70.

livre decisão) e a rigidez dos esquemas padronizadores, se não repressores. O pleito por um socialismo democrático [...] conduz em seu bojo — através das implicações institucionais do termo democrático — componentes liberais: controle do poder, governo representativo, garantias e direitos".[33]

É, talvez, o *neossocialismo* de que nos fala Washington Albino: "Consideraremos os 'modelos' ideológicos 'puros' e os 'mistos', em suas manifestações mais simples e que nos oferecem os elementos indispensáveis ao raciocínio em face dos textos constitucionais. Dentre os primeiros, distinguimos o Liberalismo e o Socialismo; dentre os segundos, o Neoliberalismo ou Neocapitalismo e, a se julgar pelas modificações anunciadas nos países socialistas, o Neossocialismo. O prefixo 'neo' é utilizado justamente para designar o sentido mesclado dos princípios ideológicos adotados e que, embora opostos em termos 'puros', ali se encontram reunidos".[34]

Esta flexibilidade crescente das teorias políticas[35] é bastante típica de nossos dias: "A queda fragorosa do socialismo real subverteu todas as paragem socialistas, deixando até agora indefinido e incerto o campo ideológico da social-democracia, que, penso eu, por muito tempo ainda vai conservar sua característica de '*ideologia omnibus*' destinada a abrigar quem não se defina como liberal, conservador ou aquele que se apega ao '*statu quo*' qualquer que ele seja".[36]

Miguel Reale[37] prefere falar em *social-liberalismo*, ao invés do *liberal-socialismo* de Bobbio, ressalvando que toma por "*social-liberalismo* a corrente liberal que discorda de duas teses do chamado *neoliberalismo*, quer na linha extremada de Friedman, quer na mais moderada de Hayek, pois ambos pleiteiam um estado mínimo evanescente".[38]

A questão do caminho para o socialismo é ainda hoje candente: "O futuro de uma forma de socialismo parece, atualmente, ter-se esgotado. Um dos elementos predominantes da tradição socialista no século xx (o marxismo-leninismo instituciona-

---

33 SALDANHA, O chamado "Estado Social", *op. cit.*, p. 81.

34 ALBINO DE SOUZA, Washington Peluso. Conflitos Ideológicos na Constituição Econômica. *Revista Brasileira de Estudos Políticos*, Belo Horizonte, Universidade Federal de Minas Gerais, n. 74/75, jan.-jul. 1992, p. 23.

35 REALE, *O Estado Democrático de Direito...*, *cit.*, p. 87.

36 REALE, *O Estado Democrático de Direito...*, *cit.*, p. 19-20.

37 REALE, *O Estado Democrático de Direito...*, *cit.*, p. 18-9.

38 REALE, *O Estado Democrático de Direito...*, *cit.*, p. 37

HISTÓRIA DO ESTADO DE DIREITO |201

lizado) recebeu, de certo modo, um golpe fatal na década passada com o colapso da Europa Oriental, e a transição do que resta da União Soviética para as economias de mercado vem abalando sua aspiração de se desenvolver. [...] Isso [...] de modo algum foi fatal para tradição socialista [...] As perspectivas socialistas mais éticas, reformistas do Estado e de mercado também estão aptas a se adaptar às concepções contemporâneas sobre o valor do mercado".[39]

Segundo Reale, assistimos a "um processo que poderíamos denominar 'decodificação ideológica', um de cujos momentos culminantes é representado pelo papel de Gorbatchov lançando o desafio da *perestroika* e da *glasnost*".[40]

Talvez o velho termo pejorativo (no jargão comunista) tenha, afinal, guarida: "O *revisionismo* é a grande diretriz que parece destinada a estender-se por todo o planeta, levando-nos a aparar arestas de várias teorias artificialmente contrapostas".[41]

Não podemos, no entanto, utilizar de modo amplo o conceito de Díaz: não havendo, a rigor, nenhum Estado em aberta transição para o socialismo,[42] abriríamos mão de compreender o fantástico movimento axiológico que, como dissemos, trouxe a fraternidade para o núcleo do Estado de Direito.

Todo Estado de Direito é democrático, como já o dissemos na primeira unidade deste trabalho. No entanto, à falta de expressão mais adequada, propomos conceber a democracia de modo fraternalmente universalizante. *A democracia para a humanidade*; eis o mote possível para o Estado democrático de Direito.

(Maurizio Fioravante, ao mencionar as constituições democráticas contemporâneas, lembra que devem ser tomadas como democráticas tanto no plano de seus

---

39 VINCENT, *Ideologias Políticas Modernas*, cit., p. 120.

40 REALE, *Nova Fase...*, cit, p. 116.

41 REALE, *Nova Fase...*, cit, p. 118.

42 O recente fenômeno da esquerdização da América Latina, marcado pela ascensão do Coronel Hugo Rafael Chávez Frias à Presidência da Venezuela, a que se seguiram a ascensão de governos populares na Bolívia e no Equador, por ainda muito jovem, não se permite classificar. Há sérias dúvidas de seus perfis antidemocráticos, pelo que deixariam de se apresentar como objetos desse trabalho. Em rigor, não há democracia aliada ao sistema presidencial de governo, mormente com eleições diretas, com ou sem plebiscitos e cesarismos (sobre o tema, *v.* LOSURDO, Domenico. *Democracia ou Bonapartismo*; triunfo e decadência do sufrágio universal. Trad. Luís Sérgio Henriques. São Paulo/Rio de Janeiro, Ed. Unesp/UFRJ, 2004). Somos simpáticos, todavia, à resistência à globalização empreendida no entorno do Coronel Chávez.

202| JOSÉ LUIZ BORGES HORTA

fundamentos quanto de seus resultados,[43] estabelecendo, assim, um norte axiológico para o Estado contemporâneo: democratizar-se).

Vale frisar, como expresso no capítulo anterior, que rejeitamos as formas danosas ao Estado conectas ao fenômeno da desestatização neoliberal, quer em sua roupagem econômico-financeira, quer na ilusão sociocultural dos participativistas. Para os últimos, vigora a perversa lógica da esfera pública: "Uma soberania popular reconstruída em termos procedimentalistas e um sistema político ligado às redes periféricas da esfera pública andam de mãos dadas com uma imagem de sociedade descentrada".[44]

A participação popular (real ou ilusória) não pode ser tomada como um valor; trata-se apenas de um tópico decorrente da liberdade política, já presente no Estado liberal. Sua utilização desmedida é demagógica e argentária, corrompida pelos interesses do mercado internacional e corruptora das instituições estatais. *Virtutes et vitia confinia est*, dizia o brocardo; a participação sem respeito à democracia representativa é profundamente antidemocrática (que o digam os cesarismos[45]).

Recomendamos aos que sonham com um mundo melhor que, evitando colaboracionismos, engajem-se em democrática resistência: "Quanto aos direitos sociais, conquista histórica da esquerda, sustenta [Zolo] que uma esquerda digna deste nome tem hoje a obrigação de resistir à tentativa liberal de desmantelar os aparatos do estado social".[46]

Democracia, sim, e de preferência aquelas de alta energia, como querem Roberto Mangabeira Unger e seu experimentalismo democrático;[47] mas democracia nos marcos do Estado de Direito, sempre!

---

43 *Cf.* FIORAVANTI, Maurizio. Estado y Constitución. *In*: FIORAVANTI, Maurizio (ed.). *El Estado Moderno en Europa*; instituciones y derecho. Madrid: Trotta, 2004, p. 40.

44 CATTONI DE OLIVEIRA, *Devido processo...*, *cit.*, p. 79.

45 *Cf.* LOSURDO, *Democracia ou Bonapartismo, cit.*

46 BOBBIO, *Direita e Esquerda, cit.*, p. 23. [BOBBIO cita a participação de D. Zolo em apresentação da primeira edição da obra, em Florença]. A resistência ao discurso dominante, neoliberal, também transparece das páginas (aliás, premonitórias, já que os originais remontam aos anos 1970) de NUNES, António José Avelãs. *Do Capitalismo e do Socialismo*. Florianópolis: Fundação Boiteux, 2008. Não há melhor inspiração para o combate em defesa do Estado de Direito que a excepcional coletânea organizada pela escola jusfilosófica florentina, à cura de Danilo Zolo e Pietro Costa: COSTA, Pietro, ZOLO, Danilo (org.). *O Estado de Direito*; história, teoria, crítica. Trad. Carlo Alberto Dastoli. São Paulo: Martins Fontes, 2006.

47 UNGER, Roberto Mangabeira. *O Direito e o Futuro da Democracia*. Trad. Caio Farah Rodriguez e Marcio Soares Grandchamp. São Paulo: Boitempo, 2004.

Tomamos, enfim, como adversários do Estado de Direito, e portanto também do Estado democrático, os fautores da nova ordem mundial, que Antônio Paim chama não só de *neoliberais*, mas de *neoconservadores*: "O *neoconservadorismo* não se confunde nem se resume ao movimento político catalisado pelo Partido Republicano nos Estados Unidos, sob a liderança de Reagan, e que se espraiou por todo o Ocidente desenvolvido com Thatcher, na Inglaterra, Chirac, na França, e assim por diante. Corresponde a algo de muito mais profundo, constituído no próprio âmago da sociedade industrial contemporânea [...] Os neoconservadores revelam certo ceticismo quanto à validade das panaceias ideológicas que são oferecidas para os problemas do mundo [...] advogam uma redução drástica da intervenção do Estado na economia, em benefício de um neocapitalismo que, embora reduzindo o empenho do igualitarismo, privilegie o liberalismo do mercado e o dinamismo do crescimento".[48]

---

48 PAIM, *Evolução Histórica do Liberalismo, cit.*, p. 94-5.

15. Estrutura jurídica

José Luiz Bolzan de Morais insiste no caráter de evolução, e não de ruptura, do momento atual: "O *Estado Democrático de Direito* emerge como um aprofundamento da fórmula, de um lado, do Estado de Direito e, de outro, do *Welfare state*".[1]

Ainda é vaga a configuração da Filosofia do Direito nos nossos tempos; é a "ainda imprecisa *terceira fase do Direito Moderno*",[2] no dizer de Miguel Reale.

Na correta análise da juridicidade emergente do conflito entre o sociológico e o axiológico, "algumas atitudes equivocadas em relação ao significado e ao alcance do Estado de Direito", de que "a tese de Elías Díaz foi o germe",[3] devem ser afastadas.

A primeira delas é a falsa noção de algo como uma "soberania difusa"; difusa porquanto não mais manifestada na pessoa jurídica do Estado, mas diluída e, quiçá, democratizada pela "teia" de relações intersubjetivas; difusa, ainda, porque inócua no mundo da globalização, onde o capital já não possui fronteiras, e portanto, onde o poder real já não mais pode ser formalmente limitado, apenas "confrontado" via de regra nas esferas locais, mediante práticas políticas participativas e comunicativas.

Falácia. A história não acabou, e tampouco perde *ratio* o Estado: "Os riscos da globalização aumentam a responsabilidade dos Estados, que não podem deixar de salvaguardar o que é próprio e peculiar a cada Nação".[4]

---

1 Morais, Estado Democrático..., *op. cit.*, p. 48.

2 Reale, *Nova Fase...*, *cit.*, p. 91.

3 Perez Luño, *Derechos Humanos...*, *cit.*, p. 231.

4 Reale, *O Estado Democrático de Direito...*, *cit.*, p. 40. Em sentido semelhante, escrevemos Horta, *Ratio juris, ratio potestatis, op. cit.*

Juliana Neueschwander Magalhães, com invulgar inteligência, ancorando-se em Lühmann identifica um paradoxo no conceito de soberania: "É que a soberania consiste no poder ilimitado de autolimitação".[5] Mas rejeita a característica central do Estado: "Se, por um lado, não podemos mais falar, face a um mundo cada vez mais globalizado, em Estados soberanos, tampouco podemos falar em um 'povo' soberano, tendo em vista que as novas formas de organização política prescindem do elemento 'povo' tal como este for concebido como 'elemento essencial' do Estado-nação.[6] Sua tese, em síntese, é de que "a soberania já não é mais soberana e, tampouco, popular".[7]

Data venia, jamais concordaríamos com tal raciocínio, que a uma usurpa o Estado em favor de um povo etéreo e a duas debilita o próprio povo (místico), incapaz de efetiva autodeterminação, frente ao mercado global.

Bobbio pensa diferente, enfatizando o voto, a representação e o Estado de Direito: "A democracia moderna repousa na soberania não do povo mas dos cidadãos. O povo é uma abstração, que foi frequentemente utilizada para encobrir realidades muito diversas".[8]

O temário da soberania persiste, necessariamente, no coração do debate da Teoria do Estado. A formação política mais sofisticada da história humana — o Estado — assenta sua fundamentação em um poder incontrastável. Sem soberania, não há Estado, nem há que se falar em estatalidade, nem em seu corolário óbvio: a juridicidade.[9]

Reafirmada a soberania, imperativa à configuração do Estado de Direito, devemos também repelir com vigor as tentativas de desestatização de direitos; desertando do Estado, como dito, sérios e bem-intencionados democratas julgam encontrar alento nas localidades e em pretensas autonomias (de fato, como já o dissemos, *heteronomias*). Vejamos o exagero de um dos mais promissores constitucionalistas mineiros: "Os direitos à educação e à saúde [...] são garantias do exercício da democracia e como

---

5 MAGALHÃES, O paradoxo da soberania, *op. cit.*, p. 362.

6 MAGALHÃES, O paradoxo da soberania, *op. cit.*, p. 365.

7 MAGALHÃES, O paradoxo da soberania, *op. cit.*, p. 367.

8 BOBBIO, *A Era dos Direitos, cit.*, p. 119.

9 Evidentemente, há imbecis de toda sorte a denunciarem o fim da soberania, mas ou menos conexos à *Pax americana*, mais ou menos iludidos pelo *american way of life* (via de regra, comem em McDonald's, leem os "juristas" norte-americanos, consomem enlatados e cantam lôas ao espírito democrático norteamericano; e dá-lhe, Coca-Cola!). São apenas tolos, sem qualquer credibilidade e que, para o bem ou para o mal, não são ouvidos nem na Europa, nem na Ásia, nem em setores rebeldes das Américas. Já na África e nas parcelas tucano-petistas da política pátria, particularmente na paulista, são sempre mitificados... Apesar deles, a soberania segue.

tal devem estar desvinculados do governo, seja em que nível for, devendo ser geridos por autonomias constitucionais autogestionárias".[10]

Autonomia, no caso constitucional brasileiro, confere-se no respeito à Constituição, que afirma peremptoriamente o dever estatal frente aos direitos sociais; a transferência para a sociedade civil dos deveres jurídicos correspondentes a tais direitos públicos subjetivos é absolutamente inconstitucional, como o seria o estabelecimento de mecanismos de controle social sobre entes autônomos tais como as universidades. (*A cátedra não se sujeita à ágora*).

Afastadas as concepções desviantes, podemos examinar os pontos fulcrais da jusfilosofia dos nossos tempos.[11]

Soam os ecos de Baden: a grande marca da atualidade é a descoberta do plano do valor jurídico, conecta à Filosofia dos Valores característica do século xx, cuja vertente neokantiana e idealista terá significativo impacto no Direito, a partir da Escola de Baden.[12]

---

10 MAGALHÃES, José Luiz Quadros de. *Poder Municipal*; paradigmas para o Estado constitucional brasileiro. Belo Horizonte: Del Rey, 1997, p. 107.

11 Antonio Maia inventaria nossos tempos: "Pletora — este é o melhor qualificativo para descrever o panorama dos estudos jusfilosóficos contemporâneos. O crescente entrelaçamento entre filosofia política e filosofia do direito, com a reconexão do debate de teoria do direito com o domínio da teoria da justiça; a sofisticação das discussões de metodologia jurídica, sobretudo com a proliferação dos casos difíceis, com o desenvolvimento expressivo das teorias de argumentação jurídica; a reabilitação da racionalidade prática e a erosão do paradigma positivista; o novo papel dos princípios jurídicos e a reconfiguração da teoria constitucional [...]"; *cf.* MAIA, Antonio Cavalcanti. Considerações acerca do papel civilizatório do Direito. *In*: MAIA, Antonio Cavalcanti, MELO, Carolina de Campos, CITTADINO, Gisele, POGREBINSCHI, Thamy (orgs.). *Perspectivas atuais da Filosofia do Direito*. Rio de Janeiro: Lumen Juris, 2005, p. *x-xi*. Uma coletânea bastante representativa do tempo presente é a de Cláudia Servilha Monteiro: MONTEIRO, Cláudia Servilha. *Temas de Filosofia do Direito*: decisão, argumentação e ensino. Florianópolis: Fundação Boiteux, Fondazione Cassamarca, 2004. Talvez o autor que melhor simboliza a virada jusfilosófica que nos caracteriza seja, ainda hoje, NORBERTO BOBBIO, cuja influência, particularmente no Brasil, é notável e complementa o papel de MIGUEL REALE como avatar do novo tempo. Sobre o impacto iberoamericano de BOBBIO, cujo centenário de nascimento celebramos em 2009, *v.* FILIPPI, Alberto; LAFER, Celso. *A presença de Bobbio*: América Espanhola, Brasil, Península Ibérica. São Paulo: EDUNESP, 2004.

12 Sobre o tema, *v.* HEINEMANN, Fritz. *A Filosofia no século xx*. Trad. Alexandre Fradique Morujão. 4. ed. Lisboa: Calouste Gulbenkian, 1993, p. 425 *et circa*. Sobre o Neokantismo, que fundamenta a Axiologia Jurídica, *v.* ADEODATO, *Filosofia do Direito, cit.*, p. 21 *et seq* [a obra é dedicada a um dos expoentes da *Filosofia dos Valores*, NICOLAI HARTMANN]. Paulo Dourado de Gusmão escreve sobre luminares do neokantismo em GUSMÃO, Paulo Dourado de. STAMMLER, DEL VECCHIO, RADBRUCH, irmanados pelo kantismo. *Filosofia do Direito*. 8. ed. Rio de Janeiro: Forense, 2006, p. 161-6.

208| JOSÉ LUIZ BORGES HORTA

Reale descreve um "entendimento amplo e flexível da vida jurídica em sentido de integralidade, para o qual tem contribuído notavelmente a compreensão do Direito em termos axiológicos, a tal ponto que já se pode admitir uma passagem da *Jurisprudência de Interesses* para a *Jurisprudência de Valores*".[13] Assinala Reale: "No âmbito da Jurisprudência de Valores podem ser lembradas várias contribuições relevantes, como as da nova compreensão do direito natural de Helmut Coing ou de L. Legaz y Lacambra, Jean-Marc Trigeaud e A. Sánchez de la Torre; ou a compreensão da justiça material que anima as pesquisas de Reinhold Zippelius".[14]

Reale menciona ainda o funcionalismo de Niklas Lühmann e a concreção jurídica de Karl Engisch e Josef Esser.[15] Marcelo Galuppo, por sua vez, realça o papel de Josef Esser no processo de parcial abandono do "*modelo sistemático* da ciência jurídica para a adoção de um *modelo problemático* da mesma".[16]

É que, conforme Bonavides, ao estimular a investigação dos valores subjacentes ao Direito, a Jurisprudência dos Valores transmuta-se em *Jurisprudência dos Problemas*: "A 'jurisprudência dos valores', que é a mesma 'jurisprudência dos princípios', se interpenetra com a 'jurisprudência dos problemas' [a Tópica] (Vieweg-Zippelius-Enterría) e domina o constitucionalismo contemporâneo. Forma a espinha dorsal da Nova Hermenêutica na idade do pós-positivismo e da teoria material da constituição".[17]

A análise principiológica dos problemas, afinal decorrente da Axiologia Jurídica, inaugura um novo momento no Direito: "O reconhecimento teórico da positividade

---

13 REALE, *Nova Fase...*, *cit.*, p. 118-9.

14 REALE, *Nova Fase...*, *cit.*, p. 120. Podemos agregar ao panorama realeano o *Jurisprudencialismo* de António Castanheira Neves; *v.* SANTOS COELHO, Nuno Manuel Morgadinho, SILVA, Antônio Sá da. Direito e Pessoa; o fundamento do Direito em António Castanheira Neves. *In*: MELLO, Cleyson de Moraes, SANTOS COELHO, Nuno Manuel Morgadinho dos (orgs.). *O Fundamento do Direito*; estudos em homenagem ao Professor Sebastião Trogo. Rio de Janeiro: Freitas Bastos, 2008, p. 333-48.

15 REALE, *Nova Fase...*, *cit.*, p. 123.

16 GALUPPO, Marcelo Campos. A contribuição de Esser para a reconstrução do conceito de princípios jurídicos. *Revista de Direito Comparado*, Belo Horizonte, Universidade Federal de Minas Gerais, v. 3, maio 1999, p. 228.

17 BONAVIDES, *Curso de Direito Constitucional*, *cit.*, p. 255-6. Uma contraposição à Jurisprudência dos Valores é encontrada no trabalho de Alexandre Coura: COURA, Alexandre de Castro. *Para uma Análise Crítica da Jurisprudência de Valores*: Contribuições para Garantia dos Direitos Fundamentais e da Legitimidade das Decisões Judiciais no Paradigma do Estado Democrático de Direito. Belo Horizonte: Faculdade de Direito da UFMG, 2004. (Dissertação, Mestrado em Direito Constitucional).

dos princípios [...] instaura, em definitivo, queremos crer, um Estado principialista. Esse Estado funda-se teoricamente sobre a jurisprudência dos valores, e a ele, sem dúvida, pertence o futuro de todos os ordenamentos constitucionais".[18]

Bonavides proclama a era do *pós-positivismo*: "Os princípios têm, desse modo, contribuído soberanamente para formação de uma terceira posição doutrinária verdadeiramente propedêutica a uma teoria dos princípios, que intenta estorvar no campo constitucional as ressurreições jusnaturalistas e, ao mesmo passo, suprimir o acanhamento, a estreiteza e as insuficiências do positivismo legal ou estadualista, deixando à retaguarda velhas correntes do pensamento jurídico, impotentes para dilucidar a positividade do Direito em todas as suas dimensões de valor e em todos os seus graus de eficácia".[19]

Luís Roberto Barroso e Ana Paula de Barcellos sumariam: "'Pós-Positivismo' é a designação provisória e genérica de um ideário difuso, no qual se incluem o resgate dos valores, a distinção qualitativa entre princípios e regras, a centralidade dos direitos fundamentais e a reaproximação entre o direito e a ética".[20]

Expoente do constitucionalismo social, Forsthoff entendia que "uma argumentação desenvolvida com base na ideia de um sistema de valores significa o abandono da positividade do direito constitucional",[21] rejeitando, portanto, o aporte teórico trazido pela Jurisprudência dos Valores.[22]

---

18 BONAVIDES, *Curso de Direito Constitucional, cit.*, p. 17-8.

19 BONAVIDES, *Curso de Direito Constitucional, cit.*, p. 256. A crítica ao pós-positivismo é o fulcro de DIMOULIS, Dimitri. *Positivismo jurídico*: introdução a uma teoria do direito e defesa do pragmatismo jurídico-político. 2. ed. São Paulo: Método, 2006; já a defesa do novo tempo encontra-se, *e.g.*, em GALUPPO, Marcelo Campos. A epistemologia jurídica entre o Positivismo e o Pós-Positivismo. *In*: ADEODATO, João Maurício; BRANDÃO, Cláudio (orgs.). *Direito ao Extremo*: coletânea de estudos. Rio de Janeiro: Forense, 2005, p. 195-205.

20 BARROSO, Luís Roberto, BARCELLOS, Ana Paula de. O começo da história: a nova interpretação constitucional e o papel dos princípios no direito brasileiro. *In*: AFONSO DA SILVA, Virgílio (org.). *Interpretação Constitucional*. São Paulo: Malheiros, 2005, p. 314.

21 DINIZ, Márcio Augusto Vasconcelos. *Constituição e Hermenêutica Constitucional*. Belo Horizonte: Mandamentos, 1998, p. 247.

22 Um excelente estudo sobre Axiologia Jurídica é o do jovem pesquisador Felipe Magalhães Bambirra: *v.* BAMBIRRA, Felipe Magalhães. *Axiologia e Direito*: para uma compreensão do impacto da Filosofia dos Valores na contemporaneidade jurídica. Belo Horizonte: Faculdade de Direito da UFMG, 2008 (Monografia, Bacharelado em Direito). Novas perspectivas em relação à Axiologia Jurídica encontram-se também analisadas em AFONSO, Elza Maria Miranda. O Direito e os Valores (reflexões inspiradas em Franz Brentano, Max Scheler e Hans Kelsen). *Revista do* CAAP, Belo Horizonte, Universidade Federal de Minas Gerais, a. IV, n. 7, p. 15-62, 1999.

210 | JOSÉ LUIZ BORGES HORTA

Reale saúda os novos tempos: "O advento da Jurisprudência de Valores é consequência imediata do papel que o valor da pessoa humana vem desempenhando em todos quadrantes do direito positivo".[23]

Em total conexão com nosso momento histórico é a pertinente reflexão de Joaquim Carlos Salgado e Mariá Brochado, em direção ao resgate das interfaces entre o jurídico e o ético. Salgado cuidou do tema em relação expressa ao Estado de Direito, em seu *Estado Ético, Estado Poietico*,[24] e mais recentemente com a proposição de uma *Ideia de Justiça no Mundo Contemporâneo*, que leva o interessante subtítulo "Fundamentação e Aplicação do Direito como *Maximum* Ético".[25] Em Salgado, "o fenômeno jurídico nesse século se apresenta como o *realizador máximo da eticidade cultural*", como assevera Mariá Brochado, para quem "o pensamento de maturidade do Prof. Salgado converge para a afirmação do fenômeno jurídico como uma manifestação do *ethos* na modalidade de um *maximum ético* que a cultura é capaz de produzir como normatividade".[26] Já Mariá Brochado, em seu *Direito e Ética*,[27] vê que "o direito é em si mesmo uma realidade ética, que passou a ser pensada e praticada com formas e mecanismos próprios, peculiares, muitas vezes mais sofisticados no amparo e coordenação das necessidades de uma vida em comunidade (como a da civilização ocidental pretensamente universal), que os códigos de ética *morais*, incapazes de responder à demanda desse modo de vida *universalista*, dialogada em termos de *direitos humanos*, e não especificamente *virtudes*, aprisionadas na esfera de *decisão* de cada sujeito moral de *per si* considerado".[28]

---

23 REALE, *Nova Fase...*, *cit.*, p. 125.

24 SALGADO, O Estado Ético e o Estado Poiético, *op. cit.*

25 SALGADO, Joaquim Carlos. *A Ideia de Justiça no Mundo Contemporâneo*: fundamentação e aplicação do direito como *maximum* ético. Belo Horizonte: Del Rey, 2006. Uma síntese da ideia de justiça de SALGADO pode ser encontrada em PINTO COELHO, *O Direito Romano na Filosofia do Direito*; *cit.*, p. 191-252.

26 BROCHADO, Mariá. A evolução na compreensão do direito, de mínimo ético a *maximum* ético. *In*: HORTA, BROCHADO, *Teoria da Justiça, op. cit.*

27 BROCHADO, Mariá. *Direito e Ética*: a eticidade do fenômeno jurídico. São Paulo: Landy, 2006. O trabalho deve ser cotejado com BROCHADO, Mariá. *Consciência Moral, Consciência Jurídica*. Belo Horizonte: Mandamentos, 2002, onde a jusfilósofa mineira estabelece as matrizes de sua reflexão nas concepções de consciência moral de Henrique Cláudio de Lima Vaz e de consciência jurídica de Joaquim Carlos Salgado.

28 BROCHADO, A evolução.., *op. cit.*

HISTÓRIA DO ESTADO DE DIREITO |211

O diálogo entre Direito e Ética representa importante marca do pensamento hodierno, e tem animado diversos estudos, como o monumental *Ética*, de Fábio Konder Comparato.[29]

É de frisar-se que a Axiologia informa a notável *Teoria Tridimensional* de Reale, de resto onipresente neste ensaio, e parte do reconhecimento de "que a cultura, com seus plexos axiológicos, é o *habitat* histórico próprio do direito".[30]

O *culturalismo*, movimento expressivo que, segundo Antônio Celso Mendes, reúne reflexões de juristas do porte de Miguel Reale, Machado Paupério, Djacir Menezes, Paulo Bonavides e Nelson Saldanha,[31] é de fato o grande contemporâneo do Estado democrático de Direito.[32]

(O culturalismo inspira um sem número de dimensões, da compreensão em sede antropológico-jurídica das profundas interdependências entre Direito e Cultura, e especialmente entre Direito e História,[33] até criativas descobertas de trabalhos e enfoques de fronteira: a interface entre Direito e Cultura constitui-se de searas abertas a amplas investigações, inspirando estudos de Direito e Literatura,[34] Direito e Arte, Direito e Música.)[35]

---

29 COMPARATO, Fábio Konder. *Ética*: Direito, moral e religião no mundo moderno. São Paulo: Companhia das Letras, 2006. Também REGENALDO DA COSTA medita sobre a interface entre Direito e Ética em seu COSTA, Regenaldo da. *Ética e Filosofia do Direito*. Rio de Janeiro, São Paulo, Fortaleza: ABC, 2006.

30 REALE, *Nova Fase...*, *cit.*, p. 119.

31 MENDES, Antônio Celso. *Filosofia Jurídica no Brasil*. São Paulo/Curitiba: IBRASA/Champagnat, 1992, p. 108-13. Saulo de Oliveira Pinto Coelho propõe uma enriquecedora reflexão acerca do Culturalismo Jurídico brasileiro em PINTO COELHO, *O Idealismo Alemão no Culturalismo Jurídico de Miguel Reale*, *cit.*, p. 29-137 (Tese, Doutorado em Direito).

32 E não das experiências autoritárias vividas no Brasil dos últimos cinquenta anos, como mal estrutura Mendes. Em especial, *v.* seu próprio Prefácio: MENDES, *Filosofia...*, *cit.*, p. 11-2.

33 Nelson Saldanha possui um interessante ensaio sobre as conexões e diferenciações entre Culturalismo e Historicismo: SALDANHA, Nelson. *Historicismo e Culturalismo*. Rio de Janeiro: Tempo Brasileiro, 1986.

34 Carla Faralli reconhece nos estudos de Direito e Literatura um dos campos privilegiados da Filosofia do Direito contemporânea; *v.* FARALLI, Carla. *La filosofia del diritto contemporanea*. Roma-Bari: Laterza (Libri del Tempo), 2002. No entorno de Marcelo Campos Galuppo, o Programa de Pós-Graduação em Direito da Pontifícia Universidade Católica de Minas Gerais vem se dedicando ao tema, com ensaios interessantes; *cf. Revista da Faculdade Mineira de Direito*, Belo Horizonte, Pontifícia Universidade Católica de Minas Gerais, v. 10, n. 19, 1 sem. 2007.

35 Veja-se (e ouça-se) o interessantíssimo LOPES, Mônica Sette. *Música e Direito*: uma metáfora. São Paulo:

212 | José Luiz Borges Horta

Talvez em decorrência da "teoria da linguagem, de tanta ressonância na terceira fase do direito moderno",[36] frutificam os estudos de Semiótica e Hermenêutica Jurídica, entre nós estimulados em São Paulo por Tércio Sampaio Ferraz Júnior e em Minas por Joaquim Carlos Salgado, mas também no Recife[37] por Nelson Saldanha e João Maurício Adeodato[38] e no Rio de Janeiro por Luís Roberto Barroso.

Alhures, a Teoria do Direito agiganta-se com a obra de Norberto Bobbio, notadamente através de cursos[39] ministrados nos anos acadêmicos de 1957-1958, 1959-1960 e 1960-1961, que geraram as insubstituíveis *Teoria da Norma Jurídica*,[40] *Teoria do Ordenamento Jurídico*[41] e *O Positivismo Jurídico*.[42]

LTr, 2006 (contém CD), bálsamo para os sentidos e a inteligência.

36 REALE, *Nova Fase...*, *cit.*, p. 106. Uma interessante amostra das vigentes teorias do Direito assentadas em debates de linguagem encontra-se em FONSECA, Ricardo Marcelo (org.). *Direito e Discurso*: discursos do direito. Florianópolis: Fundação Boiteaux, 2006. ADRIAN SGARBI fundamenta sua Teoria do Direito na linguagem; *cf.* SGARBI, Adrian. *Teoria do Direito*: primeiras lições. Rio de Janeiro: Lumen Juris, 2007, p. 1-112.

37 Veja-se, especificamente, a promissora obra dos professores Alexandre Ronaldo da Maia de Farias, Gustavo Just da Costa e Silva e Torquato da Silva Castro Júnior, da Faculdade de Direito do Recife: MAIA, Alexandre da. *Da epistemologia como argumento ao argumento como racionalidade jurídica*: por uma dogmática jurídica da multiplicidade. Recife: Universidade Federal de Pernambuco, 2002 (Tese, Doutorado em Direito); MAIA, Alexandre da. *Ontologia jurídica*: o problema de sua fixação teórica (com relação ao garantismo jurídico). Porto Alegre: Livraria do Advogado, 2000; JUST, Gustavo. *Interpréter les théories de l'interprétation*. Paris, Torino, Budapest: L'Harmattan, 2005; JUST, Gustavo. *Os limites da reforma constitucional*. Rio de Janeiro: Renovar, 2000; CASTRO JÚNIOR, Torquato da Silva. *Pragmática das Nulidades*; a Teoria do Ato Jurídico Inexistente. São Paulo: Pontifícia Universidade de São Paulo, 2003 (Tese, Doutorado em Direito).

38 João Maurício Adeodato é o jusfilósofo brasileiro de maior impacto e profundidade, em sua geração. Seu esforço em tomar a Filosofia do Direito a partir de "uma perspectiva mais retórica" é notável e bem-sucedido. Sua instigante coletânea *Ética e Retórica* traz importantes temas ao debate e nos coloca diante de uma releitura inspirada do tridimensionalismo jurídico, em que o valor a tudo permeia (trata-se do ancestral compromisso ético e axiológico de Adeodato, de resto presente em sua *Filosofia do Direito*), e em que as dimensões da juridicidade (evento real, ideia — o significado ideal da norma — e expressão simbólica — os significantes revelados pelas fontes do Direito) se articulam em perspectiva hermenêutica. *Cf.* ADEODATO, João Maurício. *Ética e Retórica*: para uma teoria da dogmática jurídica. 2. ed. São Paulo: Saraiva: 2006; ADEODATO, *Filosofia do Direito*, *cit.*; e ainda sua tese de doutorado ADEODATO, João Maurício. *O Problema da Legitimidade*: no rastro do pensamento de Hannah Arendt. Rio de Janeiro: Forense Universitária, 1989.

39 *Cf.* BOBBIO, *O Positivismo Jurídico*, *cit.*, p. 11.

40 BOBBIO, Norberto. *Teoria da Norma Jurídica* 2. ed. Trad. Fernando Pavan Baptista. Bauru: Edipro, 2003.

41 BOBBIO, *Teoria do Ordenamento...*, *cit.*

42 BOBBIO, *O Positivismo Jurídico*, *cit.*

A Hermenêutica Jurídica, fortalecida na polêmica entre o objetivismo de Emílio Betti e o subjetivismo de Hans-Georg Gadamer, renova suas categorias conceituais, introduzindo no discurso jurídico a pré-compreensão gadameriana e os cânones bettianos da totalidade, da autonomia e da atualidade.

Anota Reale: "O certo é que, em nossos dias, prevalece cada vez mais o emprego, tanto na *legislação* (modelos jurídicos prescritivos) como na *doutrina* (modelo jurídicos hermenêuticos), de modelos normativos abertos".[43]

Ocorrem alterações significativas em diversos planos do Direito; por exemplo, lembra Reale:[44] no plano legislativo recorre-se a valores como os de *equidade* ou boa-fé, que mediam a concreção jurídica; no plano jurisdicional, confere-se maior autonomia e poder criador aos juízes; no plano hermenêutico, o ato interpretativo passa a ser tomado estruturalmente.

A equidade, reconhecida como valor integrante da experiência jurídica,[45] comparece com grande ênfase na nova técnica jurídica e na nova processualística, merecendo de Mônica Sette Lopes um correto tratamento, tomada como *força jurígena*,[46] em perspectiva diferente da de Rawls[47] (Marcelo Cattoni prefere traduzir a noção de *justice as fairness* de Rawls através da expressão *justiça como equanimidade*, rejeitando a Rawls o tradicional termo de origem aristotélica[48]).

Anota Reale: "É preciso distinguir entre '*decidir por equidade*' — que, a meu ver, deveria ocorrer sempre que houvesse lacuna na lei, independente de autorização ou não do legislador — e '*decidir segundo equidade*', que, à luz da Jurisprudência de Valores, se impõe toda vez que a norma legal estritamente entendida possa redundar em injustiça manifesta".[49]

---

43 REALE, *Nova Fase...*, *cit.*, p. 124. Sobre o tema, *v.* ainda REALE, Miguel. *Fontes e Modelos do Direito*: para um novo paradigma hermenêutico. São Paulo: Saraiva, 1999.

44 REALE, *Nova Fase...*, *cit.*, p. 124.

45 REALE, *Nova Fase...*, *cit.*, p. 126.

46 LOPES, Mônica Sette. *A Equidade e os poderes do juiz*. Belo Horizonte: Del Rey, 1993, p. 223 *et seq.*

47 RAWLS, John. *A Theory of Justice*. Cambridge: Harvard University Press, 1971. Rawls, Dworkin e Robert Nozick são representantes de liberalismo tradicional, *cf.* CATTONI DE OLIVEIRA, *Devido Processo...*, *cit.*, p. 55.

48 CATTONI DE OLIVEIRA, *Direito Processual Constitucional*, *cit.*, p. 113. CATTONI DE OLIVEIRA, *Direito, Política e Filosofia*, *cit.*, p. 77 *et seq.*

49 REALE, *Nova Fase...*, *cit.*, p. 127.

214 | JOSÉ LUIZ BORGES HORTA

João Maurício Adeodato registra que o direito dogmático continua a exigir, por um lado, a *obrigatoriedade de argumentar*, e por outro, a *obrigatoriedade de decidir*,[50] mas abre-se para novas perspectivas de *legitimação pelo procedimento*.[51]

Nesse diapasão, Fabiana de Menezes Soares destaca a importância da "participação popular através do poder judiciário", por via de mecanismos como a ação popular, de titularidade ampla, e a ação civil pública, que poderá ser exercida por associações e sindicatos,[52] novidades que consideramos alvissareiras, porquanto jurídico-institucionais.

Registramos avanços epistemológicos no campo da Filosofia e da Teoria do Direito, na Hermenêutica[53] e Técnica Jurídica, no Direito Processual;[54] a notável novidade se dá, contudo, no campo dos estudos *jus-internacionalísticos*. Assistimos a um extraordinário florescimento do *Direito Internacional Público*, pela via de novas discipli-

---

50 ADEODATO, *Filosofia do Direito, cit.*, p. 12.

51 ADEODATO, *Filosofia do Direito, cit.*, p. 13.

52 SOARES, *Direito Administrativo..., cit.*, p. 98-104.

53 A Hermenêutica Jurídica tem sido rica seara para reflexões de grande profundidade, como comprovam a instigante coletânea BOUCAULT, Carlos Eduardo de Abreu, RODRIGUEZ, José Rodrigo. *Hermenêutica Plural*. 2. ed. São Paulo: Martins Fontes, 2005 e o profundo ensaio SALDANHA, Nelson Nogueira. *Ordem e Hermenêutica*. 2. ed. Rio de Janeiro: Renovar, 2003. Um interessante inventário da Nova Hermenêutica (Constitucional) encontra-se em CADEMARTORI, Luiz Henrique Urquhart, DUARTE, Francisco Carlos. *Hermenêutica e Argumentação Neoconstitucional*. São Paulo: Atlas, 2009. Na UFMG, constitui-se em projeto de pesquisa que já gerou várias teses e obras: *v.* MEGALE, Maria Helena Damasceno e Silva. *Hermenêutica Jurídica*; interpretação das leis e dos contratos. Belo Horizonte: Faculdade de Direito da UFMG, 2001 (Tese, Doutorado em Direito Privado); SANTOS COELHO, Nuno Manuel Morgadinho dos. *Direito como Arte*; Direito e Política a partir do pensamento hermenêutico de Schleiermacher. Belo Horizonte: Faculdade de Direito da UFMG, 2003 (Dissertação, Mestrado em Filosofia do Direito); SALGADO, Ricardo Henrique Carvalho. *Hermenêutica Filosófica e Aplicação do Direito*. Belo Horizonte: Del Rey, 2006; MEGALE, Maria Helena Damasceno e Silva. *A Fenomenologia e a Hermenêutica Jurídica*. Belo Horizonte: Fundação Valle Ferreira, 2007. A análise sensível e profunda de Luís Carlos Gambogi ultrapassa a Hermenêutica, constituindo-se em marco da Jusfilosofia mineira: *cf.* GAMBOGI, Luís Carlos Balbino. *Direito: Razão e Sensibilidade*; as intuições na hermenêutica jurídica. Belo Horizonte: Del Rey, FUMEC, 2006.

54 Há grande evolução na compreensão do Poder Judiciário e da temática do acesso e democratização (inclusive via controle externo) da justiça; *v., e.g.* , ÁLVARES DA SILVA, Antônio. *Eleição de Juízes pelo voto popular*. São Paulo: LTr, 1998; DELGADO, Maurício Godinho. *Democracia e Justiça*: sistema judicial e construção democrática no Brasil. São Paulo: LTr, 1993. Especificamente na seara do Direito Processual, são inovadoras as teses de Aroldo Plínio Gonçalves e Sérgio Luiz Souza Araújo [GONÇALVES, Aroldo Plínio. *Técnica Processual e Teoria do Processo*. Rio de Janeiro: Aide, 1992; ARAÚJO, Sérgio Luiz Souza. *Teoria Geral do Processo Penal*. Belo Horizonte: Mandamentos, 1999].

nas e olhares:[55] *Direito Econômico Internacional, Direito Comunitário* (acompanhando a fantástica unidade construída no Velho Mundo), *Direito da Integração* (analisando as facetas da integração em blocos econômicos como o Mercosul[56]), e finalmente, o *Direito Internacional Humanitário,*[57] matriz dos direitos de terceira geração, como veremos.

É o que comenta Mário Quintão: "Diante da crise que afeta o Estado constitucional, abrem-se novas perspectivas para o estudo do direito, respaldados em métodos hermenêuticos que possibilitam a redefinição e densificação de conceitos e princípios jurídicos pertinentes à soberania estatal, à atribuição de competência, à aplicação direta de decisões de entidades supranacionais e de normas comunitárias, e, finalmente, à consecução das liberdades de circulação de pessoas, bens, mercadorias e serviços".[58]

---

55 Por todos os autores, permitimo-nos citar Arno Dal Ri Júnior: DAL RI JÚNIOR, Arno. *História do Direito Internacional*: comércio e moeda, cidadania e nacionalidade. Florianópolis: Fundação Boiteux, 2004.

56 V. a tese de fôlego MATA DIZ, Jamile Bergamaschine. *Mercosur*: orígen, fundamentos, normas y perspectivas. Curitiba; Juruá, 2007, bem como a coletânea MOLINA DEL POZO, Carlos Francisco; MATA DIZ, Jamile Bergamaschine (orgs.). *Integração e ampliação da União Europeia*. Curitiba: Juruá, 2003.

57 V., *e.g.*, a coletânea OLIVEIRA, Márcio Luís de (org.). *O Sistema Interamericano de Proteção dos Direitos Humanos*: interface com o Direito Constitucional Contemporâneo. Belo Horizonte: Del Rey, 2007.

58 QUINTÃO SOARES, *Direitos Fundamentais...*, *cit.*, p. 170.

15.1 O CONSTITUCIONALISMO DEMOCRÁTICO

O INCIPIENTE *CONSTITUCIONALISMO DEMOCRÁTICO* está por estruturar-se. Como já dissemos, o constitucionalismo não somente estimula a formalização das constituições pela via constituinte, mas vive de sua reconstrução hermenêutica (ora em marcha no caso das *constituições democráticas*).

A primeira razão de tal manifesta alvorecência do constitucionalismo democrático é a eventual paralisação perante os fatos antiestatizantes referidos em momento anterior deste trabalho, deixando parte dos constitucionalistas de produzir uma Teoria da Constituição, em prol de estéreis teorias da sociedade global.

Por outro lado, talvez a perspectiva mais significativamente nova venha a ser a do *internacionalismo*, que com tratados e convenções internacionais vem caminhando abertamente para o que Celso Lafer chamou de *internacionalização do direito constitucional* e *constitucionalização do direito internacional*, inspirando Gerson de Britto Mello Boson.[1]

É possível, no entanto, identificar alguns tópicos centrais do constitucionalismo em voga.

Marcelo Galuppo registrava ser marca característica da escola jurídica mineira a interface entre os estudos jusfilosóficos e constitucionais.[2] Equivocava-se o ilustre mestre: esta é a característica central do constitucionalismo correspondente ao Estado democrático de Direito, que por metonímia chamamos *constitucionalismo democrático*,[3] como atesta, de modo pujante e *ad exempli*, a produção intelectual

---

1 LAFER, Celso. Ordem, poder e consenso: caminhos da constitucionalização do direito internacional. In: VVAA. *As tendências atuais do direito público*; estudos em homenagem ao Prof. Afonso Arinos. Rio de Janeiro: Forense, 1976, p. 89-110. BOSON, Gerson de Britto Mello. *Constitucionalização do Direito Internacional: Internacionalização do Direito Constitucional*; direito constitucional internacional brasileiro. Belo Horizonte;:Del Rey, 1996 [de certo modo, *v.* também MELLO, Celso D. de Albuquerque. *Direito Constitucional Internacional*; uma introdução. 2. ed. Rio de Janeiro: Renovar, 2000].

2 GALUPPO, Marcelo Campos. Arguição em defesa de dissertação de Mestrado em Direito Constitucional do autor deste livro, a 02.09.1999.

3 Um adequado exemplo da interseção da Filosofia do Direito com o Direito Constitucional é o trabalho de Rodolfo Viana Pereira, originalmente defendido em sede de Mestrado em Direito Constitucional com o

218 | José Luiz Borges Horta

dos juspublicistas[4] fluminenses, no entorno de Luís Roberto Barroso, e também dos jusfilósofos mineiros, no entorno de Joaquim Carlos Salgado. Trata-se do momento histórico do Neoconstitucionalismo.[5]

Assim, a *primazia dos princípios* surge como o vetor central na Hermenêutica do constitucionalismo democrático; leciona Luís Roberto Barroso, "O ponto de partida do intérprete há que ser sempre os princípios constitucionais, que são o conjunto de normas que espelham a ideologia da Constituição, seus postulados básicos e seus fins. Dito de forma sumária, os princípios constitucionais são as normas eleitas pelo constituinte como fundamentos ou qualificações essenciais da ordem jurídica que institui".[6]

Deste modo, os princípios constitucionais são tomados como normas que possuem, "normalmente, maior teor de abstração e uma finalidade mais destacada dentro do sistema";[7] é que cabe-lhes "funcionar como critério de interpretação e integração

---

inspirado título de *Compreensão e Constituição*: PEREIRA, Rodolfo Viana. *Hermenêutica Filosófica e Constitucional*. Belo Horizonte: Del Rey, 2001. Para Antonio Maia, aliás, "a articulação entre Filosofia do Direito e Direito Constitucional constitui o elemento central da nova configuração teórica descrita entre nós como pós-positivista" (MAIA, *Considerações..., op. cit.*, p. xix).

4 Também na Filosofia do Direito fluminense há o laborioso trabalho de Antonio Cavalcanti Maia, para quem, aliás, há "estreito liame entre Filosofia do Direito e Direito Constitucional" [MAIA, *Considerações..., op. cit.*, p. xix]. Para a análise da jusfilosofia fluminense, veja-se a obra coletiva MAIA, MELO, CITTADINO, POGREBINSCHI, *Perspectivas atuais da Filosofia do Direito, cit.*

5 Por todos, veja-se a pena arguta de Luís Roberto Barroso, sempre, como em BARROSO, Luís Roberto. Neoconstitucionalismo e constitucionalização do Direito (o triunfo tardio do Direito Constitucional no Brasil). *Revista do Tribunal de Contas do Estado de Minas Gerais*, Belo Horizonte, TCE-MG, a. XXV, v. 65, n. 4, p. 20-50, out.-dez. 2007. *Cf.* também, entre outros, BARROSO, Luís Roberto. *A Reconstrução Democrática do Direito Público no Brasil*. Rio de Janeiro: Renovar, 2007; BARROSO, BARCELLOS, O começo da história, *In*: AFONSO DA SILVA, *Interpretação Constitucional, cit.*, p. 271-316; BARROSO, Luís Roberto. Fundamentos teóricos e filosóficos do novo Direito Constitucional brasileiro (Pós-Modernidade, Teoria Crítica e Pós-Positivismo). *In*: GRAU, Eros Roberto; CUNHA, Sérgio Sérvulo (coord.). *Estudos de Direito Constitucional*: em homenagem a José Afonso da Silva. São Paulo: Malheiros, 2003, p. 23-59. Anuncia-se para breve a publicação de MAIA, Antonio Cavalcanti, CÉSAR, Pedro Navarro, DINIZ, Antônio Carlos. *Princípios Jurídicos e Pós-Positivismo*: o neoconstitucionalismo contemporâneo. Rio de Janeiro: DP&A (no prelo). Em São Paulo, a voz mais próxima ao universo neoconstitucional parece ser a de Luís Virgílio AFONSO DA SILVA. *Cf.* AFONSO DA SILVA, *Interpretação Constitucional, cit.*; AFONSO DA SILVA, Virgílio. *A Constitucionalização do Direito*; os direitos fundamentais nas relações entre particulares. São Paulo: Malheiros, 2005; AFONSO DA SILVA, Virgílio. *Direitos fundamentais*; conteúdo essencial, restrições e eficácia. São Paulo: Malheiros, 2009.

6 BARROSO, Luís Roberto. *Interpretação e Aplicação da Constituição*. São Paulo: Saraiva, 1996, p. 141.

7 BARROSO, *Interpretação..., cit.*, p. 141.

do texto constitucional", na medida em que "os princípios constitucionais são, precisamente, a síntese dos valores mais relevantes da ordem jurídica".[8]

Do ponto de vista de uma hermenêutica do sistema jurídico, alerta Barroso: "Os princípios constitucionais consubstanciam as premissas básicas de uma dada ordem jurídica, irradiando-se por todo o sistema. Eles indicam o ponto de partida e os caminhos a serem percorridos".[9]

Anota Raul Machado Horta: "A eficácia irradiante dos princípios, notadamente dos princípios fundamentais, foi assinalada por Mortati na função de supremo critério interpretativo das disposições constitucionais, quando o princípio adquire o relevo de supernorma".[10]

Para Bonavides, "a teoria dos princípios é hoje o coração das Constituições";[11] para Barroso, eles "funcionam como limites interpretativos máximos do Direito".[12]

Em correlação à teoria contemporânea do Direito, o constitucionalismo democrático prioriza também a instigante temática da efetividade constitucional;[13] como estuda Márcio Diniz, alimenta-se ainda da *Tópica* de Theodor Vieweg, da *metódica estruturante* de Friedrich Müller, da *sociedade aberta dos intérpretes da constituição* de Peter Häberle e da *força normativa* de Konrad Hesse.[14]

O constitucionalismo democrático, no entanto, não se afasta dos marcos do Estado de Direito: "Desde as grandes revoluções que abriram caminho para o Estado liberal — inglesa (1689), americana (1776) e francesa (1789) —, o *constitucionalismo* tem se mostrado como a melhor opção de limitação do poder, respeito aos direitos e promoção do progresso. Nada parecido com o *fim da história*, por que valorizar e prestigiar a Consti-

---

8 Barroso, *Interpretação...*, *cit.*, p. 142.

9 Barroso, *Interpretação...*, *cit.*, p. 143.

10 Horta, Constituição e Direitos Sociais, *op. cit.*, p. 67 [Raul Machado Horta cita Mortati, Constantino. *Comentario della Constituzione a cura di Giuseppe Branca*; Principi Fondamentali. Bologna: Zanichelli, 1975, p. 2].

11 Bonavides, *Curso de Direito Constitucional*, *cit.*, p. 253.

12 Barroso, *Interpretação...*, *cit.*, p. 150. Para nos apercebermos do positivo impacto da principiologia, mesmo fora da seara jusconstitucionalística, sugerimos uma breve análise do bem estruturado Delgado, Maurício Godinho. *Princípios de Direito Individual e Coletivo do Trabalho*. São Paulo: LTr, 2001.

13 Por todos os constitucionalistas do futuro, *v*. Barroso, *O Direito Constitucional...*, *cit*. [magistral!].

14 Recomenda-se: Diniz, *Constituição e Hermenêutica...*, *cit.*, p. 249-64.

tuição não suprime a questão política de definir o que vai dentro dela. Mas o fato é que as outras vias de institucionalização do poder praticadas ao longo do tempo [unipartidarismo, militarismo e fundamentalismo] não se provaram mais atraentes".[15]

Em outras palavras, é o que registra Reale: "Por mais lhes que se queira criticar a *teoria da divisão dos poderes*, [...] ainda não se encontrou solução melhor para o destino da democracia".[16]

Encontrando-se o Brasil em processo de reconstitucionalização, como abertamente defendemos em recente artigo,[17] poderemos achar novos caminhos para a estrutura do Estado, com criatividade e compromisso com o Estado de Direito e com os novos tempos.

Em universo cada vez mais plural, os constitucionalistas vêm se dedicando, na ampla seara entre nós aberta por José Alfredo de Oliveira Baracho, aos mais diversos temas, do biodireito[18] à linguagem constitucional.

O constitucionalismo democrático, que permanece em elaboração, deverá tomar como tema central os direitos fundamentais,[19] referidos como núcleo basilar do Direito e do Estado: "A dependência recíproca entre as teorias dos direitos fundamentais e do Estado de Direito é tal, que grande parte das incertezas e imprecisões que atingem a moderna construção do *Rechtstaat* nascem de haver desconsiderado esta interdependência".[20]

---

15 BARROSO, *Temas de Direito Constitucional*, cit., p. 37-8.

16 REALE, *O Estado Democrático de Direito...*, cit., p. 11.

17 HORTA, História, Constituições e Reconstitucionalização do Brasil, *op. cit.*

18 A conexão entre Biodireito, Bioética e direitos fundamentais é tratada por diversos jusfilósofos contemporâneos; *v.* FABRIZ, Daury Cesar. *Bioética e Direitos Fundamentais*; a Bioconstituição como paradigma do Biodireito. Belo Horizonte: Mandamentos, 2003 e RABENHORST, Eduardo Ramalho. *Dignidade Humana e Moralidade Democrática*. Brasília: Brasília Jurídica, 2001.

19 Como fazem, *e.g.*, MENDES, Gilmar Ferreira; COELHO, Inocêncio Mártires; BRANCO, Paulo Gustavo Gonet. *Hermenêutica Constitucional e Direitos Fundamentais*. Brasília: Brasília Jurídica, IDP, 2000.

20 PEREZ LUÑO, *Derechos Humanos...*, cit., p. 213.

15.2 A TERCEIRA GERAÇÃO DE DIREITOS FUNDAMENTAIS

EDGAR DA MATTA-MACHADO, COM APAIXONADO HUMANISMO, registra: "Após o segundo conflito mundial, entretanto, e ainda no seu curso, há uma irrupção da Pessoa no mundo jurídico, através de nova declaração dos direitos do homem, agora, e pela primeira vez em toda a história, com o expresso cunho da universalidade".[1]

Matta-Machado se propõe a "universalizar essa volta da Pessoa Humana, isto é, a considerá-la em relação a todo o Direito ou à Ciência Jurídica no seu mais amplo significado".[2]

Raul Machado Horta manifesta-se em termos semelhantes: "Alcançou-se a plenitude jurídica dos direitos individuais quando, rompendo as resistências da soberania estatal, firmou-se a Declaração Universal dos Direitos Humanos, em 10 de dezembro de 1948, incorporando ao Direito Internacional os direitos anteriormente reconhecidos na Constituição do Estado [...] A internacionalização dos direitos humanos projetou-se nas organizações internacionais de âmbito regional[...] Os pactos e as convenções reconhecem capacidade processual aos indivíduos".[3]

Para Paulo Bonavides, trata-se de um novo momento na história humana: "A nova universalidade dos direitos fundamentais os coloca [...] desde o princípio, num grau mais alto de jurisdicidade, concretude, positividade e eficácia. É universalidade que não exclui os direitos da liberdade, mas primeiro os fortalece com as expectativas e os pressupostos de melhor concretizá-los mediante efetivação dos direitos da igualdade e da fraternidade. Foi tão importante para a nova universalidade dos direitos fundamentais o ano de 1948 quanto o de 1789 fora para a velha universalidade de inspiração liberal".[4]

Bobbio registra a nova era: "Com a Declaração de 1948, tem início uma terceira e última fase, *na qual a afirmação dos direitos é, ao mesmo tempo, universal e positiva*: universal no sentido de que os destinatários dos princípios nela contidos não são mais apenas os cidadãos deste ou daquele Estado, mas todos os homens; positiva no sentido

---

1 MATTA-MACHADO, *Contribuição...*, *cit.*, p. 84.

2 MATTA-MACHADO, *Contribuição...*, *cit.*, p. 99.

3 HORTA, *Estudos...*, *cit.*, p. 262-3.

4 BONAVIDES, *Curso de Direito Constitucional*, *cit.*, p. 524.

JOSÉ LUIZ BORGES HORTA

de que põe em movimento um processo em cujo final os direitos do homem deverão ser não mais apenas proclamados ou apenas idealmente reconhecidos, porém efetivamente protegidos até mesmo contra o próprio Estado que os tenha violado".[5]

Considerado o impacto e as radicais transformações operadas na perspectiva dos direitos fundamentais, uma análise dialética é proposta por Bobbio: "A Declaração Universal contém em germe a síntese de um movimento dialético, que começa pela universalidade abstrata dos direitos naturais, transfigura-se na particularidade concreta dos direitos positivos, e termina na universalidade não mais abstrata, mas também ela concreta, dos direitos políticos universais".[6]

Dalmo Dallari, por sua feita, teoriza: "O exame dos artigos da Declaração revela que ela consagrou três objetivos fundamentais: a certeza dos direitos, exigindo que haja uma fixação prévia e clara dos direitos e deveres, para que os indivíduos possam gozar dos direitos ou sofrer imposições; a segurança dos direitos, impondo uma série de normas tendentes a garantir que, em qualquer *circunstância*, os direitos fundamentais serão respeitados; a *possibilidade* dos direitos, exigindo que se procure assegurar a *todos* os indivíduos os meios necessários à fruição dos direitos, não se permanecendo no formalismo cínico e mentiroso da afirmação de igualdade de direitos onde grande parte do povo vive em condições sub-humanas".[7]

Não se trata, entretanto, de mera carta de intenções: "A declaração é [...] *uma lei constitucional, um direito e não um capítulo de filosofia política*".[8] Os povos que a promulgaram de fato pretendiam torná-la essa universalidade concreta: "Um dos traços que mais poderosamente tem contribuído e caracterizado a atual etapa de positivação dos direitos humanos é o fenômeno de sua *internacionalização*. Trata-se de um processo ligado ao reconhecimento da subjetividade jurídica do indivíduo pelo Direito internacional",[9] compreendido no contexto da internacionalização jurídico-positiva dos direitos fundamentais.[10] Essa bela página da história humana

---

5 BOBBIO, *A Era dos Direitos, cit.*, p. 30.

6 BOBBIO, *A Era dos Direitos, cit.*, p. 30.

7 DALLARI, *Elementos..., cit.*, p. 179.

8 MATTA-MACHADO, *Contribuição..., cit.*, p. 89 [Matta-Machado cita MIRKINE-GUETZÉVITCH, Boris. *L'ONU et la doctrine moderne des droits de l'homme*. Paris: A. Pedone, 1951, p. 170].

9 PEREZ LUÑO, *Los Derechos Fundamentales, cit.*, p. 41.

10 PEREZ LUÑO, *Derechos Humanos.., cit.*, p. 125.

terá o nome de *Humanização do Direito Internacional*, como no inspirado trabalho de Antônio Augusto Cançado Trindade.[11]

É o que anota Bobbio, com precisão: "Os direitos fundamentais enunciados na Declaração devem constituir uma espécie de mínimo denominador comum das legislações de todos os países".[12]

Em respeito à noção de universalidade, até mesmo a soberania se reestrutura: "Na medida em que são tomados como universais, isto é, inerentes a todas as pessoas, os Direitos Humanos apontam para a gradativa revisão da noção tradicional de soberania absoluta de cada país: sendo os Direitos Humanos tema de legítimo interesse de todos as nações, que não se circunscreve à jurisdição interna de cada Estado, o Direito preocupa-se com as hipóteses em que podem ser admitidas intervenções supranacionais no plano interno de cada país nessa matéria".[13]

Parece constituir excesso a referência de Mário Quintão (com base em Habermas) à futuramente possível globalização dos direitos, inseridos num constitucionalismo global, ainda incipiente, e portanto insuficiente para neutralizar o constitucionalismo nacional.[14]

A força da universalização dos direitos fundamentais não é, no entanto, tema concluso, permanecendo em franco progresso; nesse aspecto, Celso Lafer registra a importância da Conferência de Viena de 1993, onde se explicitou a "existência axiológica de um *consensus omnium gentium* a respeito da universalidade dos direitos humanos".[15]

A nova categoria de direitos acrescida ao rol de direitos fundantes do Estado de Direito possui características específicas, em especial quanto à titularidade: "Estes direitos têm como titular não o indivíduo na sua singularidade, mas sim grupos humanos como a família, o povo, a nação, coletividades regionais ou étnicas e a própria

---

11 *Cf.* Trindade, Antônio Augusto Cançado. *A Humanização do Direito Internacional*. Belo Horizonte: Del Rey, 2006.

12 Bobbio, *Teoria Geral da Política, cit.*, p. 491.

13 Trindade, José Damião de Lima. Anotações sobre a história social dos direitos humanos. In: são paulo (Estado). *Direitos Humanos*: construção da liberdade e da igualdade. São Paulo: Centro de Estudos da Procuradoria Geral do Estado, 1998, p. 158.

14 Quintão Soares, *Direitos Fundamentais..., cit.*, p. 143.

15 Lafer, Celso. Prefácio. In: Alves, José Augusto Lindgren. *Os Direitos Humanos como tema global*. São Paulo/Brasília: Perspectiva/Fundação Alexandre de Gusmão, 1994, p. xxxiii.

224| JOSÉ LUIZ BORGES HORTA

humanidade. É o caso por excelência do direito à autodeterminação dos povos, [...] juridicamente concebido como um direito de titularidade coletiva".[16]

Trata-se da nascente terceira geração dos direitos fundamentais: "Emergiram hoje os chamados direitos de terceira geração, que constituem uma categoria, para dizer a verdade, ainda excessivamente heterogênea e vaga, o que nos impede de compreender do que efetivamente se trata".[17]

Anota Menelick de Carvalho Netto: "Tem lugar aqui o advento dos direitos da terceira geração, os chamados interesses ou direitos difusos, que compreendem os direitos ambientais, do consumidor e da criança, dentre outros. São direitos cujos titulares, na hipótese de dano, não podem ser clara e nitidamente determinados".[18]

Celso Lafer exemplifica: "No contexto dos direitos de titularidade coletiva que vêm sendo elaborados no sistema da ONU é oportuno, igualmente, mencionar: o direito ao desenvolvimento, reivindicado pelos países subdesenvolvidos nas negociações, no âmbito do diálogo Norte/Sul, sobre uma nova ordem econômica internacional; o direito à paz, pleiteado nas discussões sobre desarmamento; o direito ao meio ambiente arguido no debate ecológico; e o reconhecimento dos fundos oceânicos como patrimônio comum da humanidade, a ser administrado por uma autoridade internacional e em benefício da humanidade em geral".[19]

Perez Luño aqui contempla "temas tais como direito à paz, os direitos dos consumidores, o direito à qualidade de vida, ou a liberdade informática": "Nos achamos ante uma *terceira geração* de direito humanos".[20]

Lembra Bobbio: "Jean Rivera inclui entre esses direitos os direitos de solidariedade, o direito ao desenvolvimento, à paz internacional, a um ambiente protegido, à comunicação [...] A. Ruiz Miguel [...] inclui entre esses direitos o direito à paz, os do consumidor, à qualidade de vida, à liberdade de informação, ligando o surgimento dos mesmos ao desenvolvimento de novas tecnologias".[21]

---

16 LAFER, *A Reconstrução...*, *cit.*, p. 131.

17 BOBBIO, *A Era dos Direitos*, *cit.*, p. 6.

18 CARVALHO NETTO, Requisitos..., *op. cit.*, p. 481 [e CARVALHO NETTO, O requisito..., *op. cit.*, p. 108].

19 LAFER, *A Reconstrução...*, *cit.*, p. 131.

20 PEREZ LUÑO, *Derechos Humanos...*, *cit.*, p. 524.

21 BOBBIO, *A Era dos Direitos*, *cit.*, p. 12.

Aliás, Bobbio propõe mesmo um princípio para hierarquização dos direitos de terceira geração: "O mais importante deles é o reivindicado pelos movimentos ecológicos: o direito de viver num ambiente não poluído".[22]

Ora, nem todos os direitos de terceira geração estão elencados na Declaração de 1948, mas em constituições, convenções e tratados que a ela se seguiram, embebidos de seu espírito.[23]

Autores de significativa importância, sobretudo para o constitucionalismo, deixam de registrar os direitos de terceira geração: José Afonso da Silva os dilui nos direitos sociais,[24] e José Luiz Quadros de Magalhães concebe a categoria dos direitos econômicos (de segunda geração, já o dissemos) como "incluindo Direitos Humanos de terceira geração como o direito ambiental e do consumidor".[25]

É notável, no entanto, a força dos direitos difusos: mesmo não tendo um titular preciso, a humanidade parece gradualmente acercar-se deles, promovendo novas perspectivas para o Direito e o Estado. Não somos titulares desses direitos: eles devotam-se às gerações futuras e às tradições passadas, anunciando a plenitude do homem (de todo homem). Nenhum desses direitos deixa de ser tutelado pela humanidade como um todo.

No plano político, temos os direitos à *paz* e à *autodeterminação dos povos*, no plano econômico, o direito ao *desenvolvimento*; no plano cultural, o direito ao *patrimônio comum (histórico, artístico, ambiental e paisagístico) da humanidade*, o direito à *tradição religiosa*[26] e o pleno acesso à *comunicação*; no plano da qualidade de vida,[27] o direito ao *meio ambiente*; no plano das relações intersubjetivas, a *proteção ao consumidor* e a *proteção à infância e à adolescência*. (Em respeito ao princípio do livre e pleno desenvolvimento da pessoa humana, afirmado e reafirmado já em 1948, propomos ainda a assunção a esse glorioso rol, com impacto nos planos cultural, da qualidade de

---

22 Bobbio, *A Era dos Direitos, cit.*, p. 6.

23 *Cf.* o pioneiro Saliba, Aziz Tuffi. *Conselho de Segurança*: sanções e limites jurídicos. Curitiba: Juruá, 2008.

24 Silva, *Curso..., cit.*, p. 259 *et seq.*

25 Magalhães, *Direitos Humanos..., cit.*, p. 240 [e p. 217-30].

26 O reconhecimento deste novo direito é o ponto de chegada de Miranda-Costa, *Religiosidade, cultura e direito, cit.*, p. 437 *et seq.*

27 Em relação ao direito à qualidade de vida, há interessante estudo do mestre potiguar Paulo Afonso Linhares: Linhares, Paulo Afonso. *Direitos fundamentais e qualidade de vida*. São Paulo: Iglu, 2002.

226| JOSÉ LUIZ BORGES HORTA

vida e das relações intersubjetivas, do *direito à diversidade*, informado pelo respeito à diferença essencial de todos os homens e pelo velho princípio da tolerância[28]).

Que utopia anima os direitos de terceira geração? (Segundo Celso Lafer, a utopia liberal foi inspiradora dos direitos de primeira geração, enquanto as utopias socialistas inseriram os direitos de segunda geração[29].) A *utopia humanista e universalista da fraternidade*, parece ser a resposta de Paulo Bonavides: "A consciência de um mundo partido entre nações desenvolvidas e subdesenvolvidas ou em fase de precário desenvolvimento deu lugar [...] a que se buscasse uma outra dimensão dos direitos fundamentais, até então desconhecida. Trata-se daquela que se assenta sobre a fraternidade, conforme assinala Karel Vasak, e provida de uma latitude de sentido que não parece compreender unicamente a proteção específica de direitos individuais ou coletivos. Com efeito, um novo polo jurídico de alforria do homem se acrescenta historicamente aos da liberdade e da igualdade. Dotados de altíssimo teor de humanismo e universalidade, os direitos da terceira geração tendem a cristalizar-se neste fim de século enquanto direitos que não se destinam especificamente à proteção dos interesses de um indivíduo, de um grupo ou de um determinado Estado. Têm por destinatário o gênero humano mesmo, num momento expressivo de sua afirmação como valor supremo em termos de existencialidade concreta. Os publicistas e juristas já os enumeram com familiaridade, assinalando-lhe o caráter fascinante de coroamento de uma evolução de trezentos anos na esteira da concretização dos direitos fundamentais. Emergiram eles da reflexão sobre temas referentes ao desenvolvimento, à paz, ao meio ambiente, à comunicação e ao patrimônio comum da humanidade".[30]

É o que registra Leonardo Nemer Caldeira Brant: "A solidariedade aparece como fundamento número um do direito ao desenvolvimento e é na busca de sua implementação que Karel Vasak lança o conceito das gerações de direitos".[31]

É o *espírito de fraternidade*, consagrado na Declaração de 1948, e que vem, como já verificamos, somar-se aos valores da liberdade e da igualdade; assim sendo, também a terceira geração adere às antecedentes, garantindo-as e ampliando seu leque de efetiva-

---

28 Talvez nesse sentido caminhem as ponderações de Marcelo Galuppo, vazadas em GALUPPO, *Igualdade e Diferença, cit.*

29 LAFER, *A Reconstrução..., cit.*, p. 134.

30 BONAVIDES, *Curso de Direito Constitucional, cit.*, p. 522-3.

31 CALDEIRA BRANT, Leonardo Nemer. O direito ao desenvolvimento como direito humano. *Revista Brasileira de Estudos Políticos*, Belo Horizonte, Universidade Federal de Minas Gerais, n. 81, jul. 1995, p. 108.

ção; não é outro o sentido da pertinente advertência de Antônio Augusto Cançado Trindade: "Entre as distintas 'categorias' de direitos [...] só pode haver complementaridade e não antinomia, o que revela a artificialidade da noção simplista da chamada 'terceira geração' de direitos humanos: os chamados direitos de solidariedade, historicamente mais recentes, em nosso entender, interagem com os direitos individuais e sociais, e não os 'substituem', distintamente do que a invocação inadequada da imagem do suceder das gerações pretenderia ou pareceria insinuar. Além disso, a analogia da 'sucessão geracional' de direitos, do ponto de vista da evolução do direito internacional nesta área, sequer parece historicamente correta [...] Enquanto no direito interno (constitucional) o reconhecimento dos direitos sociais foi historicamente posterior ao dos direitos civis e políticos, no plano internacional ocorreu o contrário".[32]

A *concepção generacional* dos direitos fundamentais não implica, de modo algum, em compreender algo como uma referida *sucessão* geracional: "Ao longo das últimas décadas, as propostas categorizações dos direitos consagrados têm-se mostrado interligadas à consideração de seus meios adequados de *implementação*; dentre tais tentativas de categorizações de direitos (*e. g.*, direitos individuais, sociais e de solidariedade ou outros povos) a mais próxima da operação dos meios de implementação tem sido a suposta distinção entre direitos civis e políticos, e direitos econômicos, sociais e culturais [...] Supunha-se, na época, que, enquanto os direitos civis e políticos eram suscetíveis de aplicação 'imediata', requerendo obrigações de *abstenção* por parte do Estado, os direitos econômicos, sociais e culturais eram passíveis de aplicação apenas *progressiva*, requerendo obrigações positivas (atuação) do Estado".[33] Uma vez incorporadas à consciência histórica, as gerações compactam-se em núcleo que pretendemos indivisível: "A Conferência de Direitos Humanos de Teerã de 1968 e a célebre Resolução 32/130 de 1977 da Assembleia Geral da ONU [...] proclamaram a indivisibilidade e a interdependência de todos os direitos humanos, à luz da unidade fundamental de concepção dos direitos humanos. [...] Deu-se conta de que os meios de implementação das duas 'categorias' de direitos não teriam de ser necessariamente em todos os casos distintos. Sem os direitos econômicos, sociais e culturais, os direitos civis e políticos

---

32 TRINDADE, *A Proteção Internacional..., cit.*, p. 41.

33 TRINDADE, *A Proteção Internacional..., cit.*, p. 39.

JOSÉ LUIZ BORGES HORTA

teriam pouco sentido para a maioria das pessoas, e determinados direitos de caráter econômico e social revelavam afinidades com as liberdades civis".[34]

Assim sendo, "Estes 'novos' direitos não restringem, mas sim ampliam, aprimoram
e fortalecem o *corpus* dos direitos humanos já reconhecidos; revelam novas dimensões
de implementação dos direitos humanos e contribuem a clarificar o contexto social [...]
Do tratamento adequado e aprimorado que se der ao conteúdo normativo dos 'novos'
direitos, como em particular o direito ao desenvolvimento (como um direito humano) e
o direito ao meio ambiente sadio, se poderá passar no futuro próximo a um exame mais
proveitoso e aprofundado das condições e dos meios de sua real implementação".[35]

É o que pensa Bonavides, referindo-se não apenas à terceira geração, mas à tríade: "A nova universalidade procura, enfim, subjetivar de forma concreta e positiva os
direitos da tríplice geração".[36]

Por outro lado, a conexão dos direitos fundamentais com o Estado de Direito
permanece pujante em Perez Luño: "Se é inegável a dependência histórica do Estado de Direito em relação às declarações de direitos humanos, não é menos certo
que estas não podem alcançar sua formulação positiva à margem do ordenamento
jurídico do Estado. Se bem os direitos fundamentais encarnam os princípios ins-
piradores de toda política estatal, cumprem uma missão de fundamento e limite
de todas as normas que organizam o funcionamento dos poderes públicos, e, em
suma, de todas as experiências concretas de jurisdicidade surgidas no seio do ordenamento em que se formulam".[37]

Trata-se da evolução do homem e do Estado: "A doutrina dos direitos fundamentais revelou uma grande capacidade de incorporar desafios. Sua primeira geração
enfrentou o problema do arbítrio governamental, com as *liberdades públicas*, a segunda, o dos extremos desníveis sociais, com os *direitos econômicos e sociais*, a terceira,
hoje, luta contra a deterioração da qualidade da vida humana e outras mazelas, com os
direitos de solidariedade".[38]

---

34 TRINDADE, *A Proteção Internacional...*, *cit.*, p. 40.

35 TRINDADE, *A Proteção Internacional...*, *cit.*, p. 58.

36 BONAVIDES, *Curso de Direito Constitucional*, *cit.*, p. 525.

37 PEREZ LUÑO, *Derechos Humanos..*, *cit.*, p. 213.

38 FERREIRA FILHO, *Direitos Humanos...*, *cit.*, p. 15.

A gênese histórica de direitos é um processo em constante devir: "Desde a sua primeira aparição no pensamento político dos séculos XVII e XVIII, a doutrina dos direitos do homem avançou muito, embora entre conflitos, confutações, limitações. Mesmo que a meta final, uma sociedade de livres e iguais, não se tenha cumprido, foram percorridas várias etapas, em relação às quais já não será possível retroceder tão facilmente".[39]

O próprio Bobbio reconhece novas perspectivas: "Além de processos de conversão em direito positivo, de generalização e de internacionalização, aos quais me referi [...], manifestou-se nestes últimos anos uma nova linha de tendência, que se pode chamar de *especificação*; ela consiste na passagem gradual, porém cada vez mais acentuada, para uma ulterior determinação dos sujeitos titulares de direitos. [...] Essa especificação ocorreu com relação seja ao gênero, seja às várias fases da vida, seja à diferença entre estado normal e estados excepcionais na existência humana".[40]

Em outro estudo, Bobbio ainda refere-se à tendência à especificação, que pensamos própria das sociedades de alta complexificação (em que a edição de normas dirigidas especificamente a uma parcela dos cidadãos acaba por ser mais reconhecida pelos seus destinatários que as tradicionais normas gerais): "A terceira etapa, que está apenas em seu início e marca o debate sobre os direitos do homem nos tempos atuais, é aquela da sua *universalização*, que teve o seu ponto de partida na Declaração Universal dos Direitos do Homem [...] Gostaria ainda de acenar para uma quarta etapa, que só foi atingida nos últimos anos e à qual denominarei *especificação* dos direitos".[41]

O núcleo indivisível de direitos fundamentais permanece em marcha: "Uma concepção geracional dos direitos humanos implica, em suma, reconhecer que o catálogo das liberdades nunca será uma obra fechada e acabada [...] Afastados de sua dimensão utópica os direitos humanos perderiam os sua função legitimadora do Direito; porém, fora da experiência da história, perderiam seus próprios traços de humanidade".[42]

---

39 Bobbio, *Teoria Geral da Política*, cit., p. 481.

40 Bobbio, *A Era dos Direitos*, cit., p. 62.

41 Bobbio, *Teoria Geral da Política*, cit., p. 482.

42 Perez Luño, *Derechos Humanos...*, cit., p. 524.

Ouçamos Bobbio: "A Declaração Universal dos Direitos do Homem [...] representa, [...] com relação aos direitos proclamados, um ponto de parada num processo de modo algum concluído. Os direitos elencados na Declaração não são os únicos possíveis direitos do homem: são os *direitos do homem histórico*".[43]

No tocante aos direitos fundamentais, considerando o profundo desmoronar de valores de que é vítima o Estado dos nossos tempos, Juliana Magalhães considera "evidente que os direitos fundamentais não têm um conteúdo semântico por si só, adquirindo seu sentido exatamente na sua relação com a sociedade".[44] A rigor, quando pensamos nos direitos fundamentais como categorias jurídicas tão amplas que se permitem alterar radicalmente pela simples mobilização de parcelas das massas, a história como tal, como processo acumulativo, decantando valores no curso de séculos, torna-se mera aparência de uma essência amorfa. Considerar o Direito mera forma, em evidente exacerbação das teorias normativistas, é ferir de morte a tradição humanista ocidental, que reconhece e estimula o permanente avanço dos direitos fundamentais: "A positivação dos direitos fundamentais é produto de uma dialética constante entre o progressivo desenvolvimento, no plano técnico, dos sistemas de positivação e o paulatino afirmar-se, no terreno ideológico, das ideias de liberdade e dignidade humanas".[45]

Assevera Cançado Trindade: "Não há qualquer impossibilidade lógica ou jurídica de se continuar avançando, concomitantemente, na busca, no plano substantivo, da consagração de um núcleo universal de direitos inderrogáveis e, no plano processual, da implementação — à luz da concepção da indivisibilidade dos direitos humanos — cada vez mais eficaz e aprimorada dos direitos econômicos, sociais e culturais".[46]

Portanto, "A consideração da possível expansão do núcleo dos direitos inderrogáveis afigura-se certamente como passo recomendável para um futuro próximo".[47]

À luz da mutação histórica dos direitos fundamentais, fenômenos recentes são perfeitamente compreensíveis. Como o processo generacional é muito mais complexo que a

---

43 Bobbio, *A Era dos Direitos, cit.*, p. 33. [Grifos nossos].

44 Magalhães, O paradoxo da soberania, *op. cit.*, p. 366.

45 Perez Luño, *Derechos Humanos..., cit.*, p. 109.

46 Trindade, *A Proteção Internacional..., cit.*, p. 43.

47 Trindade, *A Proteção Internacional..., cit.*, p. 56.

História do Estado de Direito |231

simples idealização de direitos — interage com transformações fáticas e axiológicas, que reestruturam de modo amplo o Estado de Direito e o Direito (como ordenamento e como saber) — não há que falar-se em uma quarta ou uma quinta geração de direitos fundamentais; são apenas evoluções da tríplice geração.

Assim é que os biodireitos terão de conectar-se com o direito à vida e à personalidade, à saúde e ao meio ambiente, neles encontrando sua morada, ao contrário da nota de Bobbio: "Mas já se apresentam novas exigências que só poderiam chamar-se de direitos de quarta geração, referentes aos efeitos cada vez mais traumáticos da pesquisa biológica, que permitirá manipulações do patrimônio genético de cada indivíduo".[48]

Assim é que a quinta geração, que já se chamou participativa, é apenas uma (não muito) bem-aventurada evolução das liberdades políticas de primeira geração. (Fabiana de Menezes Soares dá-nos notícia[49] de que o sociólogo Jürgen Habermas compreende a existência da categoria dos *direitos participativos*, que fundamentam pretensões à satisfação de fins sociais, culturais e ecológicos.)

Assim é em Eric Heinze, que propõe como um direito de primeira geração, embora de recente surgimento, a liberdade de orientação sexual,[50] em rigor garantido pelo direito à diversidade, e talvez mesmo uma pertinente atualização do que Lydio Machado Bandeira de Mello afirmara com um dos direitos naturais do homem: o *direito a uma vida sexual normal.*[51]

Em rigor, todos os direitos decorrem do *direito à liberdade.* Neste sentido, bela reflexão encontraremos em Pedro Paulo Christóvam dos Santos: "Os direitos humanos fundamentais, como conceitos ontológicos, categorias filosóficas, surgiram como matrizes logocêntricas de compreensão transcendental dos demais direitos derivados, redutíveis aos direitos fundamentais [...] A liberdade existir vivo no mundo da natureza, a liberdade de criação cultural pelo trabalho, a liberdade de comunicação social, a liberdade de participação política, a liberdade de constituição jurídica, a liberdade de

---

48 Bobbio, *A Era dos Direitos, cit.,* p. 6.

49 Soares, *Direito Administrativo..., cit.,* p. 67.

50 Heinze, Eric. *Sexual Orientation: a Human Right*: an essay on International Human Rights Law. Dordrecht: Martinus Nijhoff, 1995, p. 84-5.

51 Bandeira de Mello, Lydio Machado. *Meditações sôbre o Direito e sôbre a Origem das Leis.* Belo Horizonte: ed. A., 1956, p. 37.

reconhecimento histórico e a liberdade de reconciliação com Deus na experiência religiosa do culto surgem como liberdades básicas fundadas nas necessidades objetivas radicais do existir do ser histórico do homem".[52]

É o magistério de Paulo Bonavides: "A história dos direitos humanos — direitos fundamentais de três gerações sucessivas e cumulativas, a saber, direitos individuais, direitos sociais e direitos difusos — é a história mesma da liberdade moderna, da separação e limitação de poderes, da criação de mecanismos que auxiliam o homem a concretizar valores".[53]

Arthur Diniz alerta que "a batalha pelos direitos humanos constituiu um começo e um novo paradigma".[54] É o percurso histórico do Estado de Direito, da declaração à universalização dos direitos fundamentais: "Esse processo de afirmação internacional dos direitos humanos [...] abre — apesar de tudo — um resquício à esperança em uma humanidade definitivamente liberada do temor a ver constantemente violados seus direitos mais essenciais. Esse objetivo segue sendo, portanto, uma direção irrenunciável para os espíritos comprometidos com a causa da emancipação integral humana".[55]

Não se trata de um processo concluído; ao contrário, depende de nosso integral engajamento, na constatação de que o sentido ético da existência do Estado, e talvez mesmo do homem sobre a Terra, deverá, sempre, iluminar a conduta e a consciência jurídica[56] dos homens e dos povos.

Talvez em 1948 — como em 1919 e antes, e sempre, em 1789 — a tradição já nos tenha legado, como atestou José Saramago, em texto que encerrou o *Fórum Social Mundial* de 2002, uma bem estruturada carta de princípios: "A Declaração Universal dos Direitos Humanos, tal qual se encontra redigida, e sem necessidade de lhe alterar sequer uma vírgula, poderia substituir com vantagem, no que respeita a retidão de princípios e clareza de objetivos, os programas de todos os partidos políticos

---

52 Santos, Teoria dos Direitos Humanos, *op. cit.*, p. 91. Com base nas liberdades humanas, o filósofo enumera: o direito à vida, o direito à natureza, o direito ao trabalho, o direito à cultura, o direito à comunidade, o direito à sociedade, o direito à história, o direito à religião; *cf.* Santos, Teoria dos Direitos Humanos, *op. cit.*, p. 99.

53 Bonavides, *Curso de Direito Constitucional, cit.*, p. 526.

54 Diniz, *Novos Paradigmas...*, *cit.*, p. 74.

55 Perez Luño, *Los Derechos Fundamentales, cit.*, p. 42-3.

56 Sobre a complexa temática da consciência jurídica, *v.* Brochado, *Consciência Moral, Consciência Jurídica, cit.*

do orbe, nomeadamente os da denominada esquerda, anquilosados em fórmulas caducas, alheios ou impotentes para enfrentar as realidades brutais do mundo atual, fechando os olhos às já evidentes e temíveis ameaças que o futuro está a preparar contra aquela dignidade racional e sensível que imaginávamos ser a suprema inspiração dos seres humanos".[57]

---

57 SARAMAGO, José. Da Justiça à democracia passando pelo sino. Porto Alegre: Fórum Social Mundial, 2002. *In*: *<www.uol.com.br/folha/brasil/ult96u29003.shl>* 06 fev. 2002.

16. A era da plenificação

"O Estado contemporâneo enfrenta uma cisão no seu interior",[1] alerta Joaquim Carlos Salgado: "A cisão do Estado está, pois, nesse embate que se trava dentro dele mesmo, criando dois estados: o estado poético do domínio burotecnocrata e o estado ético do domínio da sociedade política, enquanto Estado Democrático de Direito".[2]

A obra máxima do ocidente é cruelmente vitimada, a uma, pela dura realidade do mercado globalizado, que pretende reduzi-lo a algo como um *Estado mercadológico*, e a duas, pela insensatez desestatizante dos que acreditam poder plasmar fora do espaço estatal uma *sociedade democrática de Direito*.

Numa e noutra vertente, manifesta-se a inequívoca reserva tanto ao Estado como ao político que o anima. Vivemos sombrios tempos de esvaziamento do político, de tecnicização do jurídico, como na mais que arguta lição de Gilberto Bercovici: "Esta hostilidade da teoria da constituição em relação à política e ao Estado manifesta-se, hoje, no crescente processo de 'desalojamento' do Estado pela constituição. Não se fala mais em Estado, mas em sociedade, sistema político, governo, governança. O Estado só existiria enquanto constituído pela constituição".[3]

Às ciências jurídicas, incapazes de oferecer alternativas bem estruturadas ao caos, não resta outra alternativa, senão a busca de contornos jusfilosóficos para o Estado democrático de Direito. E a Filosofia do Direito aponta o esplêndido caminho dos

---

1 Salgado, O Estado Ético..., *op. cit.*, p. 67.

2 Salgado, O Estado Ético..., *op. cit.*, p. 57.

3 Bercovici, *Soberania e Constituição*, *cit.*, p. 18.

direitos fundamentais: no valor fraternidade, que inspira a terceira geração de direitos humanos, pretendemos ver alicerçado o Estado democrático de Direito.

Com a fraternidade, a íntima conexão entre liberdade e igualdade atinge a síntese plena; é mister "lograr uma difícil porém desejável superação do Estado liberal de Direito e do Estado social de Direito na síntese do Estado democrático de Direito que, além do mais, alberga postulados de exigências socialistas".[4]

A honrosa tarefa exige determinação e empenho: "O Estado de Direito, em qualquer de suas espécies [...] é uma conquista. O Estado democrático de Direito forceja com as estruturas sociopolíticas do anterior: supervivências individualistas, neocapitalismo opressor, sistema estabelecido privilegiado".[5]

O Estado democrático de Direito só pode ser o Estado da plenitude dos ideais humanos, e com eles, o Estado da plena realização da pessoa humana: "O êxito da experiência democrática e, com ele, o destino da liberdade nas sociedades contemporâneas, vem a ser o próprio destino do homem político, como ser dotado de uma essencial dignidade".[6]

---

4 VERDÚ, *La lucha...*, *cit.*, p. 134.

5 VERDÚ, *La lucha...*, *cit.*, p. 131-2.

6 VAZ, Henrique Cláudio de Lima, S.J. Democracia e Dignidade Humana. *Síntese*, Belo Horizonte, n. 44, 1988, p. 22.

CAPITULO V

O Estado e a História

FORTUNA
IMPERATRIX MUNDI
O Fortuna,
velut luna
statu variabilis,
semper crescis
aut decrescis

["FORTUNA,
IMPERATRIZ DO MUNDO
Ó Fortuna,
és como a Lua
mutável,
sempre aumentais
e diminuis"]

[*Carmina burana*]

17. Do Estado histórico ao Estado ideal

Examinamos atentamente o universo jurídico do Estado, nos últimos séculos, particularizando elementos fáticos e valorativos que geraram estruturas jurídicas bastante diferenciadas. O Estado é destino, e o advento do Estado de Direito é tomado como apogeu da história humana, consagrando direitos fundamentais da pessoa humana e produzindo um constitucionalismo em tudo conexo com os marcantes ideais originários.

Os valores fundantes do Estado de Direito foram identificados como matrizes axiológicas de cada grande manifestação, informando a reação da juridicidade à esfera conflitiva da realidade fática. Assim, estabelecemos o profundo liame da tríade *liberdade, igualdade, fraternidade* com os Estados *liberal, social, e democrático*. Em tais distintos momentos da experiência jurídica, os valores naturalmente nos levaram ao plano da consagração dos direitos fundamentais, segundo a ótica das gerações de direitos.

Rejeitamos, de pronto, toda antinomia entre as gerações, pensando num processo histórico de dialética evolução, onde o antecedente integra o sucedente; analogamente, também o Estado de Direito, em seus diferentes paradigmas, é fruto de um movimento harmônico, ainda que pendular: o caminhar histórico do Espírito, rumo à plena liberdade do homem.

Estabelecendo um padrão jusfilosófico de análise do Estado de Direito, pensamos haver contribuído para elucidar uma indagação constante em nossos dias: Quais serão os contornos do Estado democrático de Direito?

240 | José Luiz Borges Horta

A descoberta deste novo momento da história exige afastarmos toda sorte de discursos retóricos e ilusões ideológicas; *o Estado democrático é Estado de Direito*. Revelar seus horizontes — no respeito fraterno à pessoa humana, na descoberta da importância jusfilosófica de valores e princípios, na construção de Estados que, soberanos, limitam-se em consideração à igualdade essencial dos povos, e sobremaneira, no anúncio da geração dos direitos da fraternidade — parece ser honrosa tarefa, a ser desenvolvida no pensar e manifesta no agir civil: "Direito e Política são os dois campos em que a Filosofia do Direito se movimenta".[1]

Por fim, cumpre operar a junção de três importantes aspectos referentes à rica interface entre Estado de Direito e direitos fundamentais: raízes, momentos históricos e desafios.

O primeiro aspecto diz respeito às origens remotas, aos verdadeiros elementos fundantes do que mais tarde veio a ser a doutrina dos Direitos Fundamentais. Veja-se que o núcleo, inquestionável, da vida do Direito, encontra-se nos direitos fundamentais. O Direito tem sentido e se torna Direito, enquanto tal, na medida exata em que proclama direitos. Diferentemente das sociedades primitivas, em que toda a estrutura de regra de vida em sociedade é baseada não na noção de direitos, mas na de deveres, desde que o romano reconheceu a personalidade do que mais tarde poderia ser chamado de sujeito de direitos, ou de pessoa de direito, todo Direito, para ser Direito verdadeiramente, tem de ter a ideia de direitos no seu núcleo.

A nossa vida em sociedade tem os direitos fundamentais no seu centro absoluto. Do ponto de vista constitucional, o coração das constituições é sempre a concepção de direitos fundamentais nelas consagrado. Como é que chegamos a essa noção de direitos fundamentais como centro da experiência jurídica, nos marcos da cultura ocidental?

Antes de mais nada, sabemos que o Ocidente nasce na experiência grega,[2] naquilo que Nietzsche chamava um "rio largo de ondulação majestosa",[3] mas não apenas na tríade consagrada de Sócrates, Platão e Aristóteles, os dois últimos os grandes filósofos sistemáticos da Grécia (sistemáticos porque organizaram o pensamento grego que lhes

---

1 Diniz, *Novos Paradigmas...*, *cit.*, p. 69.

2 O Ocidente nasce na cisão entre *physis* e *nomos*, engendrada pelos Sofistas, ou mesmo, como ensina Vaz, *apud* Miranda-Costa, *Religiosidade, cultura e direito*, *cit.*, p. 4-8, em Platão.

3 Nietzsche, Friedrich Wilhelm. *A Filosofia na Idade Trágica dos Gregos*. Trad. Maria Inês Madeira de Andrade. Lisboa: Edições 70, 1995, p. 19.

precedeu); é de registrar-se o mérito inigualável dos Sofistas e dos Pré-Socráticos, estes últimos tão negligenciados pelos jusfilósofos.

Os Pré-Socráticos é que nos deram a ideia de igualdade. Tales de Mileto proclama que tudo é um, e em todas as coisas existe algo de comum; é claro que o homem participava nesse e desse todo. Ao tempo da Filosofia pré-socrática ainda não se deu a separação, a cisão, entre o mundo da *physis* e o mundo do *nomos*, emtre o mundo da realidade física e o mundo da realidade cultural. Ao contrário, para os Pré-Socráticos (Tales, Heráclito, Pitágoras, Parmênides), tudo integra um único mundo, que é mundo do *nomos* e é mundo da *physis*. Então, quando se indagam acerca da essência de todas as coisas, se perguntam também sobre a essência do ser humano. Bem se vê que essa igualdade essencial, nascedouro da nossa noção de Direitos Fundamentais, está presente já desde os Pré-Socráticos.

De toda feita, também os Sofistas são relevantes, na medida em que produziram uma crítica radical do mundo helênico e da cidade-Estado. A estrutura de vida da Grécia antiga revela-se eminentemente fragmentada em cidades-Estado, e cada *polis* tinha o poder de estabelecer regras diferentes. Aristóteles, em sua *Politeia*, traduzida como *A Constituição de Atenas*,[4] chega a compilar mais de uma centena de modos diferentes de vida política no mundo de então. Em toda essa fragmentação, os Sofistas, antes mesmo de Platão e de Aristóteles, estabelecem a dúvida em relação ao conhecimento possível e, mais do que isso, proporcionam um avanço sem precedentes no conhecimento, na medida em que criticam duramente o saber estabelecido.

Os Pré-Socráticos acreditam na verdade e buscam a verdade da (e na) igualdade essencial de todas a coisas. Quer seja na água, como em Tales, no fogo, como em Heráclito, no pensamento, como em Parmênides, no número, na proporção, como em Pitágoras, eles acreditam em uma verdade. Os Sofistas dela duvidam, e ao duvidarem, estabelecem um confronto, um confronto necessário, entre conhecer o humano e conhecer o natural.[5]

Como bem percebe Joaquim Carlos Salgado, no período grego já se vê a igualdade essencial de todos os homens como característica central do que poderia ser uma ideia de justiça.[6]

---

4 ARISTÓTELES. *A Constituição de Atenas*. Trad. Francisco Murari Pires. São Paulo: Hucitec, 1995.

5 Tal confronto só se resolve com Wilhelm Dilthey, que na virada do século XIX para o século XX, estruturou as diferenças entre a explicação e a compreensão, propondo a última como metodologia para as ciências do Espírito.

6 SALGADO, *A Ideia de Justiça em Kant*; cit., p. 46 et seq.

242| José Luiz Borges Horta

Em Roma, *urbi et orbi* (cidade e mundo), faz-se a transição entre o mundo da *polis* e o mundo da *cosmopolis*, entre o mundo restrito da cidade, em que viviam os antigos, e um mundo exponencialmente maior. É isso que o romano vislumbra, ao ultrapassar a noção de *jus civile*, um direito que se volta apenas para os cidadãos romanos, e pensar a categoria do *jus gentium*, um direito que deveria ser não apenas dos cidadãos romanos, mas de todas as gentes, de todos os povos: um direito *fundado não na noção de nacionalidade, mas na noção de racionalidade*. O romano estabelece a noção de que todo o Direito deve ser decorrente da razão. Marco Túlio Cícero, um dos maiores expoentes da Jurística romana, registrou: "Só há uma verdadeira lei, a reta razão".[7] Mais uma vez, dá-se um passo à frente na construção dos direitos fundamentais: o romano pensa em um Direito que possa ser universalizado, porquanto decorrente da razão; pensa no cidadão como sujeito de direitos e não somente de deveres. Direito, enquanto tal, é algo de que talvez somente nós ocidentais possamos nos vangloriar de termos produzido — mas o produzimos a partir da experiência jurídica romana.[8]

É preciso, também, reconhecer o *medium aevum*, a Era Média, como sendo significativa na construção da noção de Direitos Fundamentais.[9] Temos uma dívida mui-

---

7 "*Est quidem vera lex recta ratio, naturae congruens, diffusa in omnibus, constans, sempiterna quae vocet ad officium iubendo, vetando a fraude deterreat, quae lamen neque probos frustra iubet aut veiai, nec ímprobos iubendo aut vetando movei*" Cícero. *De Re Publica* III, XXII; *in*: Ciceron. *Oeuvres Complètes*. V. 4. Trad. M. Nisard. Paris: J. J. Dubochet et Compagnie, 1843, p. 329.

8 Sobre Roma, recomende-se: Saldanha, Nelson Nogueira. O Direito Romano e a noção ocidental de "Direito". *In*: Saldanha, *Teoria do Direito e Crítica Histórica*, cit., p. 46-52; Salgado, *A Ideia de Justiça no Mundo Contemporâneo*, cit.; Hespanha, António Manuel. *Cultura Jurídica Europeia*: síntese de um milênio. Florianópolis: Fundação Boiteux, 2005; Peixoto, José Carlos de Matos. *Curso de Direito Romano*. Tomo I – Parte introdutória e geral. 4. ed. Rio de Janeiro: Renovar, 1998; Caenegem, R. C. van. *Uma introdução histórica ao Direito Privado*. Trad. Carlos Eduardo Machado. São Paulo: Martins Fontes, 1995; Wolkmer, Antônio Carlos (org.). *Fundamentos de História do Direito*. Belo Horizonte: Del Rey, 1996; Wieacker, Franz. *História do Direito Privado Moderno*. Trad. A. M. Hespanha. Lisboa: Calouste Gulbenkian, 1980; Gilissen, *Introdução Histórica ao Direito, cit.*; Alves, José Carlos Moreira. Direito Romano. V. I. 13 ed. Rio de Janeiro: Forense, 2001; Castro, Flávia Lages de. *História do Direito*; geral e do Brasil. 4, ed. Rio de Janeiro: Lúmen Juris, 2007; Pinto Coelho, Saulo de Oliveira. *Introdução ao Direito Romano*: constituição, categorização e concreção do direito em Roma. Belo Horizonte: Atualizar, 2009.

9 Veja-se a inspiradíssima tese Salgado, Karine. *Por que a essência não chegou ao conceito?* Estudo sobre a contribuição medieval para a dignidade humana. Belo Horizonte: Faculdade de Direito da UFMG, 2009 (Tese, Doutorado em Filosofia do Direito).

to significativa para com os cristãos, especialmente os católicos,[10] pela construção da noção de pessoa humana dotada de dignidade. Isso foi possível em função de uma subversão da noção judaica de "imagem e semelhança".[11] Os católicos transfiguram essa noção de imagem e semelhança com a figura do Deus-homem, e com a noção da Trindade proclamam um Deus desdobrado, não somente Javé, como o judeu pensa,[12] mas desdobrado na figura de um Deus que se manifesta fisicamente, "verbo que se fez carne",[13] ensina João Evangelista, *logos*, *logos* que se faz carne.

(Há um problema recorrente na percepção do papel do Espírito Santo, aliás evidentemente plasmado do Hinduísmo. O Hinduísmo tem, também, Brahma, Vishnu e Shiva, que são exatamente o Deus pai, o Deus filho encarnado e o Deus-Energia. Veja-se assim que um dos mais complexos dogmas do Cristianismo é decorrente do Hinduísmo. Talvez, em adequada proporção, estejamos falando da tríade Zeus-Apolo-Dioníso).

Essa mistura extremamente subversiva, de Hinduísmo e Judaísmo, permeada pela cultura grega, cria a figura de um *khristós*, um salvador que é Deus mas é homem; temos a figura de um Deus-homem e somos feito à imagem e semelhança desse Deus-homem. Portanto, cada um de nós é criado à imagem e semelhança do Cristo e se somos criados à imagem e semelhança do Cristo, devemos ser respeitados com a dignidade com a qual respeitaríamos o Cristo: "Amar a Deus sobre todas as coisas e ao próximo como a ti mesmo",[14] como na feliz proclamação que o Cristo planetário teria feito e está consagrada nos Evangelhos.

Eis o legado Clássico: a noção romana de direitos universais, a noção grega de igualdade e a noção cristã de pessoa humana digna.

A partir da redescoberta desse legado, na Modernidade, é possível resolver de modo original o grande embate de História do Ocidente, que Salgado identifica no embate entre a liberdade e o poder. O legado clássico permitiu que se pensasse num sistema de estrutura de poder em que a liberdade fosse servida pelo poder, em que o

---

10 *Cf.* RAMOS, *Ética Grega e Cristianismo na Cultura Jurídica do Ocidente, cit.*

11 Gênesis 1:26. *In: Bíblia Sagrada (Antigo Testamento)*. Rio de Janeiro: Barsa, 1967, p. 2.

12 Para uma adequadíssima compreensão das abissais diferenças entre as divindades cristãs e o Deus dos hebreus, o insuspeito e fascinante BLOOM, Harold. *Jesus e Javé*; os nomes divinos. Trad. José Roberto O'Shea. Rio de Janeiro: Objetiva, 2006.

13 João 1:14. *In: Bíblia Sagrada (Novo Testamento)*. Rio de Janeiro: Barsa, 1967, p. 2.

14 *V.* Mateus 22:37-40. *In: Bíblia Sagrada (Novo Testamento), cit.*, p. 22.

244| José Luiz Borges Horta

poder se subordinasse à liberdade. A Modernidade produz a noção de Estado de Direito, ponto de chegada da história da humanidade. "*Es ist der Gang Gottes in der Welt, daß der Staat ist*", vai dizer Hegel,[15] proclamando a felicidade da Revolução Francesa: é isso que o Estado é, o caminhar do absoluto, o caminhar de Deus, Deus aí não no sentido judaico, mas no sentido de *logos*; *o caminhar do logos na Terra,* a Razão feita História. O Estado de Direito aparece no final da Modernidade como a grande conquista que vai propiciar o resgate do legado clássico. É ali, com o Estado de Direito, que se produz a doutrina dos direitos fundamentais.

A partir do advento do Estado de Direito, percebemos três gerações de direitos fundamentais, oportunamente detalhadas neste livro, e diretamente conectadas ao brado da mais universalista das revoluções, a francesa: *liberdade, igualdade, fraternidade.*[16] (Há autores que, temerários de que a geração anterior seja desconsiderada pela seguinte, preferem falar em dimensões, em reflexão inspirada mas pouco adequada.)

O momento da liberdade é o momento do Estado liberal, que tecnicamente deve ser chamado Estado liberal de Direito. Qual é o compromisso do Estado liberal? O compromisso com a proclamação das liberdades. Que liberdades vão ser essas? As liberdades civis, também chamadas de direitos individuais, e as liberdades políticas, ou direitos políticos. O indivíduo é livre para conduzir sua vida privada e daí seus direitos individuais, sobretudo o direito de propriedade, mas também a liberdade propriamente dita, a integridade, o direito à vida. A Constituição Brasileira de 1988 proclama com clareza, no *caput* de seu art. 5º: liberdade, igualdade, propriedade, segurança e vida. São cinco direitos individuais proclamados no centro axiológico de nossa Constituição — e eram os mesmos ao tempo da Revolução Francesa. Mas se o indivíduo é livre, ele é livre também para opinar na construção dos destinos da coletividade; daí os direitos políticos ou liberdades políticas, também proclamadas nesse primeiro momento, em que o Estado se autolimita e proclama direitos.

Por várias razões o Estado liberal acaba evoluindo para um segundo momento, o momento do chamado Estado social — ou Estado social de Direito. O compromisso do Estado Social é com uma segunda etapa na história dos diretos fundamentais, com uma

---

15 Hegel, G.W.F. *Grundlinien der Philosophie des Rechts*: über Naturrecht und Staatswissenchaft im Grundrisse. 3. ed. Stuutgart: Fr. Frommanns Verlag, 1952, p. 336 [§ 258, Zusatz].

16 Contra os que, aqui e ali, olvidam nossos compromissos com o ideário revolucionário francês, sugerimos a leitura de Häberle, Peter. *Libertad, igualdad, fraternidad*: 1789 como historia, actualidad y futuro del Estado constitucional. Trad. Ignacio Gutiérrez Gutiérrez. Madrid: Minima Trotta, 1998.

segunda geração de direitos. De início foram gerados direitos referentes à liberdade, agora cuida-se dos direitos referentes à igualdade. A partir do compromisso que o Ocidente vivenciou com a Revolução Mexicana, que gerou sua Constituição de 1917, e principalmente com a reconstitucionalização da Alemanha em Weimar (cidade onde os alemães, após a derrota na Primeira Guerra Mundial, se reuniram e construíram uma nova Constituição, em 1919), tem-se constituições de compromisso social com a presença, em certo grau, das liberdades civis e políticas defendidas no período anterior, mas agora também com a intervenção do Estado na vida privada para trazer igualdade, pela via dos chamados direitos sociais. O Estado social, ou Estado social de Direito, convive com muitas manifestações, desde o Estado Social de Direito por excelência, ou *Welfare State*, o Estado de Bem-Estar Social, mais ou menos hegemônico na Europa Ocidental, até expressões mais radicais como o Estado do internacional-socialismo (Estado Socialista) ou o Estado do nacional-socialismo (as manifestações fascistas de Estado, como a que tivemos no Brasil com a Ditadura Vargas, que representou o nosso ingresso no Estado social).

O Estado social de Direito sai em grande parte vitorioso na Segunda Grande Guerra mundial. Ao sair vitorioso, o Ocidente se indaga se aquele modelo não deveria ser universalizado e então propõe-se a ideia de universalização dos direitos fundamentais pela via da construção, primeiro, da Organização das Nações Unidas, depois, de uma Carta de Direitos, à moda do *jus gentium*, aplicável a todas as gentes: a Declaração Universal de Direitos Humanos, de 10 de dezembro de 1948. O valor polar deixa de ser a liberdade, como no Estado liberal, ou a igualdade, como no Estado social, e passa a ser a fraternidade, ou solidariedade, no chamado Estado democrático de Direito. Desde 10 de dezembro de 1948, está em gestação e eclosão uma terceira geração de direitos fundamentais: os direitos da fraternidade. Esses são direitos cujo titular não é o indivíduo isoladamente, como no plano dos direitos individuais e políticos, nem é o indivíduo como parte de sua coletividade, como no caso dos direitos sociais, ou econômicos; o titular dos direitos difusos é a humanidade como um todo. Quando os talibãs derrubam um Buda de milhares de anos no deserto do Afeganistão, eles não estão ofendendo aos budistas, mas à humanidade toda, porque todos temos o direito à preservação da história e do seu legado.[17] (Esse é um discurso, uma concepção, uma percepção típica do período do Estado democrático de Direito.)

---

17 *V.* Essa é a natureza do *direito* cultural *à religiosidade* de que nos fala MIRANDA-COSTA, *Religiosidade, cultura e direito, cit.*, p. 456 *et circa*.

JOSÉ LUIZ BORGES HORTA

As três gerações de direitos fundamentais, como os três momentos do Estado de Direito, se somam, negando-se, conservando-se e elevando-se no curso da história. Constitui-se um núcleo de direitos fundamentais, no qual as gerações vão funcionando como camadas. Em imagem, pensemos que o núcleo gira em alta velocidade em torno de seu centro e, ao fazê-lo, provoca dois fenômenos: o primeiro fenômeno, da força centrípeta, atrai novos direitos todo o tempo, ampliando o elenco de direitos fundamentais. O segundo fenômeno é o amalgamar das camadas, de uma forma que já não se pode mais separá-las. Assim, as três camadas de Direitos Fundamentais, e não apenas uma, é que são protegidas pela extrema rigidez constitucional brasileira (art. 60, § 4º, IV).

Examinados raízes e momentos históricos, falemos dos desafios.

Na verdade, o Ocidente nunca conseguiu não ser universalista. O grego estava pensando na essência universal das coisas, o romano queria produzir um Direito universal que pudesse ser aplicado a todos os povos, o cristão pensava em um valor universal, aliás *Kathólikos*. (A Igreja Católica proclama-se uma Igreja universal, voltada para todas as gentes.)

Compreenderemos melhor nosso tempo e suas possibilidades através das ideias e legados de grandes civilizacionistas, como o alemão Oswald Spengler (1880-1936), o inglês Arnold J. Toynbee (1889-1975), o francês Fernand Braudel (1902-1985) e o norte-americano Samuel Huntington (1927-2008).[18] Reconheceremos então várias civilizações, com culturas, valores e perspectivas muito diferentes do que deve ser a vida em sociedade, posturas em tudo contemporâneas, mas via de regra em conflito. O Ocidente considera sua conquistas e características universais, enquanto o oriental não nos chama de universais, mas de ocidentais; levamos a eles nossa cultura e a proclamamos como universal, mas para o Oriente não somos universais, mas ocidentais. Entende Huntington[19] que o ideal ocidental de civilização universal não se sustenta ante um mundo fracionado em ao menos sete grandes civilizações que, em regra, "veem como ocidental o que o Ocidente vê como universal".[20]

---

18 *V.* SPENGLER, Oswald. *A Decadência do Ocidente*: esboço de uma morfologia da História Universal. Trad. Herbert Caro. 2. ed. Rio de Janeiro: Zahar, 1973; TOYNBEE, Arnold Joseph. *Um Estudo de História*. Trad. Isa Silveira Leal e Miroel Silveira. Brasília, São Paulo: EdUnB, Martins Fontes, 1987; BRAUDEL, Fernand. *Gramática das Civilizações*. Trad. Antonio de Pádua Danesi e Eduardo Brandão. São Paulo: Martins Fontes, 2004; HUNTINGTON, Samuel P. *O Choque de Civilizações*: e a recomposição da ordem mundial. Trad. M. H. C. Côrtes. São Paulo: Objetiva, 1997; HUNTINGTON, Samuel P. *Who are we?* Nova York: Simon & Schuster, 2004.

19 HUNTINGTON, *O Choque de Civilizações, cit.*

20 HUNTINGTON, *O Choque de Civilizações, cit.*, p. 78.

Vejamos alguns exemplos para que possamos perceber a diferença da concepção das civilizações. Nós construímos a noção de indivíduo igual e livre, igual por conta da Grécia e livre por conta da Modernidade. Os Orientais, ao invés de pensar em indivíduo, gostam de diluir o indivíduo no todo, porque para Kung Fu Tsé, ou Confúcio, matriz da civilização sínica, a parte é apenas uma pequena parte do todo e a noção de harmonia com o todo é que passa ser fundamental. Nós pensamos que o indivíduo poderá ser salvo pela fé individual; os Hindus não pensam nesse tipo de salvação. Eles acreditam em expiação coletiva, em grupo, em casta. Acreditamos no indivíduo porque somos ocidentais; o hindu acredita na casta porque é hindu. Nós acreditamos em secularização, e Nelson Saldanha[21] lembra que o caminho do Ocidente é indiscutivelmente o caminho da secularização. O Ocidente acredita em afastar a questão religiosa, em secularizar, em tolerância com diferentes religiões (herança do combate entre cristãos e protestantes, que só será encerrado oficialmente com a "guerra dos trinta anos" e a paz de Westphalia) — nós acreditamos na tolerância religiosa e portanto afastamos a religião do Estado. Ao afastar a religião do Estado produzimos o Estado soberano, o Estado que não se submete a nenhum poder. Já os islâmicos, tudo submetem a Alá, o misericordioso. Os islâmicos dizem e proclamam que vivem em *Dar al-Islam*, enquanto nós vivemos em *Dar al-Harb*. *Dar al-Harb* é o mundo da guerra, *Dar al-Islam* é o mundo da paz.[22] Nós acreditamos na racionalidade da lei porque nós somos romanos e a grande maravilha do romano é o pretor ser obrigado a antecipar a forma como ele resolveria os casos durante o período de magistratura. Ou seja, a riqueza do romano não é a concreção, mas a abstração:[23] a capacidade que o romano teve de desenvolver, de antecipar e de abstrair. Os norte-americanos e os africanos (sistemas de tribos e tradições costumeiras) não cultuam a racionalidade, mas os costumes. Uma das presenças mais importantes no discurso constitucional norte-americano é exatamente a noção dos *founding fathers*, os pais fundantes, os pais fundadores da América do Norte. Em banca de doutorado que avaliou a versão primeira deste livro, um dos examinadores, Pedro Paulo Christóvam dos Santos, indagou: "Qual é a tríade de valores do seu Estado Democrático de Direito? Liberdade, igualdade e fraternidade, como na tradição continental europeia, ou liberdade, propriedade e prosperidade,

---

21 SALDANHA, Nelson Nogueira. *Secularização e Democracia*: sobre a relação entre formas de governo e contextos culturais. Rio de Janeiro: Renovar, 2003.

22 *V.* HUNTINGTON, *O Choque de Civilizações, cit.*, p. 33.

23 Talvez isso fique claro após o estudo de SALGADO, *A Ideia de Justiça no Mundo Contemporâneo, cit.*

248 | José Luiz Borges Horta

como na tradição norte-americana?"[24] A pergunta é muito rica; os norte-americanos têm uma concepção de valores completamente diferente da nossa. Dinheiro, para eles, é fundamental (como a matéria e a empiria, foco central das filosofias anglo-saxãs): propriedade e prosperidade são mais importantes que igualdade e fraternidade. A liberdade deles é uma liberdade que gera riqueza, como não poderia deixar de ser, já que são protestantes em sua maioria, ou ao menos em seu credo e hegemonia.[25] Pensemos ainda no mundo ortodoxo, greco-russo, um mundo totalmente diferente, pouco conhecido, pouco investigado; como são especiais e ricos em sua cultura milenar?

Existe um conflito muito evidente entre os valores que a nossa história ocidental consagrou e os valores que outros povos consolidaram.[26] Quando proclamamos que os direitos fundamentais devem ser universais, nós estamos diante de um desafio.[27] Como levar a nossa cultura para as outras culturas, que chamam de ocidental o que nós chamamos de universal?

Estamos diante de um dilema. Consagramos direitos que consideramos fundamentais. Outros povos, ou não acham que direitos sejam fundamentais, ou dão outros direitos como fundamentais. Como dizer a certos africanos que é certo a mulher ter os mesmos direitos que o homem? Como dizer aos chineses que é preciso haver propriedade privada? Como dizer aos russos que eles terão que tomar determinados valores como sendo deles? Esse é o desafio, a pergunta-chave do século XXI e muito provavelmente do destino da humanidade.

Primeiro, temos de indagar se teremos a capacidade de impor os direitos fundamentais a todos os povos. Segundo, se não formos impor, nós vamos então nos fechar

---

24 Santos, Pedro Paulo Christóvam. Arguição em defesa de tese de Doutorado, a 22.04.2002.

25 Um percuciente exame do *American Creed* encontra-se em Huntington, *Who are we?, cit.*

26 Peter Häberle escreveu sobre os desafios representados pelo fundamentalismo: Häberle, Peter. El fundamentalismo como desafío del Estado constitucional: consideraciones desde la Ciencia del Derecho y de la Cultura. *Retos actuales del Estado Constitucional.* Trad. Xavier Arzoz Santiesteban. Oñati: IVAP/HAEE, 1996, p. 133-62. Já Nuno dos Santos Coelho propõe uma historicidade radical, na qual se reconheça a natureza civilizacional (ocidental, vale dizer) do Direito; *cf.* Santos Coelho, Nuno Manuel Morgadinho. Direito e política e o advento do Ocidente como a civilização fundada na ciência. *Revista da Faculdade Mineira de Direito*, Belo Horizonte, Pontifícia Universidade Católica de Minas Gerais, v. 9, n. 18, 2. sem. 2006, p. 112.

27 Dois trabalhos surgem como seminais no debate contemporâneo: um, a densa reflexão de Bielefeldt, Heiner. *Filosofia dos Direitos Humanos:* fundamentos de um ethos de liberdade universal. Trad. Dankwart Bernsmüller. São Leopoldo: Unisinos, 2000; outro, a impactante coletânea Costa, Zolo, *O Estado de Direito, cit.*

e viver insulados em nossa cultura? É pertinente acreditar numa fusão inevitável das culturas em via da globalização? Poderemos abrir mão das universalidades?

A França, patrimônio ocidental, é tolerante a religiões diferentes, um país católico, porém um país tolerante, cioso da laicidade da vida política. Por conta dessa tolerância, os muçulmanos invadem em massa a França, construindo milhares de mesquitas. Não centenas, mas milhares de mesquitas existem na França hoje.[28] Evidentemente, quando falamos em um volume dessa monta de expansão de uma cultura religiosa dentro de um Estado que é todo ele construído em outra cultura religiosa, em que pese o discurso da laicidade que nos caracteriza, nós podemos fazer curvas prospectivas do futuro da população muçulmana. Há quem defenda a presença da Turquia na Europa. Se a Turquia entrar na Europa, o volume de muçulmanos no Velho Mundo será em grande proporção; será que os muçulmanos não podem modificar a estrutura de vida europeia em função dos valores da rica religião muçulmana? Estaremos vivendo uma nova Europa, como queria o Cardeal Joseph Ratzinger,[29] depois Papa evocando o nome do Santo padroeiro da Europa, São Bento, ou estaremos presenciando os últimos dias de uma civilização?[30] A questão da identidade cultural está no centro do debate político contemporâneo,[31] e boa parte do fracasso socialista nas eleições nacionais francesas de 2007 (ou nas eleições europeias, em 2009) decorre exatamente da incapacidade manifesta da esquerda europeia em apresentar alternativas consistentes, democráticas e neossocialistas à questão da cultura e do choque de culturas.

O Direito é a expressão máxima da cultura. Aquilo que há de mais importante em uma determinada cultura é consagrado nas suas leis: o Direito constitui-se em *maximum* ético, como ensina Joaquim Carlos Salgado.[32] O nosso Direito é fruto da nossa

---

28 Um panorama da devastação cultural hoje em marcha na Europa pode ser vislumbrado em DEL VALLE, Alexandre. *Guerras contra a Europa.* Trad. José Augusto Carvalho. Rio de Janeiro: Bom Texto, 2003 e em LAQUEUR, Walter. *Os últimos dias da Europa:* epitáfio para um velho continente. Trad. André Pereira da Costa. Rio de Janeiro: Odisseia, 2007.

29 *Cf.* RATZINGER, Joseph. *A Igreja e a Nova Europa.* Trad. Henrique Barrilaro Ruas. Lisboa, São Paulo: Verbo, 1993.

30 LAQUEUR, *Os últimos dias da Europa, cit.*

31 Sua Santidade, o Papa Bento XVI, havia debatido a interface entre religiões e culturas em nosso tempo e produzido, como Cardeal, o pertinente RATZINGER, Joseph. *Fede, Verità, Tolleranza:* il cristianesimo e le religioni del mondo. Trad. Giulio Colombi. 2. ed. Siena: Cantagalli, 2005.

32 SALGADO, *A Ideia de Justiça no Mundo Contemporâneo, cit.*

JOSÉ LUIZ BORGES HORTA

religião, é fruto dos nossos valores, é fruto da nossa cultura, é fruto das nossas tradições, e é todo esse universo cultural que faz com que o nosso Direito afirme: todas as pessoas têm direitos fundamentais. Podemos divergir quanto a uns ou outros direitos fundamentais, mas todas as pessoas devem ter direito a direitos fundamentais. Outros povos não têm a mesma ideia. Então, para onde vamos? *Quo vadis, humanitas?* Esse é *o* problema, e um grande problema em aberto, à procura de vias para compreender o humano como um todo e o jurídico como expressão máxima da cultura.

Aos juristas do novo milênio, o desafio de tornar pleno o Estado de Direito e sua razão de existir — a liberdade humana —, ainda que

> "[...] na angústia de novas descobertas desafiando o mistério e as incertas veredas da existência e da história"...[33]

---

33 REALE, Miguel. Valores. *In: Vida Oculta*. São Paulo: Massao Ohno/Stefanowski, 1990, p. 42.

REFERÊNCIAS BIBLIOGRÁFICAS

ABBAGNANO, Nicola. *Dicionário de Filosofia*. Trad. Alfredo Bosi. São Paulo: Martins Fontes, 2000.

ADEODATO, João Maurício; BRANDÃO, Cláudio (orgs.). *Direito ao Extremo*: coletânea de estudos. Rio de Janeiro: Forense, 2005.

ADEODATO, João Maurício. *Ética e Retórica*: para uma teoria da dogmática jurídica. 2. ed. São Paulo: Saraiva: 2006.

_____. *Filosofia do Direito*: uma crítica à verdade na ética e na ciência, através de um exame da ontologia de Nicolai Hartmann. São Paulo: Saraiva, 1996.

ADEODATO, João Maurício. *O Problema da Legitimidade*: no rastro do pensamento de Hannah Arendt. Rio de Janeiro: Forense Universitária, 1989.

AFONSO, Elza Maria Miranda. O Direito e os Valores (reflexões inspiradas em Franz Brentano, Max Scheler e Hans Kelsen). *Revista do CAAP*, Belo Horizonte, Universidade Federal de Minas Gerais, a. IV, n. 7, p. 15-62, 1999.

_____. *O Positivismo na Epistemologia Jurídica de Hans Kelsen*. Belo Horizonte: Movimento Editorial da Faculdade de Direito da UFMG, 1984.

AFONSO DA SILVA, Virgílio. *A Constitucionalização do Direito*: os direitos fundamentais nas relações entre particulares. São Paulo: Malheiros, 2005.

_____. *Direitos fundamentais*: conteúdo essencial, restrições e eficácia. São Paulo: Malheiros, 2009.

AFONSO DA SILVA, Virgílio (org.). *Interpretação Constitucional*. São Paulo: Malheiros, 2005.

254| JOSÉ LUIZ BORGES HORTA

ÁLVARES DA SILVA, Antônio. *Eleição de Juízes pelo voto popular*. São Paulo: LTr, 1998.

ALBINO DE SOUZA, Washington Peluso. Conflitos Ideológicos na Constituição Econômica. *Revista Brasileira de Estudos Políticos*, Belo Horizonte, Universidade Federal de Minas Gerais, n. 74/75, p. 17-39, jan.-jul. 1992.

_____. *Do Econômico nas Constituições Vigentes*. 2 v. Belo Horizonte: Revista Brasileira de Estudos Políticos, 1961.

_____. *Estudos de Direito Econômico*. V. 3: Constituição Econômica. Belo Horizonte: Movimento Editorial da Faculdade de Direito da UFMG, 2000.

ALEXY, Robert. *Teoria de los Derechos Fundamentales*. Madrid: Centro de estúdios constitucionales, 1993.

ALVES, José Augusto Lindgren. *Os Direitos Humanos como tema global*. São Paulo/ Brasília: Perspectiva/Fundação Alexandre de Gusmão, 1994.

ALVES, José Carlos Moreira. *Direito Romano*. V. I. 13 ed. Rio de Janeiro: Forense, 2001.

ANDRADE ARAÚJO, Aloizio Gonzaga de. *O Direito e o Estado como estruturas e sistemas*: um contributo à Teoria Geral do Direito e do Estado. Belo Horizonte: Movimento Editorial da Faculdade de Direito da UFMG, 2005.

ANDRADE, Maria Inês Chaves de. *A fraternidade como direito fundamental*: entre o ser e o dever ser na dialética dos opostos de Hegel. Belo Horizonte: Faculdade de Direito da UFMG, 2007. (Tese, Doutorando em Filosofia do Direito).

ARAÚJO, Sérgio Luiz Souza. *Teoria Geral do Processo Penal*. Belo Horizonte: Mandamentos, 1999.

ARISTÓTELES. *A Constituição de Atenas*. Trad. Francisco Murari Pires. São Paulo: Hucitec, 1995.

AZEVEDO NETO, Platon Teixeira de. Flexibilização do Direito do Trabalho no Brasil. *Revista do CAAP*, Belo Horizonte, Centro Acadêmico Afonso Pena, a. III, n. 4, p. 195-216, 1998.

BAMBIRRA, Felipe Magalhães. *Axiologia e Direito*: para uma compreensão do impacto da Filosofia dos Valores na contemporaneidade jurídica. Belo Horizonte: Faculdade de Direito da UFMG, 2008 (Monografia, Bacharelado em Direito).

BANDEIRA DE MELLO, Lydio Machado. *Meditações sôbre o Direito e sôbre a Origem das Leis*. Belo Horizonte: ed. A., 1956.

BARACHO, José Alfredo de Oliveira. *O Princípio de Subsidiariedade*: conceito e evolução.

Belo Horizonte: Movimento Editorial da Faculdade de Direito da UFMG, 1995.

BARACHO, José Alfredo de Oliveira. *Processo Constitucional*. Rio de Janeiro: Forense, 1984.

_____. *Reengenharia do Estado*. Rio de Janeiro: Universidade Gama Filho, 1995. (Aula inaugural.)

_____. Teoria da Constituição. *Revista Brasileira de Estudos Políticos*, Belo Horizonte, Universidade Federal de Minas Gerais, n. 47, p. 7-47, jul. 1978.

_____. Teoria do Governo. *Revista Brasileira de Estudos Políticos*, Belo Horizonte, Universidade Federal de Minas Gerais, n. 66, p 47-136, jan. 1988.

_____. Teoria geral das constituições escritas. *Revista Brasileira de Estudos Políticos*, Belo Horizonte, Universidade Federal de Minas Gerais, n. 60-1, p. 25-98, jan.-jul. 1985.

_____. Teoria geral do constitucionalismo. *Revista de Informação Legislativa*, Brasília, Senado Federal, a. 23, n. 91, p. 5-62, jul.-set. 1986.

_____. *Teoria Geral do Federalismo*. Rio de Janeiro: Forense, 1986.

BARBOSA, Arnaldo Afonso. *A Pessoa em Direito*: uma abordagem crítico-construtiva referenciada no evolucionismo de Pierre Teilhard de Chardin. Belo Horizonte: Movimento Editorial da Faculdade de Direito da UFMG, 2006.

BARROSO, Luís Roberto. *Interpretação e Aplicação da Constituição*. São Paulo: Saraiva, 1996.

BARROSO, Luís Roberto. *O Direito Constitucional e a Efetividade de suas Normas*: Limites e Possibilidades da Constituição Brasileira. Rio de Janeiro: Renovar, 1990.

BARROSO, Luís Roberto. Neoconstitucionalismo e constitucionalização do Direito (o triunfo tardio do Direito Constitucional no Brasil). *Revista do Tribunal de Contas do Estado de Minas Gerais*, Belo Horizonte, TCE-MG, a. XXV, v. 65, n. 4, p. 20-50, out.-dez. 2007.

BARROSO, Luís Roberto. Princípios Constitucionais Brasileiros (ou de como o papel aceita tudo). *Themis*, Curitiba, n. 07 (nova fase), p. 17-39, out. 1991.

BARROSO, Luís Roberto. *A Reconstrução Democrática do Direito Público no Brasil*. Rio de Janeiro: Renovar, 2007.

BARROSO, Luís Roberto. *Temas de Direito Constitucional*. Rio de Janeiro: Renovar, 2001.

BERCOVICI, Gilberto. *Constituição e estado de exceção permanente*: atualidade de Weimar. Rio de Janeiro: Azougue Editorial, 2004.

_____. *Constituição Econômica e Desenvolvimento*: uma leitura a partir da Constituição de 1988. São Paulo: Malheiros, 2005.

256| José Luiz Borges Horta

_____. *Desigualdades regionais, Estado e Constituição*. São Paulo: Max Limonad, 2003.

_____. As possibilidades de uma Teoria do Estado. *Revista da Faculdade de Direito*, Belo Horizonte, Universidade Federal de Minas Gerais, n. 49, p. 99-120, jul.-dez. 2006.

_____. *Soberania e Constituição*: para uma crítica do constitucionalismo. São Paulo: Quartier Latin, 2008.

BESTER, Gisela Maria. A concepção de Constituição de Hermann Heller – integração normativa e sociológica – e sua possível contribuição à Teoria da Interpretação Constitucional. *Revista da Faculdade de Direito*, Belo Horizonte, Universidade Federal de Minas Gerais, n. 36, p. 231-50, 1999.

BÍBLIA SAGRADA (Antigo Testamento). Rio de Janeiro: Barsa, 1967.

BÍBLIA SAGRADA (Novo Testamento). Rio de Janeiro: Barsa, 1967.

BIELEFELDT, Heiner. *Filosofia dos Direitos Humanos*: fundamentos de um ethos de liberdade universal. Trad. Dankwart Bernsmüller. São Leopoldo: Unisinos, 2000.

BIGNOTTO, Newton. *O tirano e a cidade*. São Paulo: Discurso Editorial, 1998.

BOBBIO, Norberto, BOVERO, Michelangelo. *Sociedade e Estado na Filosofia Política Moderna*. Trad. Carlos Nelson Coutinho. 4. ed. São Paulo: Brasiliense, 1994.

BLOOM, Harold. *Jesus e Javé*: os nomes divinos. Trad. José Roberto O'Shea. Rio de Janeiro: Objetiva, 2006.

BOBBIO, Norberto. *A Era dos Direitos*. Trad. Carlos Nelson Coutinho. 11. ed. Rio de Janeiro: Campus, 1992.

_____. *Direita e Esquerda*: razões e significados de uma distinção política. Trad. Marco Aurélio Nogueira. São Paulo: EdUNESP, 1995.

_____. *Direito e Estado no Pensamento de Emanuel Kant*. Trad. Alfredo Fait. 3. ed. Brasília: EdUnB, 1995.

_____. *Locke e o Direito Natural*. Trad. Sérgio Bath. Brasília: EdUnB, 1997.

_____. *O Positivismo Jurídico*: lições de Filosofia do Direito. Trad. Márcio Pugliesi, Edson Bini, Carlos E. Rodrigues. São Paulo: Ícone, 1995.

_____. *Teoria da Norma Jurídica*. 2. ed. Trad. Fernando Pavan Baptista. Bauru: Edipro, 2003.

_____. *Teoria do Ordenamento Jurídico*. Trad. Maria Celeste Cordeiro Leite dos Santos. 6. ed. Brasília: EdUnB.

HISTÓRIA DO ESTADO DE DIREITO |257

_____. *Teoria Geral da Política*: a filosofia política e as lições dos clássicos. Trad. Daniela Beccaccia Versiani. Rio de Janeiro: Campus, 2000.

BODENHEIMER, Edgar. *Ciência do Direito*: Filosofia e Metodologia Jurídicas. Trad. Enéas Marzano. Rio de Janeiro: Forense, 1966.

BODIN, Jean. *Los seis libros de la República*. Trad. Pedro Brava Gala. 2. ed. Madrid: Tecnos, 1992.

BONAVIDES, Paulo. *Ciência Política*. 10. ed. São Paulo: Malheiros, 2001.

_____. *Curso de Direito Constitucional*. 5. ed. São Paulo: Malheiros, 1994.

_____. *Do Estado Liberal ao Estado Social*. 5. ed. Belo Horizonte: Del Rey, 1993.

_____. *Do país constitucional ao país neocolonial*: a derrubada da Constituição e a recolonização pelo golpe de Estado institucional. São Paulo: Malheiros, 1999.

_____. *Teoria do Estado*. 3. ed. São Paulo: Malheiros, 1995.

BORGES, Alexandre Walmott. *A Ordem Econômico Financeira da Constituição & os Monopólios*: análise das alterações com as reformas de 1995 a 1999. Curitiba: Juruá, 2002.

BOSON, Gerson de Britto Mello. *Constitucionalização do Direito Internacional – Internacionalização do Direito Constitucional*: direito constitucional internacional brasileiro. Belo Horizonte; Del Rey, 1996.

_____. *Filosofia do Direito*: interpretação antropológica. 2. ed. Belo Horizonte: Del Rey, 1996.

BOUCAULT, Carlos Eduardo de Abreu, RODRIGUEZ, José Rodrigo. *Hermenêutica Plural*. 2. ed. São Paulo: Martins Fontes, 2005.

BOURGEOIS, Bernard. *O pensamento político de Hegel*. Trad. Paulo Neves da Silva. São Leopoldo: Unisinos, 2000.

BRASIL. *Plano Diretor da Reforma do Estado*. Brasília: Câmara da Reforma do Estado, 1995.

BRAUDEL, Fernand. *Gramática das Civilizações*. Trad. Antonio de Pádua Danesi e Eduardo Brandão. São Paulo: Martins Fontes, 2004.

BROCHADO, Mariá. *Consciência Moral, Consciência Jurídica*. Belo Horizonte: Mandamentos, 2002.

_____. *Direito e Ética*: a eticidade do fenômeno jurídico. São Paulo: Landy , 2006.

BURDEAU, Georges. *Traité de Science Politique*. T. VI, V. I e II, L'Etat Libéral et les techniques

258| José Luiz Borges Horta

politiques de la démocratie gouvernée. T. vii, La Démocratie gouvernante, son assise sociale et sa philosophie politique. 11. ed. Paris: Librairie Generale de Droit et de Jurisprudence, 1971-3.

CADEMARTORI, Luiz Henrique Urquhart; DUARTE, Francisco Carlos. *Hermenêutica e Argumentação Neoconstitucional*. São Paulo: Atlas, 2009.

CAENEGEM, R. C. van. *Uma introdução histórica ao Direito Privado*. Trad. Carlos Eduardo Machado. São Paulo: Martins Fontes, 1995.

CALDEIRA BRANT, Leonardo Nemer. O direito ao desenvolvimento como direito humano. *Revista Brasileira de Estudos Políticos*, Belo Horizonte, Universidade Federal de Minas Gerais, n. 81, p. 91-117, jul. 1995.

CAMPOS, Carlos Álvares da Silva. *Sociologia e Filosofia do Direito*. 3. ed. Belo Horizonte: Del Rey, 1995.

CAMPOS, Francisco. *O Estado Nacional*: sua estructura, seu conteudo ideologico. 3. ed. Rio de Janeiro: José Olympio, 1941.

CANOTILHO, José Joaquim Gomes. *Constituição dirigente e vinculação do legislador*. 2. ed. Coimbra: Coimbra, 2001.

CARDOSO, Paulo Roberto. *Soberania e exceção em Carl Schmitt*. Belo Horizonte: Faculdade de Direito da UFMG, 2009 (Dissertação, Mestrado em Direito).

CARVALHO NETTO, Menelick de. Requisitos pragmáticos da interpretação jurídica sob o paradigma do estado democrático de direito. *Revista de Direito Comparado*, Belo Horizonte, Universidade Federal de Minas Gerais, v. 3, p. 473-86, maio 1999 [Simultaneamente publicado como nota técnica, com sutis diferenças: CARVALHO NETTO, Menelick de. O requisito essencial da imparcialidade para a decisão constitucionalmente adequada de um caso concreto no paradigma constitucional do estado democrático de direito. *Direito Público*, Belo Horizonte, Procuradoria Geral do Estado de Minas Gerais, v. 1, n. 1, p. 101-15, jan.-jun. 1999].

_____. *A Sanção no Procedimento Legislativo*. Belo Horizonte: Del Rey, 1992.

CARVALHO, Orlando Magalhães. *Caracterização da Teoria Geral do Estado*. Belo Horizonte: Kriterion, 1951.

CASTRO, Flávia Lages de. *História do Direito*: geral e do Brasil. 4, ed. Rio de Janeiro: Lúmen Juris, 2007.

CASTRO JÚNIOR, Torquato da Silva. *Pragmática das Nulidades*: a Teoria do Ato Jurídico

HISTÓRIA DO ESTADO DE DIREITO |259

Inexistente. São Paulo: Pontifícia Universidade de São Paulo, 2003 (Tese, Doutorado em Direito).

CATTONI DE OLIVEIRA, Marcelo Andrade. *Direito, Política e Filosofia*: contribuições para uma teoria discursiva da constituição democrática no marco do patriotismo constitucional. Rio de Janeiro: Lumen Juris, 2007.

_____. *Devido Processo Legislativo*. Belo Horizonte: Mandamentos, 2000.

_____. *Direito Processual Constitucional*. Belo Horizonte: Mandamentos, 2001.

_____. Marcelo Andrade. Teoria Discursiva da Constituição. *O Sino do Samuel*, Belo Horizonte, Faculdade de Direito da UFMG, a. III, n. 23, p. 04, maio de 1997.

CHACON, Vamireh. *A Grande Ibéria*: convergências e divergências de uma tendência. São Paulo, Brasília: EdUNESP, Paralelo 15, 2005.

_____. *História das Ideias Socialistas no Brasil*. 2. ed. Rio de Janeiro: Civilização Brasileira, 1981.

CHâTELET, François, DUHAMEL, Olivier, PISIER-KOUCHNER, Éveline. *História das Ideias Políticas*. Trad. Carlos Nelson Coutinho. 2. ed. Rio de Janeiro: Zahar, 1990.

CHEVALLIER, Jean-Jacques. *As grandes obras políticas*: de Maquiavel a nossos dias. Trad. Lydia Christina. 3. ed. Rio de Janeiro: Agir, 1986.

_____. *História do Pensamento Político*. T.2: O declínio do Estado-Nação monárquico. Trad. Alvaro Cabral. Rio de Janeiro: Zahar, 1983.

CHURCHILL, *Sir* Winston. S. *História dos Povos de Língua Inglesa*. V. II, O Novo Mundo. Trad. Enéas Camargo. V. III, A Era da Revolução. Trad. Aydano Arruda. São Paulo: IBRASA, 1960.

CICERON. *Oeuvres Complètes*. V. 4. Trad. M. Nisard. Paris: J. J. Dubochet et Compagnie, 1843.

COMPARATO, Fábio Konder. *A afirmação histórica dos direitos humanos*. São Paulo: Saraiva, 1999.

_____. *Ética*; Direito, moral e religião no mundo moderno. São Paulo: Companhia das Letras, 2006.

COSTA, Pietro, ZOLO, Danilo (org.). *O Estado de Direito*; história, teoria, crítica. Trad. Carlo Alberto Dastoli. São Paulo: Martins Fontes, 2006.

COSTA, Regenaldo da. *Ética e Filosofia do Direito*. Rio de Janeiro, São Paulo, Fortaleza: ABC, 2006.

260| José Luiz Borges Horta

Coura, Alexandre de Castro. *Para uma Análise Crítica da Jurisprudência de Valores*: Contribuições para Garantia dos Direitos Fundamentais e da Legitimidade das Decisões Judiciais no Paradigma do Estado Democrático de Direito. Belo Horizonte: Faculdade de Direito da UFMG, 2004. (Dissertação, Mestrado em Direito Constitucional).

Dallari, Dalmo de Abreu. *Elementos de Teoria Geral do Estado*. 17. ed. São Paulo: Saraiva, 1993.

_____. *Ontologia jurídica*: o problema de sua fixação teórica (com relação ao garantismo jurídico). Porto Alegre: Livraria do Advogado, 2000.

David, René. *Os grandes sistemas do direito contemporâneo*. Trad. Hermínio a. Carvalho. São Paulo: Martins Fontes, 1986.

Delgado, Maurício Godinho. *Democracia e Justiça*: sistema judicial e construção democrática no Brasil. São Paulo: LTr, 1993.

_____. *Princípios de Direito Individual e Coletivo do Trabalho*. São Paulo: LTr, 2001.

Del Valle, Alexandre. *Guerras contra a Europa*. Trad. José Augusto Carvalho. Rio de Janeiro: Bom Texto, 2003.

Del Vecchio, Giorgio. *Lições de Filosofia do Direito*. Trad. Antônio José Brandão. Coimbra: Arménio Amado, 1979.

Della Corte, A., Pannain, G. *Historia de la Música*. T. III. 2. ed. Barcelona: Labor, 1965.

Díaz, Elías. *Estado de Derecho y Sociedad Democratica*. 6. ed. Madrid: EDICUSA, 1975.

Dimoulis, Dimitri. *Positivismo jurídico*: introdução a uma teoria do direito e defesa do pragmatismo jurídico-político. 2. ed. São Paulo: Método, 2006.

Diniz, Arthur José Almeida. A crise de nossos dias. *Revista da Faculdade de Direito*, Belo Horizonte, Universidade Federal de Minas Gerais, a. XXVII, n. 21, p. 307-49, maio 1979.

_____. *Novos Paradigmas em Direito Internacional Público*. Porto Alegre: Fabris, 1995.

_____. *Reflexões sobre o Direito e a Vida*. Belo Horizonte: Movimento Editorial da Faculdade de Direito da UFMG, 2005.

_____. Reflexões sobre a Liberdade e a Solidariedade. *Revista da Faculdade de Direito*, Belo Horizonte, Universidade Federal de Minas Gerais, n. 38, p. 75-90, 2000.

Diniz, Márcio Augusto Vasconcelos. *Constituição e Hermenêutica Constitucional*. Belo Horizonte: Mandamentos, 1998.

HISTÓRIA DO ESTADO DE DIREITO |261

DOBROWOLSKI, Sílvio. O liberalismo: exame de sua ideologia e suas deficiências. *Revista Brasileira de Estudos Políticos*, Belo Horizonte, Universidade Federal de Minas Gerais, n.66, p. 161-202, jan. 1988.

DUTRA, Pedro Paulo de Almeida. *Controle de Empresas Estatais*: uma proposta de mudança. São Paulo: Saraiva, 1990.

DUVERGER, Maurice. *Instituciones Políticas y Derecho Constitucional*. 6. ed. Trad. Jordi Solé Tura. Barcelona: Ariel, 1980.

DWORKIN, Ronald. *Taking rights seriously*. Cambridge: Harvard University Press, 1977-8.

EISENHOWER, Dwight David. Farewell address. *In*: <*http://en.wikisource.org/wiki/Eisenhower%27s_farewell_address*>. Acesso em 20 jan. 2008.

FABRIZ, Daury Cesar. *Bioética e Direitos Fundamentais*: a Bioconstituição como paradigma do Biodireito. Belo Horizonte: Mandamentos, 2003.

FARALLI, Carla. *La filosofia del diritto contemporanea*. Roma-Bari: Laterza (Libri del Tempo), 2002.

FERRAREZZI, Elisabete (org.). OSCIP — *Organização da Sociedade Civil de Interesse Público*: a Lei 9.790/99 como alternativa para o terceiro setor. Brasília: Comunidade Solidária, 2000.

FERRAZ JÚNIOR, Tércio Sampaio. *Introdução ao Estudo do Direito*: técnica, decisão, dominação. 2. ed. São Paulo: Atlas, 1994.

FERREIRA FILHO, Manoel Gonçalves. *Direitos Humanos Fundamentais*. 3. ed. São Paulo: Saraiva, 1999.

FERREIRA FILHO, Manoel Gonçalves. *Estado de Direito e Constituição*. 2.ed. São Paulo: Saraiva, 1999.

FILIPPI, Alberto; LAFER, Celso. *A presença de Bobbio*: América Espanhola, Brasil, Península Ibérica. São Paulo: EdUNESP, 2004.

FIORAVANTI, Maurizio (ed.). *El Estado Moderno en Europa*; instituciones y derecho. Madrid: Trotta, 2004.

FONSECA, Ricardo Marcelo. A Cultura jurídica brasileira e a questão da codificação civil no século XIX. *Revista da Faculdade de Direito*, Curitiba, Universidade Federal do Paraná, n. 44, p. 61-76, 2006.

FONSECA, Ricardo Marcelo (org.). *Direito e Discurso*: discursos do direito. Florianópolis: Fundação Boiteux, 2006.

262| JOSÉ LUIZ BORGES HORTA

FONSECA, Ricardo Marcelo. Os juristas e a cultura jurídica brasileira na segunda metade do século XIX. *Quaderni Fiorentini per la storia del pensiero giuridico moderno*, Milão, Giuffrè, n. 35, p. 339-71, 2006.

FRAGA IRIBARNE, Manuel. *La Crisis del Estado*: estudios de teoria del estado contemporaneo. Madrid: Aguillar, 1958.

FRANCA, Pe. Leonel. *Noções de História da Filosofia*. 23. ed. Rio de Janeiro: Agir, 1987.

GALUPPO, Marcelo Campos. A contribuição de Esser para a reconstrução do conceito de princípios jurídicos. *Revista de Direito Comparado*, Belo Horizonte, Universidade Federal de Minas Gerais, v. 3, p. 227-43, maio 1999.

_____. *Igualdade e Diferença*: estado democrático de direito a partir do pensamento de Habermas. Belo Horizonte: Mandamentos, 2002.

_____. Os princípios jurídicos no Estado Democrático de Direito: ensaio sobre o modo de sua aplicação. *Revista de Informação Legislativa*, Brasília, Senado Federal, n. 143, p. 191-210, jul.-set. 1999.

GAMBOGI, Luís Carlos Balbino. *Direito: Razão e Sensibilidade*: as intuições na hermenêutica jurídica. Belo Horizonte: Del Rey, FUMEC, 2006.

GARCIA-PELAYO, Manuel. *Frederico II de Suábia e o Nascimento do Estado Moderno*. Trad. Amilcar de Castro. Belo Horizonte: Revista Brasileira de Estudos Políticos, 1961.

GIACOIA JÚNIOR, Oswaldo. *Nietzsche*. São Paulo: Publifolha, 2000.

GILISSEN, John. *Introdução histórica ao direito*. Trad. A. M. Hespanha. 2. ed. Lisboa: Calouste Gulbenkian, 1995.

GOMES, Luiz Marcos. *Os Homens do Presidente*. São Paulo: Viramundo, 2000.

GONÇALVES, Antônio Fabrício de Matos. *Flexibilização Trabalhista*. Belo Horizonte: Mandamentos, 2004.

GONÇALVES, Aroldo Plínio. *Técnica Processual e Teoria do Processo*. Rio de Janeiro: Aide, 1992.

GRAU, Eros Roberto. *Direito, conceitos e normas jurídicas*. São Paulo: RT, 1988.

GRAU, Eros Roberto; CUNHA, Sérgio Sérvulo (coord.). *Estudos de Direito Constitucional*; em homenagem a José Afonso da Silva. São Paulo: Malheiros, 2003.

GRAU, Eros Roberto; GUERRA FILHO, Willis Santiago (org.). *Direito Constitucional*: estudos em homenagem a Paulo Bonavides. São Paulo: Malheiros, 2003.

GRONDIN, Jean. *Introdução à Hermenêutica Filosófica*. Trad. Benno Dischinger. São

Leopoldo: EdUnisinos, 1999.

GROSSI, Paolo. Da sociedade de sociedades à insularidade do estado entre medievo e idade moderna. *Sequência*, Universidade Federal de Santa Catarina, a. XXVII, n. 55, p. 9-28, dez. 2007.

_____. *Mitologias jurídicas da modernidade*. Trad. Arno Dal Ri Júnior. 2. ed. Florianópolis: Boiteux, 2007.

GROTIUS, Hugo. *O direito da guerra e da paz*. Trad. Ciro Mioranza. Ijuí: Ed. Unijuí, 2004.

GUSTIN, Miracy Barbosa de Sousa. *Das necessidades humanas aos direitos*: ensaio de Sociologia e Filosofia do Direito. Belo Horizonte: Del Rey, 1999.

GUIMARÃES, Samuel Pinheiro. *Desafios brasileiros na era dos gigantes*. Rio de Janeiro: Contraponto, 2005.

GUSMÃO, Paulo Dourado de. *Filosofia do Direito*. 8. ed. Rio de Janeiro: Forense, 2006.

GUSTIN, Miracy Barbosa de Sousa; VIEIRA, Margarida Luiza de Matos. *Semeando Democracia*: a trajetória do socialismo democrático no Brasil. Contagem: Palesa, 1995.

HÄBERLE, Peter. *Libertad, igualdad, fraternidad* – 1789 como historia, actualidad y futuro del Estado constitucional. Trad. Ignacio Gutiérrez Gutiérrez. Madrid: Minima Trotta, 1998.

HÄBERLE, Peter. *Retos actuales del Estado Constitucional*. Trad. Xavier Arzoz Santiesteban. Oñati: IVAP/HAEE, 1996.

HEGEL, G.W.F. *Fenomenologia do Espírito*. Parte II. Trad. Paulo Meneses. 2. ed. Petrópolis: Vozes, 1993.

_____. *Filosofia da História*. 2 ed. Brasília: EdUnB, 1999.

_____. *Grundlinien der Philosophie des Rechts*: über Naturrecht und Staatswissenchaft im Grundrisse. 3. ed. Stuutgart: Fr. Frommanns Verlag, 1952.

_____. *La phénoménologie de l'esprit*. Tome II. Trad. Jean Hyppolite. Paris: Éditions Montaigne, 1941.

_____. *Phänomenologie des Geistes*. 2. ed. Frankfurt: Ullstein, 1973.

_____. *Princípios da Filosofia do Direito*. Trad. Orlando Vitorino. 2. ed. Lisboa: Guimarães, 1976.

HEINEMANN, Fritz. *A Filosofia no século XX*. Trad. Alexandre Fradique Morujão. 4. ed. Lisboa: Calouste Gulbenkian, 1993.

264| José Luiz Borges Horta

HEINZE, Eric. *Sexual Orientation: a Human Right* – An essay on International Human Rights Law. Dordrecht: Martinus Nijhoff, 1995.

HELLER, Hermann. *Teoría del Estado*. Trad. Luis Tobío. México: Fondo de Cultura Económica, 1992.

HESPANHA, António Manuel. *Cultura Jurídica Europeia*: síntese de um milênio. Florianópolis: Fundação Boiteux, 2005.

HOBSBAWM, Eric J. *A Era das Revoluções*. Europa 1789-1848. Trad. Maria Tereza Lopes Teixeira e Macus Penchel. 10.ed. Rio de Janeiro: Paz e Terra, 1997.

HORTA, José Luiz Borges. *Direito Constitucional da Educação*. Belo Horizonte: Decálogo, 2007.

_____. História, Constituições e Reconstitucionalização do Brasil. *Revista Brasileira de Estudos Políticos*, Belo Horizonte, Universidade Federal de Minas Gerais, n. 94, p. 121-155, jul.-dez. 2006.

HORTA, José Luiz Borges; BROCHADO, Mariá. *Teoria da Justiça*: ensaios em homenagem a Joaquim Carlos Salgado. Belo Horizonte: Mandamentos, 2010 (no prelo).

HORTA, José Luiz Borges. Breves notas sobre o Direito Político em Kant. *Revista do Curso de Direito da Univale*. Governador Valadares, a. III, n. 5, p. 15-26, jan.-jul. 2000.

_____. Epistemologia e Vigor da Teoria do Estado. *O Sino do Samuel*, Belo Horizonte, Faculdade de Direito da UFMG, a. III, n. 24, p. 10, junho de 1997.

_____. *Ratio Juris, Ratio Potestatis*: breve abordagem da missão e das perspectivas acadêmicas da Filosofia do Direito e do Estado. *Revista da Faculdade de Direito*, Belo Horizonte, Universidade Federal de Minas Gerais, n. 49, p. 145-160, jul.-dez. 2006.

_____. Reflexões em torno da Democracia Filosófica em Hans Kelsen. *Revista do Curso de Direito da Univale*, Governador Valadares, Univale, a. III, n. 6, p. 31-41, jul.-dez 2000.

_____. Teoria da Constituição: contornos epistemológicos. *Revista Brasileira de Direito Constitucional*, São Paulo, Escola Superior de Direito Constitucional, n. 6, p. 346-357, jul.-dez.2005.

HORTA, Raul Machado. Constituição e Direitos Sociais. *Revista de Direito Comparado*, Belo Horizonte, Universidade Federal de Minas Gerais, v. 2, n. 2, p. 51-74, mar. 1998.

_____. *Direito Constitucional*. 4. ed. Belo Horizonte: Del Rey, 2003.

HISTÓRIA DO ESTADO DE DIREITO |265

_____. *Estudos de Direito Constitucional*. Belo Horizonte: Del Rey, 1995.

HUMBOLDT, Wilhelm von. *The limits of state action*. Ed. John Wyon Burrow. Londres: Cambridge University Press, 1969.

HUNTINGTON, Samuel P. *O Choque de Civilizações*: e a recomposição da ordem mundial. Trad. M. H. C. Côrtes. São Paulo: Objetiva, 1997.

_____. *Who are we?* Nova York: Simon & Schuster, 2004.

HYPPOLITE, Jean. *Introdução à Filosofia da História de Hegel*. Trad. José Marcos Lima. Rio de Janeiro, Lisboa: Elfos, Edições 70, 1995.

JORGE FILHO, Edgard José. *Moral e História em John Locke*. São Paulo: Loyola, 1992.

JUST, Gustavo. *Interpréter les théories de l'interprétation*. Paris, Torino, Budapest: L'Harmattan, 2005.

_____. *Os limites da reforma constitucional*. Rio de Janeiro: Renovar, 2000.

KANT, Immanuel. *La Metafísica de las Costumbres*. Trad. Adela Cortina Orts y Jesús Conill Sancho. 2. ed. Madrid: Tecnos, 1994.

KAUFMANN, Arthur. *La Filosofia del Derecho en la posmodernidad*. Trad. Luis Villar Borda. Santa Fé de Bogotá: Temis, 1998.

KELSEN, Hans. *Teoria Geral das Normas*. Trad. José Florentino Duarte. Porto Alegre: Fabris, 1986.

_____. *Teoria Geral do Direito e do Estado*. Trad. Luís Carlos Borges. São Paulo: Martins Fontes, 1992.

_____. *Teoría Comunista del Derecho y del Estado*. Trad. Alfredo J. Weiss. Buenos Aires: Emecé, 1957.

_____. *Teoria Pura do Direito*. 6. ed. Trad. João Baptista Machado. Coimbra: Arménio Amado, 1984.

KOSELLECK, Reinhart. *Crítica e Crise*: uma contribuição à patogênese do mundo burguês. Trad. Luciana Villas-Boas Castelo-Branco. Rio de Janeiro: EDUERJ, Contraponto, 1999.

KRADER, Lawrence. *A formação do Estado*. Trad. Regina Lúcia M. Morel. Rio de Janeiro: Zahar, 1970.

LAFER, Celso. Ordem, poder e consenso; caminhos da constitucionalização do direito internacional. In: VVAA. *As tendências atuais do direito público*: estudos em homenagem ao Prof. Afonso Arinos. Rio de Janeiro: Forense, 1976, p. 89-110.

266| José Luiz Borges Horta

_____. *A Reconstrução dos Direitos Humanos*: um diálogo com o pensamento de Hannah Arendt. São Paulo: Companhia das Letras, 1988.

LAQUEUR, Walter. *Os últimos dias da Europa*: epitáfio para um velho continente. Trad. André Pereira da Costa. Rio de Janeiro: Odisseia, 2007.

LAS CASAS, Bartolomé de. *O Paraíso Destruído*: a sangrenta história da conquista da América espanhola. Trad. Heraldo Barbuy. Porto Alegre: L&PM, 2001.

LASKI, Harold J. *El Estado Moderno*: sus instituciones políticas y económicas. Trad. Teodoro González García. Barcelona: Bosch, 1932.

_____. *El problema de la Soberanía*. Trad. Armando Bazán. Buenos Aires: Siglo Veinte, [s.d.].

LASSALE, Ferdinand. *A Essência da Constituição*. Trad. Walter Stönner. Rio de Janeiro: Liber Juris, 1985.

LEAL, Rosemiro Pereira. *Soberania e Mercado Mundial*. São Paulo: Editora de Direito, 1996.

LEAL, Victor Nunes. *Coronelismo, enxada e voto*: o município e o regime representativo no Brasil. 6. ed. São Paulo: Alfa-Ômega, 1993.

LINHARES, Paulo Afonso. *Direitos fundamentais e qualidade de vida*. São Paulo: Iglu, 2002.

LOCKE, John. *Segundo Tratado sobre o Governo Civil*: ensaio sobre a origem, os limites e os fins verdadeiros do governo civil. Trad. Magda Lopes, Marisa Lobo da Costa. Petrópolis: Vozes, 1994.

LOEWENSTEIN, Karl. *Teoría de la constitution*. 2. ed. Barcelona: Ariel, 1970.

LOPES, Mônica Sette. *A Equidade e os poderes do juiz*. Belo Horizonte: Del Rey, 1993.

_____. O realismo jurídico: o discurso jurídico e a apreensão pontual da realidade. *Revista da Faculdade de Direito*, Belo Horizonte, Universidade Federal de Minas Gerais, v. 45, p. 297-338, jul.-dez. 2004.

_____. *Uma Metáfora*; Música & Direito. São Paulo: LTr, 2006.

LOSURDO, Domenico. *Democracia ou Bonapartismo*: triunfo e decadência do sufrágio universal. Trad. Luís Sérgio Henriques. São Paulo/Rio de Janeiro, Ed. Unesp/ UFRJ, 2004.

LUCAS, Fábio. *Conteúdo Social nas Constituições Brasileiras*. Belo Horizonte: Faculdade de Ciências Econômicas, 1959.

MACEDO Júnior, Ronaldo Porto. *Carl Schmitt e a fundamentação do Direito*. São Paulo:

Max Limonad, 2001.

MACPHERSON, C.B. *A Teoria Política do Individualismo Possessivo de Hobbes até Locke.* Trad. Nelson Dantas. Rio de Janeiro: Paz e Terra, 1979.

MAGALHÃES, José Luiz Quadros de. *Direitos humanos na ordem jurídica interna.* Belo Horizonte: Interlivros, 1992

_____. Poder constituinte e a norma fundamental de Hans Kelsen. *Revista de Informação Legislativa*, Brasília, a. 27, n. 105, p. 109-28, jan./mar. 1990.

_____. *Poder Municipal*; paradigmas para o Estado constitucional brasileiro. Belo Horizonte: Del Rey, 1997.

MAGALHÃES, Juliana Neuenschwander. O paradoxo da soberania popular: o reentrar da exclusão na inclusão. *Revista de Direito Comparado*, Belo Horizonte, Universidade Federal de Minas Gerais, v. 2, n. 2, p. 361-9, mar. 1998.

MAIA, Alexandre da. *Da epistemologia como argumento ao argumento como racionalidade jurídica*: por uma dogmática jurídica da multiplicidade. Recife: Universidade Federal de Pernambuco, 2002 (Tese, Doutorado em Direito).

MAIA, Antonio Cavalcanti, MELO, Carolina de Campos, CITTADINO, Gisele, POGREBINSCHI, Thamy (orgs.). *Perspectivas atuais da Filosofia do Direito.* Rio de Janeiro: Lumen Juris, 2005.

MARCONDES, Danilo. *Iniciação à História da Filosofia*: dos pré-socráticos a Wittgenstein. Rio de Janeiro: Zahar, 1997.

MARITAIN, Jacques. *O Homem e o Estado.* Trad. Alceu Amoroso Lima. 3. ed. Rio de Janeiro: Agir, 1959.

MARRAMAO, Giacomo. *O Político e as Transformações*: crítica do capitalismo e ideologias da crise entre os anos vinte e trinta. Trad. Antonio Roberto Bertelli. Belo Horizonte: Oficina de Livros, 1990.

MARTINHO, Francisco Carlos Palomanes; PINTO, António Costa (orgs.). *O Corporativismo em Português*; Estado, política e sociedade no salazarismo e no varguismo. Rio de Janeiro: Civilização Brasileira, 2007.

MARTINS, Ives Gandra da Silva. *O Estado de Direito e o Direito do Estado.* São Paulo: Bushatsky, 1977.

MARTON, Scarlet. Por uma filosofia dionisíaca. *Kriterion*, Belo Horizonte, Universidade Federal de Minas Gerais, n. 89, p. 9-20, jul. 1994.

268| José Luiz Borges Horta

Marx, Karl, Engels, Friedrich. *A Ideologia Alemã* – Feuerbach. Trad. José Carlos Bruni, Marco Aurélio Nogueira. 2. ed. São Paulo: Livraria Editora Ciências Humanas, 1979.

Mascaro, Alysson Leandro. *Filosofia do Direito e Filosofia Política*: a justiça é possível. São Paulo: Atlas, 2003.

Mata Diz, Jamile Bergamaschine. *Mercosur*: orígen, fundamentos, normas y perspectivas. Curitiba; Juruá, 2007.

Matos, Andityas Soares de Moura Costa. *Filosofia do Direito e Justiça*: na obra de Hans Kelsen. Belo Horizonte: Del Rey, 2005.

Matta-Machado, Edgar de Godói da. *Contribuição ao personalismo jurídico*. Belo Horizonte: Del Rey, 2000.

Matta-Machado, Edgar de Godói da. *Direito e Coerção*. Belo Horizonte: ed. A, 1956.

_____. *Elementos de Teoria Geral do Direito*: introdução ao Direito. 3. ed. Belo Horizonte: ufmg, 1986.

Mayos, Gonçal. *La Ilustración*. Barcelona: Editorial uoc, 2007.

Megale, Maria Helena Damasceno e Silva. *A Fenomenologia e a Hermenêutica Jurídica*. Belo Horizonte: Fundação Prof. Valle Ferreira, 2007.

_____. *Hermenêutica Jurídica*: interpretação das leis e dos contratos. Belo Horizonte: Faculdade de Direito da UFMG, 2001 (Tese, Doutorado em Direito Privado).

Mello, Celso D. de Albuquerque. *Direito Constitucional Internacional*: uma introdução. 2. ed. Rio de Janeiro: Renovar, 2000.

Mello, Cleyson de Moraes, Santos Coelho, Nuno Manuel Morgadinho dos (orgs.). *O Fundamento do Direito*: estudos em homenagem ao Professor Sebastião Trogo. Rio de Janeiro: Freitas Bastos, 2008.

Mendes, Antônio Celso. *Filosofia Jurídica no Brasil*. São Paulo/Curitiba: ibrasa/ Champagnat, 1992.

Mendes, Gilmar Ferreira; Coelho, Inocêncio Mártires; Branco, Paulo Gustavo Gonet. *Hermenêutica Constitucional e Direitos Fundamentais*. Brasília: Brasília Jurídica, idp, 2000.

Menezes, Djacir. *Hegel e a filosofia soviética*. Rio de Janeiro: Zahar, 1959.

Mezzaroba, Orides (org.). *Humanismo político*: presença humanista no transverso do pensamento político. Florianópolis: Fundação Boiteux, 2007.

Miranda-Costa, Ílder. *Religiosidade, cultura e direito*: do percurso da transcendência

HISTÓRIA DO ESTADO DE DIREITO |269

e da liberdade ao patrimônio cultural ocidental. Belo Horizonte: Faculdade de Direito da UFMG, 2007. (Dissertação, Mestrado em Filosofia do Direito).

MIRANDA, Jorge [Org. e trad.]. *Textos históricos do Direito Constitucional.* 2. ed. Lisboa: Imprensa Nacional – Casa da Moeda, 1990.

MOLINA DEL POZO, Carlos Francisco; MATA DIZ, Jamile Bergamaschine (orgs.). *Integração e ampliação da União Europeia.* Curitiba: Juruá, 2003.

MONCADA, L. Cabral de. Do conceito e essência do político. *Revista Brasileira de Estudos Políticos*, Belo Horizonte, UFMG, n. 30, p. 7-37, jan. 1971.

_____. *Filosofia do Direito e do Estado*: V. I, parte histórica. São Paulo: Saraiva, 1950.

MONTEIRO, Cláudia Servilha. *Temas de Filosofia do Direito*: decisão, argumentação e ensino. Florianópolis: Fundação Boiteux, Fondazione Cassamarca, 2004.

MORAIS, José Luiz Bolzan de. Estado Democrático de Direito e Neoliberalismo no Brasil. Algumas interrogações. *Sequência*, Florianópolis, Universidade Federal de Santa Catarina, a. 15, n. 29, p. 46-59, dez. 1994.

MOREIRA, Luiz. *Fundamentação do Direito em Habermas.* 2. ed. Belo Horizonte: Mandamentos, 2002.

NADER, Paulo. *Filosofia do Direito.* 6. ed. Rio de Janeiro: Forense, 1998.

NARVÁEZ H., José Ramón, RABASA GAMBOA, Emilio (coord.). *Problemas actuales de la Historia del Derecho en México.* México: Editorial Porrúa / Tecnológico de Monterrey, 2007.

NERY, Sebastião. Os donos dos ovos. *Tribuna da Imprensa*, Rio de Janeiro, sábado e domingo, 22 e 23 de março de 2008, Disponível em: <*www.tribuna.inf.br/coluna. asp?coluna=nery*>. Acesso em: 23 mar. 2008.

NIETZSCHE, Friedrich Wilhelm. *A Filosofia na Idade Trágica dos Gregos.* Trad. Maria Inês Madeira de Andrade. Lisboa: Edições 70, 1995.

_____. O nascimento da tragédia do espírito da música. In: *Obras incompletas.* Trad. Rubens Rodrigues Torres Filho. 4. ed. V. I. São Paulo: Nova Cultural, 1987. (Os pensadores).

NUNES, António José Avelãs. *Do Capitalismo e do Socialismo.* Florianópolis: Fundação Boiteux, 2008.

OLIVEIRA, Júlio Aguiar de. *O fundamento do direito em Espinosa.* Belo Horizonte: Mandamentos, 2009.

OLIVEIRA, Márcio Luís de (org.). *O Sistema Interamericano de Proteção dos Direitos*

270| José Luiz Borges Horta

Humanos: interface com o Direito Constitucional Contemporâneo. Belo Horizonte: Del Rey, 2007.

PAHLEN, Kurt. *A Ópera*. Trad. Aldo della Nina. São Paulo: Boa Leitura, [*s.d.*].

PAIM, Antônio. *Evolução Histórica do Liberalismo*. Belo Horizonte: Itatiaia, 1987.

PEIXOTO, José Carlos de Matos. *Curso de Direito Romano*. Tomo I – Parte introdutória e geral. 4. ed. Rio de Janeiro: Renovar, 1998.

PEREIRA, Caio Mário da Silva. Código de Napoleão: influência nos sistemas jurídicos ocidentais. *Revista da Faculdade de Direito*, Belo Horizonte, Universidade Federal de Minas Gerais, v. 32, n. 32, p. 1-14, 1989.

PEREIRA, Luiz Carlos Bresser, GRAU, Nuria Cunill (org.). O Público Não Estatal na Reforma do Estado. Rio de Janeiro: Fundação Getúlio Vargas, 1999, *apud*: <www. bresserpereira.org.br/books/8livro.htm>. Acesso em: 16 fev. 2002.

PEREIRA, Luiz Carlos Bresser. O público não-estatal. Folha de S. Paulo, São Paulo, 13 ago. 1995. Disponível em: <*www.bresserpereira.org.br/articles/756tarso.htm*>. Acesso em 16 fev. 2002.

PEREIRA, Rodolfo Viana. *Hermenêutica Filosófica e Constitucional*. Belo Horizonte: Del Rey, 2001.

PEREZ LUÑO, Antonio Enrique. *Derechos Humanos, Estado de Derecho y Constitución*. 5. ed. Madrid: Tecnos, 1995.

PEREZ LUÑO, Antonio Enrique. *Los Derechos Fundamentales*. 6. ed. Madrid: Editorial Tecnos, 1995.

PIÇARRA, Nuno. *A Separação dos Poderes como Doutrina e Princípio Constitucional*: um contributo para o estudo das suas origens e evolução. Coimbra: Coimbra Editora, 1989.

PINTO, Agerson Tabosa. *Da Representação Política na Antiguidade Clássica*. Fortaleza: Imprensa Universitária da UFC, 1981.

PINTO COELHO, Saulo de Oliveira. *O Idealismo Alemão no Culturalismo Jurídico de Miguel Reale*. Belo Horizonte: Faculdade de Direito da UFMG, 2009 (Tese, Doutorado em Direito).

_____. *O Direito Romano na Filosofia do Direito*: Permanência e atualidade do Direito Romano enquanto elemento suprassumido na jusfilosofia brasileira contemporânea. Belo Horizonte: Faculdade de Direito da UFMG, 2008

(Dissertação, Mestrado em Filosofia do Direito).

PINTO COELHO, Saulo de Oliveira. *Introdução ao Direito Romano*; constituição, categorização e concreção do direito em Roma. Belo Horizonte: Atualizar, 2009.

POGGI, Gianfranco. *A Evolução do Estado Moderno*: uma introdução sociológica. Trad. Álvaro Cabral. Rio de Janeiro: Zahar, 1981.

PORTILLO Y PACHECO, José Lopes. *Gênesis y teoria general del estado moderno*. México: Porrúa, 1949.

POSADA, Adolfo. *Estado e Ciência Política*: a caminho de um novo Direito Político. Trad. Pinto de Aguiar. Salvador: Livraria Progresso, 1957.

QUINTÃO SOARES, Mário Lúcio. *Direitos Fundamentais e Direito Comunitário*: por uma metódica de direitos fundamentais aplicada às normas comunitárias. Belo Horizonte: Del Rey, 2000.

QUINTÃO SOARES, Mário Lúcio. *Teoria do Estado*: o substrato clássico e os novos paradigmas como pré-compreensão para o Direito Constitucional. Belo Horizonte: Del Rey, 2001.

RABENHORST, Eduardo Ramalho. *Dignidade Humana e Moralidade Democrática*. Brasília: Brasília Jurídica, 2001.

RAMOS, Marcelo Maciel. *Ética Grega e Cristianismo na Cultura Jurídica do Ocidente*. Belo Horizonte: Faculdade de Direito da UFMG, 2007. (Dissertação, Mestrado em Filosofia do Direito).

RATZINGER, Joseph. *Fede, Verità, Tolleranza*: il cristianesimo e le religioni del mondo. Trad. Giulio Colombi. 2. ed. Siena: Cantagalli, 2005.

RATZINGER, Joseph. *A Igreja e a Nova Europa*. Trad. Henrique Barrilaro Ruas. Lisboa, São Paulo: Verbo, 1993.

RAWLS, John. *A Theory of Justice*. Cambridge: Harvard University Press, 1971.

REALE, Miguel. *Filosofia do Direito*. 18. ed. São Paulo: Saraiva, 1998.

REALE, Miguel. *Fontes e Modelos do Direito*; para um novo paradigma hermenêutico. São Paulo: Saraiva, 1999.

REALE, Miguel. *Nova Fase do Direito Moderno*. 2.ed. São Paulo: Saraiva, 1998.

REALE, Miguel. *O Estado Democrático de Direito e o Conflito das Ideologias*. São Paulo: Saraiva, 1998.

272 | JOSÉ LUIZ BORGES HORTA

REALE, Miguel. *O Estado Moderno*: liberalismo, fascismo, integralismo. 3. ed. Rio de Janeiro: José Olympio, 1935.

REALE, Miguel. *Crise do Capitalismo e Crise do Estado*. São Paulo: Senac, 2000.

REALE, Miguel. *Teoria do Direito e do Estado*. 5. ed. São Paulo: Saraiva, 2000.

REALE, Miguel. Valores. In: *Vida Oculta*. São Paulo: Massao Ohno/Stefanowski, 1990.

Revista da Faculdade Mineira de Direito, Belo Horizonte, Pontifícia Universidade Católica de Minas Gerais, v. 10, n. 19, 1 sem. 2007.

RIBEIRO, Fernando José Armando. *Conflitos no Estado Constitucional Democrático*: por uma compreensão jurídica da desobediência civil. Belo Horizonte: Mandamentos, 2004.

RIBEIRO, Renato Janine. *Ao Leitor sem Medo* – Hobbes escrevendo contra o seu tempo. 2. ed. Belo Horizonte: EduFMG, 1999.

ROMÃO, José Eduardo Elias. Pluralismo jurídico: uma pedra na funda contra o totalitarismo do mercado. *Revista do CAAP*, Belo Horizonte, Centro Acadêmico Afonso Pena, a. III, n. 4, p. 55-77, 1998.

SABINE, George H. *Historia de la teoria politica*. Trad. Vicente Herrero. Mexico: Fondo de Cultura Económica,1945.

SALDANHA, Nelson Nogueira. *Filosofia do Direito*. Rio de Janeiro: Renovar, 1998.

_____. Hegel, Weber, Schmitt. A propósito de algumas publicações recentes. *Revista Brasileira de Estudos Políticos*, Belo Horizonte, Universidade Federal de Minas Gerais, n. 84, .p. 27-33, jan. 1997.

SALDANHA, Nelson Nogueira. *História das Ideias Políticas no Brasil*. Brasília: Senado Federal, 2001.

SALDANHA, Nelson. *Historicismo e Culturalismo*. Rio de Janeiro: Tempo Brasileiro,1986.

SALDANHA, Nelson Nogueira. O chamado "Estado Social". *Revista Brasileira de Estudos Políticos*, Belo Horizonte, Universidade Federal de Minas Gerais, n. 62, p. 55-81, jan. 1986.

_____. *O Estado moderno e o constitucionalismo*. São Paulo: Buchatsky, 1976.

_____. *O Jardim e a Praça*: o privado e o público na vida social e histórica. São Paulo: Edusp, 1993.

_____. *Ordem e Hermenêutica*. 2. ed. Rio de Janeiro: Renovar, 2003.

_____. Santi Romano: para um exame de sua obra e de seu pensamento. *Revista*

Brasileira de Estudos Políticos, Belo Horizonte, Universidade Federal de Minas Gerais, n. 81, p. 29-43, jul. 1995.

_____. *Secularização e Democracia*: sobre a relação entre formas de governo e contextos culturais. Rio de Janeiro: Renovar, 2003.

_____. *Teoria do Direito e Crítica Histórica*. Rio de Janeiro: Freitas Bastos, 1987.

SALGADO, Karine. *A Paz Perpétua de Kant*. Belo Horizonte: Mandamentos, FUMEC, 2008.

_____. *Porque a essência não chegou ao conceito?* Estudo sobre a contribuição medieval para a dignidade humana. Belo Horizonte: Faculdade de Direito da UFMG, 2009 (Tese, Doutorado em Filosofia do Direito).

SALGADO, Joaquim Carlos. *A Ideia de Justiça em Hegel*. São Paulo: Loyola, 1996.

_____. *A Ideia de Justiça em Kant*: seu fundamento na liberdade e na igualdade. 2. ed. Belo Horizonte: UFMG, 1995.

_____. Globalização e Justiça Universal Concreta. *Revista Brasileira de Estudos Políticos*, Belo Horizonte, n. 89, p. 47-62, jan./jun. 2004.

_____. *Instituições de Direito Público*. Belo Horizonte: Tribunal de Contas do Estado de Minas Gerais, 2000. (Disciplina ministrada em curso de especialização).

_____. O Aparecimento do Estado na "Fenomenologia do Espírito" de Hegel. *Revista da Faculdade de Direito*, Belo Horizonte, Universidade Federal de Minas Gerais, a. 24, n. 17, p. 178-93, out. 1976.

_____. O Estado Ético e o Estado Poiético. *Revista do Tribunal de Contas do Estado de Minas Gerais*, Belo Horizonte, v. 27, n. 2, p. 37-68, abr./jun. 1998.

_____. Os Direitos Fundamentais. *Revista Brasileira de Estudos Políticos*, Belo Horizonte, UFMG, n. 82, p. 15-69, jan. 1996.

_____. *Pontes de Miranda e o Direito à Educação*. João Pessoa: III Congresso Brasileiro de Filosofia do Direito, 1988. (Comunicado).

_____. Princípios Hermenêuticos dos Direitos Fundamentais. *Revista do Tribunal de Contas do Estado de Minas Gerais*, Belo Horizonte, v. 20, n. 3, p. 13-39, jul./set. 1996.

SALGADO, Ricardo Henrique Carvalho. *Hermenêutica Filosófica e Aplicação do Direito*. Belo Horizonte: Del Rey, 2006.

SALIBA, Aziz Tuffi. *Conselho de Segurança*: sanções e limites jurídicos. Curitiba: Juruá, 2008.

274| JOSÉ LUIZ BORGES HORTA

SAMPAIO JÚNIOR, Rodolpho Barreto. A intervenção e a privatização sob uma ótica jurídico-econômica. *Revista do Instituto Carlos Campos*, Belo Horizonte, Universidade Federal de Minas Gerais, a. I, v. 1, n. 1, p. 221-50, nov. 1995.

SÁNCHES NAVARRO, Ángel J. *Las minorías en la estructura parlamentaria*. Madrid: Centro de Estudios Constitucionales, 1995.

SANTI ROMANO. *El Ordenamiento Juridico*. Trad. Sebastián Martin-Retortillo, Lorenzo Martin-Retortillo. Madrid: Instituto de Estudios Políticos, 1968.

SANTOS COELHO, Nuno Manuel Morgadinho dos. *Direito como Arte*: Direito e Política a partir do pensamento hermenêutico de Schleiermacher. Belo Horizonte: Faculdade de Direito da UFMG, 2003 (Dissertação, Mestrado em Filosofia do Direito).

SANTOS COELHO, Nuno Manuel Morgadinho. Direito e política e o advento do Ocidente como a civilização fundada na ciência. *Revista da Faculdade Mineira de Direito*, Belo Horizonte, Pontifícia Universidade Católica de Minas Gerais, v. 9, n. 18, p. 103-19, 2. sem. 2006.

SANTOS, Pedro Paulo Christóvam dos. Teoria dos Direitos Humanos; discurso ontológico sobre os direitos humanos. *Revista Jurídica*, Ouro Preto, Universidade Federal de Ouro Preto, a. I, v. 1, n. 1, p. 90-100, 2000.

SARAMAGO, José. Da Justiça à democracia passando pelo sino. Porto Alegre: Fórum Social Mundial, 2002. Disponível em: <www.uol.com.br/folha/brasil/ult96u29003.shl>. Disponível em: 06 fev. 2002.

SCHMITT, Carl. *Teoría de la constitution*. Madrid: Revista de Derecho Privado, 1927.

_____. *Legalidade e Legitimidade*. Trad. Tito Lívio Cruz Romão. Belo Horizonte: Del Rey, 2007.

SEELAENDER, Airton Cerqueira Leite. O contexto do texto: notas introdutórias à história do direito público na idade moderna. *Sequência*, Universidade Federal de Santa Catarina, a. XXVII, n. 55, p. 253-86, dez. 2007.

SGARBI, Adrian. *Hans Kelsen*: ensaios introdutórios. v. I. Rio de Janeiro: Lumen Juris, 2007.

_____. *Teoria do Direito*: primeiras lições. Rio de Janeiro: Lumen Juris, 2007.

SILVA, José Afonso da. *Curso de Direito Constitucional Positivo*. 9. ed. São Paulo: Malheiros, 1992.

SMEND, Rudolf. *Verfassung und Verfassungsrrecht*. München und Leipzig: Duncker und Humboldt, 1928.

SMITH, Juan Carlos. *El desarrollo de las concepciones jusfilosoficas*. 2.ed. Buenos Aires: Abeledo-Perrot, 1980.

SOARES, Fabiana de Menezes. *Direito Administrativo de Participação*: cidadania, direito, estado, município. Belo Horizonte: Del Rey, 1997.

_____. *Teoria da Legislação*: formação e conhecimento da Lei na idade tecnológica. Porto Alegre: Fabris, 2004.

SOLON, Ari Marcelo. *Teoria da Soberania como Problema da Norma Jurídica e da Decisão*. Porto Alegre: Fabris, 1997.

SOUSA, José Pedro Galvão de. *O totalitarismo nas origens da moderna Teoria do Estado*: um estudo sobre o *Defensor Pacis* de Marsílio de Pádua. São Paulo: Saraiva, 1972.

SOUSA, José Pedro Galvão. *Iniciação à Teoria do Estado*: roteiro de princípios. São Paulo: Bushatsky, 1967.

SOUZA, Jessé. *A Modernização Seletiva*: uma reinterpretação do dilema brasileiro. Brasília: Editora UnB, 2000.

SOUZA NETO, Cláudio Pereira de; BERCOVICI, Gilberto; MORAES FILHO, José Filomeno; LIMA, Martônio Mont'Alverne B. *Teoria da Constituição*: estudos sobre o lugar da política no direito constitucional. Rio de Janeiro: Lumen Júris, 2003.

SPENGLER, Oswald. *A Decadência do Ocidente*: esboço de uma morfologia da História Universal. Trad. Herbert Caro. 2. ed. Rio de Janeiro: Zahar, 1973.

TERRA, João Evangelista Martins, D. A *Rerum Novarum* dentro de seu contexto sociocultural. *Síntese Nova Fase*, Belo Horizonte, v. 18, n. 54, p. 347-66, 1991.

THALMANN, Rita. *A República de Weimar*. Trad. Álvaro Cabral. Rio de Janeiro: Zahar, 1988.

TOYNBEE, Arnold Joseph. *Um Estudo de História*. Trad. Isa Silveira Leal e Miroel Silveira. Brasília, São Paulo: EdUnB, Martins Fontes, 1987.

TRAVESSONI, Alexandre (org.). *Kant e o Direito*. Belo Horizonte: Mandamentos, 2009.

TRAVESSONI-GOMES, Alexandre. *O fundamento de validade do Direito* – Kant e Kelsen. Belo Horizonte: Mandamentos, 2000.

TRAVESSONI-GOMES, Alexandre, MERLE, Jean-Christophe. *A Moral e o Direito em Kant*: ensaios analíticos. Belo Horizonte: Mandamentos, 2007.

TRINDADE, Antônio Augusto Cançado. *A Humanização do Direito Internacional*. Belo Horizonte: Del Rey, 2006.

276| José Luiz Borges Horta

TRINDADE, Antônio Augusto Cançado. *A Proteção Internacional dos Direitos Humanos*: fundamentos jurídicos e instrumentos básicos. São Paulo: Saraiva, 1991.

TRINDADE, Antônio Augusto Cançado. A Questão da Implementação dos Direitos Econômicos, Sociais e Culturais: Evolução e Tendências Atuais. *Revista Brasileira de Estudos Políticos*, Belo Horizonte, n. 71, p. 7-55, jul. 1990.

TRINDADE, José Damião de Lima. Anotações sobre a história social dos direitos humanos. In: SÃO PAULO (Estado). *Direitos Humanos*: construção da liberdade e da igualdade. São Paulo: Centro de Estudos da Procuradoria Geral do Estado, 1998, p. 21-163.

UNGER, Roberto Mangabeira. *A Alternativa Transformadora*: como democratizar o Brasil. Rio de Janeiro: Guanabara Koogan, 1990.

UNGER, Roberto Mangabeira. *O Direito e o Futuro da Democracia*. Trad. Caio Farah Rodriguez e Marcio Soares Grandchamp. São Paulo: Boitempo, 2004.

UNGER, Roberto Mangabeira. A Sociedade Liberal e seu Direito. In: SOUTO, Cláudio, FALCÃO, Joaquim (org.). *Sociologia e Direito*: textos básicos para a disciplina de sociologia jurídica. 2. ed. São Paulo: Pioneira, 1999, p. 149-159.

VASCONCELOS, Arnaldo. *Direito, Humanismo e Democracia*. São Paulo: Malheiros, 1998.

VASCONCELOS, Arnaldo. *Teoria Geral do Direito*. V 1: Teoria da Norma Jurídica. 3. ed. São Paulo: Malheiros, 1993.

VAZ, Henrique Cláudio de Lima, SJ. Democracia e Dignidade Humana. *Síntese*, Belo Horizonte, n. 44, p. 11-25, 1988.

_____. *Escritos de filosofia* IV: introdução à ética filosófica 1. São Paulo: Loyola, 1999.

_____. *Escritos de filosofia* V: introdução à ética filosófica 2. São Paulo: Loyola, 2000.

VERDÚ, Pablo Lucas. *La lucha por el Estado de Derecho*. Bolonia: Real Colegio de España, 1975.

VIEIRA, José Ribas. *O Autoritarismo e a Ordem Constitucional no Brasil*. Rio de Janeiro: Renovar, 1988.

VIEIRA, Margarida Luiza de Matos. João Mangabeira: o Direito e a Política. *Revista do Curso de Direito da Univale*, Governador Valadares, a. IV, n. 7, p. 99-103, jan.-jul. 2001.

VILANOVA, Lourival. *O problema do objeto da Teoria Geral do Estado*. Recife: Faculdade de Direito da Universidade do Recife [Universidade Federal de Pernambuco], 1953. (Tese, Cátedra de Teoria Geral do Estado).

VILLAS-BÔAS, Márcia. *Olimpo*: a saga dos deuses. São Pulo: Siciliano, 1995.

VINCENT, Andrew. *Ideologias Políticas Modernas*. Trad. Ana Luísa Borges. [1. ed.] Rio de Janeiro: Zahar, 1995.

WIEACKER, Franz. *História do Direito Privado Moderno*. Trad. A. M. Hespanha. Lisboa: Calouste Gulbenkian, 1980.

WOLKMER, Antônio Carlos. *Elementos para uma crítica do Estado*. Porto Alegre: Fabris, 1990.

WOLKMER, Antônio Carlos (org.). *Fundamentos de História do Direito*. Belo Horizonte: Del Rey, 1996.

WOLKMER, Antônio Carlos (org.). *Humanismo e Cultura Jurídica no Brasil*. Florianópolis: Fondazione Cassamarca, Fundação Boiteux, 2003.

WOLKMER, Antônio Carlos. Para um Paradigma do Constitucionalismo Ocidental. *Revista Brasileira de Estudos Políticos*, Belo Horizonte, Universidade Federal de Minas Gerais, n. 62, p. 43-53, jan. 1986.

_____. *Pluralismo Jurídico*: fundamentos de uma nova cultura no Direito. 3. ed. São Paulo: Alfa-Ômega, 2001.

Esta obra foi impressa em Santa Catarina no verão de 2011 pela Nova Letra Gráfica & Editora. No texto foi utilizada a fonte Minion Pro, em corpo 10,5 e entrelinha 16,5.